POLITICAL CHANGE AND
DEBATES IN
THE UNITED STATES, 1790–1840

THE 多尔战争

美国的政治变革与论争
（1790–1840）

蔡萌 著

当代中国出版社
Contemporary China Publishing House

图书在版编目(CIP)数据

多尔战争：美国的政治变革与论争：1790—1840／蔡萌著. -- 北京：当代中国出版社, 2025. 1. -- ISBN 978-7-5154-1491-1

Ⅰ. D771.29

中国国家版本馆 CIP 数据核字第 20244VP743 号

出 版 人	蔡继辉
责任编辑	邓颖君　李　昭
责任校对	贾云华　康　莹
印刷监制	刘艳平
封面设计	宋　涛　鲁　娟
出版发行	当代中国出版社
地　　址	北京市地安门西大街旌勇里 8 号
网　　址	http://www.ddzg.net
邮政编码	100009
编 辑 部	(010)66572156
市 场 部	(010)66572281　66572157
印　　刷	中国电影出版社印刷厂
开　　本	880 毫米×1230 毫米　1/32
印　　张	10.125 印张　1 插页　270 千字
版　　次	2025 年 1 月第 1 版
印　　次	2025 年 1 月第 1 次印刷
定　　价	88.00 元

版权所有，翻版必究；如有印装质量问题，请拨打(010)66572159 联系出版部调换。

目　录

导　论 … 1

第一章　罗得岛民主的"衰落"与立宪运动的兴起 … 24
  一、18世纪90年代至19世纪40年代罗得岛的社会变迁
  　　与政治失衡 … 24
  二、立宪运动的早期发展与挫折 … 42

第二章　立宪运动的激进化与"多尔战争"的爆发 … 52
  一、走向独立立宪：《人民宪法》的制定 … 52
  二、走向暴力夺权："多尔战争"的爆发 … 65
  三、从暴力夺权到政治论争："罗得岛问题"的提出 … 77
  小　结 … 88

第三章　"人民主权"的理论与实践 … 90
  一、"人民"的特性：抽象整体的"人民"与现实
  　　具体的"人民" … 92
  二、"人民"的范围：自然属性的"人民"与政治
  　　领域的"人民" … 116
  三、"人民"的统治："多数人的权力"与"少数人的权利" … 139
  小　结 … 155

第四章　民主与"革命"的权利　　157
　一、"革命权"的激进化　　157
　二、"革命"的非暴力化　　167
　三、罗得岛的"和平革命"　　194
　小　结　　220

第五章　"多尔战争"与美国后革命时代的政治变革　　222
　一、罗得岛立宪运动与杰克逊时期的政治民主化　　222
　二、"多尔战争"与19世纪三四十年代的激进主义　　241
　三、"罗得岛问题"与美国的民主政治　　262

结　语　　275

附录：罗得岛立宪运动大事年表　　280

参考文献　　285

关键词　　309

导 论

一

　　1787 年美国建立的是一种精英色彩浓厚的民主政体。"人民"虽然在理论上拥有最高权力,但在实际生活中却因为重重的制度阻隔而远离政治权力。选举权在财产、种族、性别和宗教等方面的各种限制缩小了"人民"的范围。即使是拥有政治权力的"人民",在选举结束之后也消失在政治视野中。真正管理这个国家的是精英。他们是"人民"中的少数,但却能够有力地抗衡"多数人"的权力;他们是"人民"的代表,他们来自"人民",代替"人民"行使权力,但并不听命于"人民",而是拥有独立意志和行动力。这种被称为"代表制民主"的政体是建国精英们反思革命时期政治实践的结果,代表了精英们对民主的界定和理解,它的确立也体现了精英们在美国早期国家构建中的主导地位。然而,无论是以"民主"的本义——"人民的政府",还是以现代民主的标准——

政治参与的广度、深度和范围来衡量，它都只是一种"有限的民主制"。① 因此，从建立之时起，美国的民主制就始终处于"民主化"带来的持续不断的压力之中。在美国历史的各个阶段，各种不同的群体一次又一次地挑战建国精英们的民主理念。他们质疑精英统治的正当性，试图扩大普通民众的政治权力和政治参与，加强普通民众对政府的影响力。

这一局面在 19 世纪三四十年代达到了一个阶段性的高潮。在这一时期，除了联邦的政治改革以外，美国几乎所有的州都经历了一个宪法改革的过程。通过废除选举权的财产限制、以人口为基础重新分配议会席位、限定和规范议会权力、改州长为民选等一系列宪法条款，各州扩大了"人民"的政治权力，拓宽了"人民"参与政治的途径，强化了政府对"人民"的责任，拉近了"人民"与政府之间的距离，从而在与普通人生活最密切相关的层面推进了政治的民主化。

其实，美国的很多政治变革，包括政治的民主化，往往都是发起于州。革命时期各州的立宪是美国人构建现代民主政治的开端。在第一批州宪法中，美国人尝试并检验了当时流行的政体学说，而精英们也正是在观察、总结和反思革命时期州宪法和政治实践的基础上，才创建了"代表制民主"这种新型政体。19 世纪末到 20 世纪初是美国政治民主化的又一个阶段性高潮，而这很大程度上也是

---

① "democracy" 由 "demos"（意即"普通民众"）与 "kratos"（意即"政府"或"权力"）组成，因而其含义是"人民的政府"或"人民的权力"。转引自李剑鸣：《美国革命时期民主概念的演变》，载《历史研究》2007 年第 1 期，第 135 页。此处还借用了卡尔·科恩对现代民主的衡量标准。他把"民主"定义为"一种社会管理体制，在该体制中社会成员大体上能直接或间接地参与或可以参与影响全体成员的决策"，进而提出衡量民主的三个尺度：(1) 民主的广度，即数量问题，决定于受政策影响的社会成员中实际或可能参与决策的比率；(2) 民主的深度，即参与者参与时是否充分；(3) 民主的范围，即在何种问题上"人民"的意见起决定作用，以及对"人民"意见的权限有哪些限制。参见 [美] 卡尔·科恩：《论民主》，聂崇信、朱秀贤译，商务印书馆 1988 年版，第 12—31 页。

由各州的宪法改革和立法活动推动的。创制权、复决权、直接预选、民选参议员和无记名投票等扩大公民政治参与和政治监督的各项政治改革，以及反托拉斯、管理铁路、保护劳工、调控和规范企业活动等其他旨在反垄断、反特权的各项经济和社会改革措施，最初都是在州（尤其是在西部和中西部各州）实行，然后才被推向全国的。

因此，从州的层面来研究美国民主的演进是一个重要的、不可或缺的视角。英国政治学家詹姆斯·布赖斯（James Bryce）在观察美国政治时曾说，"州宪法是学习民主社会历史的宝库"，"想要理解美国民主发生的变化，人们应该去研究州，而不是仅仅研究联邦宪法"①。本书即试图从州的层面，以美国最小的一个州——罗得岛的立宪运动为切入点，来考察19世纪三四十年代美国的政治变革。

19世纪40年代的罗得岛立宪运动是由以托马斯·威尔逊·多尔（Thomas Wilson Dorr）为首的罗得岛激进派绕过议会、自行立宪而引发的。激进派提出了扩大选举权、重新分配议会席位等政治民主化的要求，而且不满政府对立宪的被动消极态度和种种限制，决心把立宪权掌握在自己手中。在政府组织制宪会议的同时，他们召开了自己的"人民制宪会议"，制定了自己的《人民宪法》，成立了自己的"人民政府"，还试图用暴力夺取政权。这场失败的夺权斗争，被时人称为"多尔战争"（The Dorr War），而激进派夺权行为是否正当的问题，并没有随着夺权的失败而终结。在激进派暴力夺权失败和"人民政府"随之解体之后，围绕这一问题的争论不仅继续出现在当事者的演说、布道词、小册子以及各地的报刊文章中，还借由"路德诉博登案"（Luther vs. Borden）和来自新罕布什尔州的国会议员埃德蒙·伯克（Edmund Burke）之手相继被推向了

---

① James Bryce, *The American Commonwealth*, London and New York, 1888, Vol.1, p.412, 451.

联邦最高法院和国会,从而形成了一场更大范围的政治辩论。这就是时人口中所说的"罗得岛问题",具体来说就是:"人民"是必须依托现有的制度和法律来实现政府的变更,还是有权在没有法律依据也没有得到现任政府授权或同意的情况下,自己制定宪法?

由"多尔战争"引发的这场政治论争,无论是就其涉及内容的广度,还是讨论的深度而言,都超过了同时期其他州宪法改革中围绕具体改革措施进行的那些常规的政治辩论。它涵盖了"人民"的定义、范围、权力,"人民"与政府之间的关系,以及"革命"的正当性和必要性等构建民主政治的若干根本问题,是对美国民主政体的本质、特性、制度安排和职能的一次深入探讨,是对民主理念的一次全面阐述。显然,其意义远远超出了罗得岛一州的界限。对此,参与辩论的各方都有清醒的意识。激进派说,它"不仅仅关系到地方事务,更关系到整个国家。它极其尖锐地触及了有关自由、法律和权利等(我们国家)最重要的问题"。[1] 反对激进派的人也说,"关于该问题的讨论关乎美国自由制度的真正特征"。[2]

二

因为"多尔战争"引发的政治论争与"民主"之间有着显而易见的紧密关系,所以,学术界对该问题的研究范式在很大程度上取决于对美国民主演进的整体解释框架。

从美国史学完成专业化以来,到20世纪中叶,仅有的两部研究"多尔战争"的专著遵循的都是进步主义的范式。

阿瑟·莫里(Arthur May Mowry)1901年出版的《多尔战争:

---

[1] William Goodell, *The Rights and Wrongs of Rhode Island: Comprising Views of Liberty and Law, of Religion and Rights, as Extended in the Recent and Existing Difficulties in that State*, Press of the Oneida Institute, 1842, p. 3.

[2] "The Rhode Island Question. An Argument in the Supreme Court of the United States, in the case of Luther V. Borden and others, January 27th, 1848", in *The Works of Daniel Webster*, Boston: Little Brown and Company, 1858, Vol. 6, p. 219.

罗得岛的宪法斗争》是第一部用史学规范来研究该问题的作品。哈佛大学一位教授在该书序言中说，"多尔战争"是"美国历史上最重要，同时也是研究得最少，恐怕也是最遭到误解的历史片段"。莫里的书在很多方面填补了空白。他第一次以一手资料为基础，梳理了自17世纪特许状以来一直到19世纪中叶罗得岛的宪政史；分析了19世纪三四十年代推动立宪运动走向高潮的两大因素——制造业群体的兴起和移民的涌入；详细描述了"多尔战争"的经过，包括罗得岛内部的政治斗争、斗争双方争取外援的努力、其他州和联邦政府的反应、州和联邦法院的判决以及"战争"结束后罗得岛的政局等；并系统地总结说，"多尔战争"提出了"人民"变更宪法的权利、州宪法的修订程序，以及联邦行政、立法和司法权在州争端中的限度等10个宪政问题。①

莫里写作此书有很强的针对性。他针对的是公众普遍同情罗得岛"受压迫"的民众，进而情不自禁为激进派做辩护的倾向。他的目的就是要用一手材料来展现当时的历史事实，"做出公正无私的报道"，以纠正人们的偏向。他的结论是：激进派发动武力斗争是决策错误，是完全没有正当性的，因为罗得岛存在的压迫不足以证明武力行动的必要性，而且政府已经做出了让步，和平解决争端是很有希望的。在批判激进派的基础上，莫里构建了一部关于美国民主的"进步叙事"。在他看来，美国民主是朝向一个既定终点的旅程，途中会遭遇波折甚至短暂的倒退，但终将回归进步的主线。"多尔战争"正是罗得岛民主进程中的一次波折。战争平息之后，"社会归于平静，新宪法运行良好，大多数民众心满意足，内部冲突带来的伤痕正在愈合。新时代的黎明即将到来，罗得岛注定要朝

---

① Arthur May Mowry, *The Dorr War: The Constitutional Struggle in Rhode Island*, Providence: Preston & Rounds Co., 1901, "Introduction" by Professor Albert Bushnell Hart; "Introductory" by author, p.7.

向今天的繁荣而稳步前进。"①

另一部以进步主义范式来讨论"多尔战争"的是小阿瑟·施莱辛格（Arthur M. Schlesinger, Jr.）1945年出版的名著《杰克逊时代》。它典型地体现了该范式的冲突史观和历史进步的观念。作者提出，美国历史的主旋律是社会其他阶层与力量最强的商业阶层之间，也就是自由主义力量与保守主义力量之间的激烈斗争。这两者之间的斗争孕育并推动了美国民主的不断成长，同时也导致了美国民主的总体进程呈现出"周期性摆动"的特征——当社会问题越积越多使得改革成为压倒一切的需求时，自由主义的力量往往会夺取政权、发动改革；而大约15年或20年后，随着改革目标的实现，自由主义的冲动往往也消耗殆尽，保守主义便会重新夺回权力。②

基于对美国民主演进的这种整体认识，小施莱辛格把1829—1841年以杰克逊为首的民主党的当政看作"非资产阶级、农民和劳工联合起来，向商业阶层发动的一次猛烈进攻"，是自由主义的胜利，而把随后发生的"多尔战争"看作美国从自由主义的顶峰滑落，并转向保守主义的标志。他抓住"罗得岛问题"的一个方面——"多数和少数的问题"，指出这是美国民主理论在根本上存在的模糊性。正是因为"多尔战争"迫使政治家们不得不对这个模糊问题做出明确的表态，才导致了民主党的分裂。以班克罗夫特、范布伦为首的一派坚持自由主义的立场，而以布朗森、卡尔霍恩为代表的另一派则开始转向保守。他同时指出，这种模糊性也正是美国民主制的生命力所在，"是美国稳定和力量的来源"。"任何绝对支持多数统治或少数权利的决定，对于民治政府来说可能都是灾难性的。民主要避免条条框框"。在"罗得岛问题"上，民主"损失

---

① Arthur May Mowry, *The Dorr War*, "Introductory" by author, p. 2-3, 298-300, 304-305.

② Arthur M. Schlesinger, Jr., *The Age of Jackson*, New York: Little Brown and Company, 1945, p. 391, 505-523.

了哲学上的纯洁性",但"获得了灵活性,扩大了政治可能性的范围",体现了"在宽容度和妥协性上的优势"。①

进步主义范式主导了整个20世纪上半叶对"多尔战争"的研究。如果把美国民主的总体进程理解为一种"直线的进步",那么"多尔战争"就是一次"偏离主线"的"短暂倒退",是民主的"一次危机";如果认为美国民主是一种"曲线的进步",那么"多尔战争"就是一次常规的"周期性摆动",恰恰证明了美国民主的特色。

这种对"进步"的信念在20世纪60年代兴起的新左派史学中被颠覆了。新左派史学是六七十年代美国社会批判思潮和反抗运动在史学领域的反映,其成员大多都是当时激进运动的积极参与者。他们特别强调史学的社会功能,认为历史的最终价值就是为当今社会提供一个"有用的过去",而在他们看来,无论是像进步主义史学那样旨在为美国民主的演进构建宏伟叙事,还是像二战后流行一时的"新保守主义史学"那样只关注美国历史中的和谐和连续,对于六七十年代动荡不安的美国社会都是没有指导意义的。所以他们提出,自己的目标就是要展现美国社会的冲突和矛盾,揭露美国历史中失败和黑暗的一面。为此,他们把目光投向了原先在进步叙事中被忽略或处于边缘地位的事件和人物,去倾听生活在社会底层的人们所遭受的苦难和不公,去展现他们为维护和争取权利而进行的斗争,进而在他们的苦难史和抗争史中为美国建立起一条激进主义的传统,以替代民主的传统。② 在新左派书写的美国历史中,"多尔战争"被赋予了新的意义。

---

① Schlesinger, Jr., *The Age of Jackson*, "Forward", p. 421.
② 有关新左派史学,可参考:Irwin Unger, "The 'New Left' and American History: Some Recent Trends in United States Historiography", *The American Historical Review*, Vol. 72, No. 4 (July, 1967), p. 1237 – 1263; Jonathan M. Wiener, "Radical Historians and the Crisis in American History, 1959 – 1980", *The Journal of American History*, Vol. 76, No. 2 (Sep. 1989), p. 399–434。

20世纪六七十年代研究该问题的新左派学者主要是马文·格特尔曼（Marvin E. Gettleman）和乔治·丹尼森（George M. Dennison）。两人大约同一时间开始关注这个问题。1967年，丹尼森率先以"多尔战争"为题完成了博士论文。1973年格特尔曼出版了专著《多尔反叛：对美国激进主义的研究，1833—1849》。同年召开的"美国历史学家组织"的第66届年会设置了一个分会，专门讨论"多尔战争"。在这个分会上，丹尼森提交论文《美国宪法发展中"制度主义"的胜利》，主要是从"路德诉博登案"来入手分析，并从此与格特尔曼展开了一场持续了十几年的激烈争论。1976年，丹尼森出版了《多尔战争：对共和主义的考验，1831—1861》一书，对格特尔曼提出了批评，而格特尔曼则在《多尔反叛：对美国激进主义的研究，1833—1849》的再版序言中对丹尼森回以更加猛烈的抨击。①

两者的分歧主要是在研究路径上。丹尼森是从思想史的角度去考察"多尔战争"在美国宪政发展中的意义，而格特尔曼则是从社会经济的层面去分析这场激进运动的阶级属性。两人分别批评对方的研究路径是"庸俗的马克思主义"和"庸俗的柏拉图主义"。丹尼森在给格特尔曼的一封信中把两人十几年的争论上升为"认识论的分歧"。他说："我们的分歧毫无疑问可以归结为认识论的分歧，这是思想分歧的根本所在。……我认为思想决定了现实，而你显然认为物质现实创造了思想观念的上层建筑。……我们的对立是很经

---

① George M. Dennison, "The Constitutional Issues of the Dorr War: A Study in the Evolution of American Constitutionalism, 1776-1849", Ph. D. Dissertation, University of Washington, 1967; Marvin E. Gettleman, *The Dorr Rebellion: A Study in American Radicalism*, 1833-1849, New York: Random House, 1973 (reprinted by Robert E. Krieger Publishing Company, Inc., 1980); George M. Dennison, "The Triumph of Institutionalism in American Constitutional Development" (Paper delivered at the sixty-six annual meeting of the Organization of American Historians, Chicago, 1973); George M. Dennison, *The Dorr War: Republicanism on Trial*, 1831-1861, The University Press of Kentucky, 1976.

典的。"①

虽然在研究路径上存在严重分歧,但这两人都流露出强烈的现实关怀和激进主义的感情倾向,都把"多尔战争"视为20世纪六七十年代美国激进运动的先驱,都希望从中找到解决现实社会问题的智慧。这些都是"新左派"史学的典型特征。

在丹尼森看来,从革命时期的共和主义,到多尔的政治主张,再到20世纪60年代"权力回归人民"(Power to the people)的呼声,这是美国的激进主义的一条清晰的线索,但这条线索是断裂的。② 这个断裂发生在1830—1860年。革命时期美国人对"人民主权"的真诚信仰在进入19世纪30年代以后发生了动摇,到内战前已经沦为一种空洞的说辞。政府变得越来越独立于创造和控制自己的力量而存在,越来越成为一个能够"自我维系"(self-sustaining)的机器。革命时期那个以各州的自愿联合为基础的共和国,在进入19世纪30年代以后不断退化,到内战前,美国已经变成了一个由联邦权力主宰的"帝国式共和国"。在激进主义断裂的这个过程中,"多尔战争"是重要的一环。在丹尼森的笔下,多尔是美国共和主义真正的继承者,也是一个孤独的、充满悲剧色彩的英雄。他的失败是整个美国的悲剧,意味着共和主义的崩溃、激进主义传统的断裂和革命时期那个美国社会的死亡。

格特尔曼也是典型的新左派学者。他痛心于20世纪六七十年代美国激进运动的不成熟,认为这是因为"对早期美国的激进主义缺乏足够的研究"。所以,他研究"多尔战争"的主要目的,一是

---

① Marvin E. Gettleman, *The Dorr Rebellion: A Study in American Radicalism*, 1833-1849, New York: Random House, 1973, "Introduction", p. xxvi; Marvin E. Gettleman, *The Dorr Rebellion: A Study in American Radicalism*, 1833-1849, New York: Robert E. Krieger Publishing Company, Inc., 1980, "preface to reprint", p. xi; Marvin E. Gettleman, A Review of "The Dorr War: Republicanism on Trial, 1831-1861", *The Journal of American History*, Vol. 63, No. 3 (Dec. 1976), p. 715-716.

② Dennison, *The Dorr War*, "preface".

"叙述美国激进主义历史中的重要但常被忽视的一页";二是"分析'多尔战争'的策略、经验和教训,避免或减少以后激进主义运动的挫折"。格特尔曼认为,导致"多尔战争"失败的一个关键因素是其参与者的种族主义情绪。这一点使得他们与当时另一批同样以促进社会公平正义为目标的激进派——废奴主义者无法形成联合。也就是说,内战前美国社会存在多种激进主义运动,但没有一种共同的激进理论来把这些孤立、分散的运动团结起来。这既"体现了美国激进主义运动的有限性",也"体现了美国社会和文化给寻求社会本质变革的激进运动施加了巨大的障碍"。20世纪60年代美国激进运动的内部也存在着同样的问题。例如,工人阶级与环保主义者之间常常爆发冲突,因为前者要求更多的就业机会,而后者要求对工业发展做出某些方面的限制。所以,格特尔曼提出,当代激进派要避免重蹈历史覆辙,就必须要超越彼此的分歧,找到一个共同的理论和策略。这就是"多尔战争"告诉我们的"有用的过去"。①

新左派学者强烈的下层意识和批判精神,把美国史学从先前的过分自信和自我歌颂中解放了出来,但因为注入了太多作者本人的感情色彩、现实关怀和自我辩白,新左派史学作品常常被批评为"更像是政论性的小册子,而不是论述详尽的历史研究"②。丹尼森和格特尔曼对"多尔战争"的研究也不例外。戴维·格里姆斯塔德(David A. Grimsted)就批评说,《多尔战争:对共和主义的考验,1831—1861》一书最大的缺点在于,作者"很少质疑多尔的证据,很少尊重多尔对手的合理性。读者们常常容易分不清楚哪里是作者

---

① Gettleman, *The Dorr Rebellion*, 1973, "Introduction"; Gettleman, *The Dorr Rebellion*, 1980, "preface to reprint".

② Joseph M. Siracusa, *New Left Diplomatic History and Historians*: *The American Revisionists*, Port Washington, N.Y.: Kennikat Press, 1973, p.111-112.

在描述多尔的立场,哪里是作者在阐释自己的立场"①。

针对这一点,有的学者试图做出一些纠正。威廉·威塞克(William M. Wiecek)站在批评新左派的立场上,提出要重新评价"多尔战争"中的保守派以及整个美国历史中的保守主义思想。他认为,与激进派相比,保守派思想中的民主价值也毫不逊色,"他们并不像批评者所说的害怕变革,他们和其他人一样承认变革是不可避免的,并且接受,甚至欢迎某些形式的变革,但他们对宪法或涉及社会秩序根本的变革充满极大的怀疑"。"他们赞扬的是社会中起黏结和稳定作用的因素——法律、契约理论、同意的观念和社会的等级秩序。"② 但是,威塞克的努力并没有能够扭转六七十年代"多尔战争"研究中"新史学"范式的偏向。

在20世纪六七十年代美国新史学迅猛发展的时代,相对于在其他问题上各种新研究方法和新作品的不断涌现,对"多尔战争"的研究是较为冷清的。除了新左派以外,其他学者并没有表现出很大的兴趣,研究成果并不多。③ 造成这一局面的一个重要原因在于:新史学的突出特点是历史学与社会科学的结合,在这种学术潮流之中,致力于构建宏大叙事、对美国历史进行整体解释的传统政治史日渐式微,"民主的演进"之类的传统政治史研究所青睐的宏大主

---

① David A. Grimsted, A Review of "The Dorr War: Republicanism on Trial, 1831-1861", *The American Historical Review*, Vol. 81, No. 5 (Dec. 1976), p. 1241-1242.

② William M. Wiecek, "'A Peculiar Conservatism' and the Dorr Rebellion: Constitutional Clash in Jacksonian America", *The American Journal of Legal History*, Vol. 22, No. 3 (July, 1978), p. 237-238, 253.

③ 这一时期还有一些学者关注到该问题,但他们大多是站在法律史的角度来考察"路德诉博登案"的司法含义,此类研究成果有:John S. Schuchman, "The Political Background of the Political-Question Doctrine: The Judges and the Dorr War", *The American Journal of Legal History*, Vol. 16, No. 2 (April, 1972), p. 111-125; Michael A. Conron, "Law, Politics, and Chief Justice Taney: A Reconsideration of the Luther v. Borden Decision", *The American Journal of Legal History*, Vol. 11, No. 4, (Oct. 1967); C. Peter Magrath, "Optimistic Democrat: Thomas W. Dorr and the Case of Luther vs. Borden", *Rhode Island History*, Vol. 29, Nov. 1970。

题遭到冷遇。此时新政治史研究关注的是具体的政治问题，主流的研究路径是利用计量方法和政治学、行为科学等社会科学理论，去分析某一特定地区或基层普通民众的选举动机和投票行为。要改变"多尔战争"问题上乏善可陈的研究状况，还是要依赖美国史学自身的进一步变革。

三

20 世纪 80 年代以后，学术界对"多尔战争"的研究无论是在解释框架的确立、研究方法的选取，还是在对该问题性质和意义的界定上，都发生了显著的变化，而这一变化的直接推动力来自政治思想史研究的变革。

传统的政治思想史研究范式是以阿瑟·洛夫乔伊（Arthur O. Lovejoy）为首的一些学者于 20 世纪 30 年代开创的。这种研究范式的理论预设是，西方思想传统中有一些永恒不变的、为所有人普遍支持和继承的观念。这些观念在人们思想中是一种基本的存在，被称为"观念的单元"。思想史研究就是去解读思想史的那些经典文本，尤其是伟大思想家的经典文本，在归纳和比较中找出历史中这条"存在的巨链"。① 这种范式最为人所诟病的一点是：它的研究方法是纯文本的。它既不揭示文本产生的"情境"，也不探究隐藏在文本背后的言说者的"意图"，而是把研究对象置于一个孤立的、真空的环境中，把思想史建构成伟大思想家在"永恒问题"上进行的一场持久的、超越时空的对话。更为严重的是，因为这种研究范式旨在寻找"存在的巨链"，它往往会不自觉地给言说者添加一些明确的意图，或者在文本之间强加上一种实际并不存在的逻辑连贯性。对于这种研究方法，昆廷·斯金纳（Quentin Skinner）批评说："虽然其倡导者往往自称是在撰写政治思想史，但他们却很

---

① 这些说法来自：Arthur O. Lovejoy, *The Great Chain of Being: A Study of the History of an Idea*, Cambridge, Mass.: Harvard University Press, 1936。

少能提供给我们真正的历史。"约翰·波考克（John. G. A. Pocock）则更为严厉地指责其为"不合法的伪思想史"①。

20世纪六七十年代之后，政治思想史的研究出现了一场重大变革。这场变革概括起来主要有两点：一是把思想真正放回到历史中，研究在具体历史时空中所表述出来的思想，即把语境主义的方法引入政治思想史的研究；二是强调思想与行动的关联，把思想史与政治史、社会史结合起来。

伯纳德·贝林（Bernald Bailyn）对美国革命起源的研究可以被视为这场变革的开端。与之前学者们把美国革命的起因归结为外在的经济、社会条件，或者把北美殖民地作为英帝国历史的一部分，从外部来考察美国革命的起因不同，贝林始终把那些亲身参加美国革命的人作为研究对象，认为他们的焦虑、恐惧、不满等内心想法塑造了他们的政治行为，而这些内心想法又是通过"自由""权力""阴谋""代表权"等一系列概念而表达出的。② 贝林对政治思想史研究的启示是：政治思想史中的词汇是一种工具，可以为言说者用来表达真实想法，因此对思想的研究不能停留在文本的解读上，而是要深入历史时空内部，考察在特定历史时期有着不同意图的人们是如何解释和使用这些词汇的，实际上就是用"语境主义"的方法来研究政治思想史。基于语境主义的方法，贝林特别强调思想在传播和演进中发生的变化。他在考察英美政治思想的关联时，就着重阐述了英国乡村派思想在北美社会的语境下是如何发生转化的。这一点也使得贝林与以往旨在寻找连贯性的政治思想史研究拉开了距离。

---

① ［英］昆廷·斯金纳：《近代政治思想的基础（上卷：文艺复兴）》，奚瑞森、亚芳译，商务印书馆2002年版，第4页；Melvin Richter, "Reconstruting the History of Political Languages: Pocock, Skinner, and the Geschicheliche Grundbegriffe", *History and Theory*, Vol. 29 (1990), No. 1, p. 54–55。

② 贝林的代表作是：Bernald Bailyn, *The Ideological Origins of the American Revolution*, Cambridge: Belknap Press of Harvard University Press, 1967。

70年代之后，以昆廷·斯金纳为代表的剑桥学派把这场政治思想史的变革推向了深入。① 他们的研究对象不是原先抽象的"观念"，而是思想史中更为具体的单位——"概念"。他们把思想史的演进具体化为一个"概念"的变迁，研究同一个"概念"是如何为不同语境中的人们所使用的；在被使用的过程中，其界定和诠释发生了哪些变化；这些不同的甚至相互对立的界定之间经历了怎样的竞争和博弈；某一种界定是如何在竞争中具备了主导性甚至唯一性的，又是在什么样的社会条件下被重新界定和诠释的。

剑桥学派对"概念"这个词做出了特别的界定：它指的是在一定语境中为了特定目的而不断地被使用，具有一定的意义和指向功能，并被固定下来为人们所接受与认可的那些词语。它与普通"词语"的根本区别就在于，"词语"是静态的，而"概念"则是动态的，是被使用、被诠释的。基于这样的界定，"概念"同时被赋予了以下三组特性：

一是历史性和易变性。某个特定时代或特定群体的人们能够接受与认可何种"概念"，实际上取决于当时的社会和文化环境、知识和思想氛围、语言结构和话语模式等，也取决于概念使用者个人的身份、背景和意图。这些因素的交互作用形成了一种语境。即使是同一个概念，在不同的语境下，其被使用和诠释的方式也不同。

二是歧义性和竞争性。"概念"之所以能够被以不同的方式使用和诠释，是因为它是一个开放的话语体系，能够承载多重的语义，能够融入多元的语境，能够表达出人们多样化的需求和期待。

---

① 关于"剑桥学派"的理论和方法，可参考：[英]昆廷·斯金纳：《观念史中的意涵和理解》，任军锋译，载丁耘、陈新主编：《思想史研究（第一卷）：思想史的元问题》，广西师范大学出版社2005年版；凯瑞·帕罗内：《昆廷·斯金纳思想研究：历史·政治·修辞》，李宏图、胡传胜译，华东师范大学出版社2005年版；J. G. A. Pocock, "Language and Their Implications: The Transformation of the History of Political Thought", in *Politics, Language, and Time: Essays on Political Thought and History*, New York: Atheneum, 1971。

不同的群体都从自己的语境出发,以自己的方式使用和诠释"概念",实际上是一种相互竞争、争夺主导权的过程。

三是实践性和政治性。正是因为"概念"具有超强的承载和包容能力,它能吸引并动员那些心怀不同价值、追求不同目标,甚至完全处于对立状态的群体,使他们以"概念"为工具来为自己的需求进行合法性的辩护,所以,"概念"之间的竞争绝不仅仅发生在言语和文本中,而是常常表现为实践中的政治斗争。

对"概念"一词含义和特性的界定,体现了"剑桥学派"语境主义的研究方法,也体现了他们把思想史与政治史、社会史结合起来的研究意图。经过几十年的发展,"剑桥学派"已经确立了一套政治思想史研究的理论和方法,也涌现了一批优秀的研究成果。1975年,"剑桥学派"的奠基人之一的约翰·波考克出版了《马基雅维利时刻:佛罗伦萨政治思想和大西洋共和主义传统》一书。在该书中,波考克梳理了"共和主义"和"公民人本主义"这两个政治概念的起源和演变过程,解释了它们是如何出现于15世纪的佛罗伦萨,是如何被哈林顿和清教徒移民重新阐释的,又是如何为北美殖民地人民用来证明自己新政体的正当性的。"剑桥学派"另一位奠基人昆廷·斯金纳1978年出版了《近代政治思想的基础》一书,考察了13世纪末至16世纪末,近代意义上的"国家"这个概念形成和被接受的过程。在20年后的《自由主义之前的自由》一书中,斯金纳又对"自由"的概念进行了历史的考察,挖掘出不同时代、不同群体对"自由"的不同理解和界定。①

政治思想史的这场声势浩大的变革显然影响了美国史的研究。贝林和波考克改变了美国早期政治思想史的传统解释和研究方法,

---

① J. G. A. Pocock, *The Machiavellian Moment*: *Florentine Political Thought and the Atlantic Republican Tradition*, Princeton: Princeton University Press, 1975;[英]昆廷·斯金纳:《近代政治思想的基础(上卷:文艺复兴)》,奚瑞森、亚方译,商务印书馆2002年版;[英]昆廷·斯金纳:《自由主义之前的自由》,李宏图译,上海三联书店2003年版。

形成了一个"共和修正派",这可以被视为美国史学对这场变革的早期回响。后来,受到这场变革的启发,一些学者尝试着去解释更大范围、更长时段的美国历史。他们抓住一个或几个美国政治话语中的重要"概念",讨论其在美国政治话语中是如何被界定、被阐释的,其含义发生了哪些变化,从而试图展现一段时期内美国复杂而多样的历史面貌。这些尝试无论是对于美国史学的整体发展,还是对于"罗得岛问题"的具体研究,都意义重大,因为它极大地促进了政治史中宏大主题和叙事方式的复兴,使得"民主"作为一个重要"概念"重新回到了政治史的研究视野之中,从而也使得"罗得岛问题"的研究重新焕发了生机。

从1987年丹尼尔·罗杰斯(Daniel T. Rodges)的《竞争性的真理:独立以来美国政治中的关键词》一书中,可以看出这场变革对于作者的深刻影响。罗杰斯所说的"关键词",实际上就是"概念"的意思。他选取了美国政治话语中6个非常重要、但含义模糊的关键词,包括"自然权利""人民""政府""自由"等,并且指出,这些词"不是静止的,其含义也没有共识。它们令人惊奇地出现,也令人惊奇地衰落;它们被极力地推动,也遭到强烈地抵抗;它们的使用是开放的,竞争性的"。因此,罗杰斯不是去分析这些词在经典文本中的含义,而是去关注它们在各个时期的现实政治斗争中是如何被解读和使用的。他说:

> 人们常常会问,我们的政治传统意味着什么,而我想问的是,我们公认的政治信条中的某些核心词是怎么用的,它们是如何被使用的,是为了达到什么目的,它们是如何取得主导地位、如何衰落、如何崩溃,以及它们如何为服务于其他目的而被创造、窃取、重塑和抛弃的。因为美国的政治讨论不是一种传统的缓慢呈现(unfolding),

导　论

而是一个争吵、辩论和权力争夺的故事。①

在这部以"概念"串联起来的政治史中，很多政治事件的性质和意义都得到了重新界定，"多尔战争"就是其一。罗杰斯在第三章的最后一节中专门讨论了"罗得岛问题"，认为它体现了18世纪以来"人民"这个概念在美国政治话语中的工具性、开放性和竞争性。以多尔为首的激进派认为"人民"拥有与生俱来的最高权力去变更政府，他们对于"人民"和"人民主权"的界定，与18世纪80年代主张对"人民"直接行使权力施加制度障碍的约翰·亚当斯和麦迪逊等人是完全不一样的。与多尔同时代的劳工、废奴主义者、女性主义者以及为奴隶制做辩护的道格拉斯等人，对于"人民"也有着自己的界定，并且也和多尔一样，他们也都利用"人民"的概念来证明自己政治主张的正当性。所以，罗杰斯总结说，到19世纪中叶，"已经不太可能去肯定地说谁是'人民'，'人民'的意愿是什么了"。②

罗杰斯把6个关键词按照它们在美国政治话语中引发广泛争论的时间进行排列，实际上是对美国的政治思想史进行了一次整体考察。在当时很多致力于让美国史学克服碎片化、回归综合叙事的学者们看来，罗杰斯的这次尝试无疑是成功的、具有启发性的。托马斯·哈斯克尔（Thomas L. Haskell）评论说："本书为我们提供了一个有利的视角，能够俯瞰从革命到里根时代的整个美国史。……是很长一段时间内最为智慧、最为复杂的一次综合的尝试。"另一位较早呼吁政治史综合的学者托马斯·本德（Thomas Bender）也说，罗杰斯的著作"是霍夫斯塔特以来对美国政治思想最好的综合和阐

---

① Daniel T. Rodges, *Contested Truths: Keywords in American Politics since Independence*, New York: Basic Books, 1987, p. 3, 11.
② 关于"罗得岛问题"的讨论，见: Rodges, *Contested Truths*, p. 101-111.

17

释,……对美国思想史,以及整个美国历史学做出了重要贡献。"①

继罗杰斯之后,埃里克·方纳(Eric Foner)也进行了积极的尝试。在1998年出版的《美国自由的故事》一书中,他分析了在美国历史不同时期"自由"的概念是如何引起争议、受到质疑、经历竞争和被重新界定的,从而以"自由"为中心构建了美国历史发展的总体脉络。② 方纳把这种在政治思想史研究变革的推动下而创立的宏观叙事模式称为"竞争性叙事体"(contested narrative),并解释说,这是一种不确定的、无预设限制的历史叙事,其理论预设是:历史的发展总是既有前进,也有倒退,并非只是遵循一条永恒向前的直线。因此"竞争性叙事体"没有一个事先决定的开始、中间和结尾,也不只是叙述美国历史上的进步和成就,而是要说明,在美国历史上的每一时期,许多的事物和观念总是处在不断地被人们质疑和辩论的状态之中。③

2005年肖恩·魏伦茨(Sean Wilentz)的《美国民主的兴起:从杰斐逊到林肯》是宏观解释美国历史的又一部作品。魏伦茨抓住1790—1860年美国政治话语的核心概念——"民主",强调这一时期在联邦、州和地方的各个层面,"民主"从来就不是一个有既定内涵的概念。各个地区、各个阶层、各个群体的人们从各个方面去界定"民主",将自己的利益、需要、恐惧和希望都用"民主"的话语表达出来,所以这一时期的政治斗争表现为"民主"概念之间的竞争。这种竞争的结果,即哪种"民主"概念在这一时期获得主导地位,是不可预知的。1790—1860年,竞争的结果是两种"民

---

① Thomas L. Haskell, A Review of "Contested Truths", *The Journal of Southern History*, Vol. 55, No. 1 (Feb., 1989), p. 114; Thomas Bender, A Review of "Contested Truths", *The Pennsylvania Magazine of History and Biography*, Vol. 113, No. 2 (Apr., 1989), p. 300, 301.

② Eric Foner, *The Story of American Freedom*, New York: W. W. Norton, 1998.

③ 王希:《近30年美国史学的新变化——埃里克·方纳教授访谈录》,载《史学理论研究》2000年第3期。

主"概念——北方"自由劳动的民主"和南方"种族奴隶制的民主"——之间尖锐的、不可调和的对立,最终导致了战争。①

魏伦茨也用了一小节专门讨论"多尔战争"。他认为,"多尔战争"提出了有关民主的本质问题,在这个问题上,既暴露了民主党与辉格党在"民主"概念上的对立,也在民主党内部制造了裂痕,加剧了以卡尔霍恩为首的南方民主党人的离心力。魏伦茨讨论的是围绕"罗得岛问题"的辩论是如何导致全国政治力量的重组,以至于最后以对"民主"的不同理解为依据分裂为两大对立阵营的,所以,他把这部分内容放在了全书论述"民主如何走向危机"的第三部分。②

克里斯蒂安·弗里茨(Christian G. Fritz)从宪政史的角度来考察"多尔战争",也结合了政治思想史研究中的新方法。弗里茨反对那种因盲目执着于关注联邦层面而对美国宪政史做出的简单化的概括。为了在联邦宪法之外挖掘出美国宪政的另一条传统,他把研究视角下移到州,把"人民主权"视为一个内涵不确定的、永远处于不断竞争和变化中的概念,对其在州层面的美国早期政治文化中的不同表述进行了细致的考察。在1997年发表的《美国宪政主义的另一些观点:"人民主权"与早期美国的宪政争论》一文中,弗里茨提出,在早期州宪法改革中,美国人对于如何制定和变更宪法,包括议会在立宪中的地位、民众批准宪法的必要性、有权参与立宪的人的身份和范围,以及变更宪法的限度等诸多问题存在激烈的争论,这反映出美国人对于"人民主权"这个核心概念有不同的理解。弗里茨将其概括为"宽泛的"(expanded)和"受限的"(constrained)两种"人民主权观",而"多尔战争"的意义正是它

---

① Sean Wilentz, *The Rise of American Democracy: Jefferson to Lincoln*, New York: W. W. Norton, 2005.

② Wilentz, *The Rise of American Democracy*, p. 539-546.

促成了对这两种"人民主权观"正当性的一场大辩论。①

2008年出版的《美国的主权者们:"人民"与内战前美国的宪政传统》,是弗里茨对自己观点的进一步发展。他再一次强调了州层面的研究对于美国宪政理论的创新意义:

> 如果学者们能给州多一些历史关注的话,它们会向你呈现不同于联邦制宪会议的宪政理论……(它会)驱散我们长久以来的一个观点:我们的宪政观念自1787年以来的发展是一个不曾破损的链条。我们当今的很多切合联邦制宪者的宪政观念并不是必然的。在1787年、1800年,甚至1840年的时候,它们并没有成为美国宪政的观念。这些观念是经过长期斗争才得以出现的。联邦制宪者的观念如今占据统治地位,并不是一种自然的沿袭,而是多年来在各种相互竞争的观念之中做出明智选择的结果。②

在1997年文章的基础上,弗里茨更为仔细地分析得出,美国人对"人民主权"存在争议性理解的原因是:在美国的代表制民主中,"人民"在不同的场合分别拥有集体主权者、统治者和被统治者三种身份,并相对应地要承担三种不同的权利和义务。小心界定,并坚决维护三者之间的微妙差异,是美国民主制得以建立和运转的根基。从革命到内战之前美国发生的许多政治争论,都是源于一些美国人对于自己当下应该扮演的角色产生了混淆、误读或质疑。对"多尔战争"的讨论是全书的最后一章。弗里茨指出,围绕这个问题的争论反映出,直到内战前,美国社会仍然缺乏这样一种

---

① Christian G. Fritz, "Alternative Visions of American Constitutionalism: Popular Sovereignty and the Early American Constitutional Debate", *Hastings Constitutional Law Quarterly*, Vol. 24 (Winter1997), p. 287-357.

② Christian G. Fritz, *American Sovereigns: The People and America's Constitutional Tradition before the Civil War*, New York: Cambridge University Press, 2008, "Prologue".

共识：在变更宪法问题上有最高权力的、作为集体主权者的"人民"只能出现在依照宪法程序召开的制宪会议中。①

唐纳德·佛米萨诺（Donald P. Formisano）从民众运动的角度来考察"多尔战争"，也不无例外地强调了"概念"的竞争性。在2008年出版的《为了"人民"：从独立战争到19世纪50年代的美国"民众运动"》一书中，他呼吁，鉴于冷战结束之后，世界范围内各种"民众运动"眼花缭乱且鱼龙混杂，研究者就更需要保持价值中立。因为"像'民主''人民'这些概念是含混不清的，很容易被解释为不同的含义"，所以，研究者要仔细区别底层民众起来反抗统治阶级的真正的"民众运动"，与政客们利用"人民"的话语作为政治策略的假的"民众运动"；既要避免像20世纪50年代反共浪潮那样"把这些运动视为不现实、不实际，甚至非理性和破坏性的"，也要避免像20世纪六七十年代"新左派"史学那样"把'人民'的呼吁浪漫化为底层的无辜和善意"。佛米萨诺用专门的一章来讨论"多尔战争"。他将"多尔战争"的本质界定为"在模糊概念上的相互冲突的理解"，从而力图把参加这场政治斗争和辩论的各方摆在平等的位置，作出公允的解释。②

可以看出，20世纪80年代以来对"多尔战争"的研究打上了政治思想史变革的深刻印记。学者们普遍将其视为美国政治思想史中的一个问题，用"概念的竞争"来表现思想的交锋，且往往都是抓住政治论争的某个核心"概念"（通常是"人民"或"人民主权"），来考察它是如何被参加辩论的各个群体以不同的方式去解读和使用的，以及它反映出各个群体怎样的政治理念和诉求，最终的目的都是展现一个复杂的、多元的美国历史。

---

① Fritz, *American Sovereigns*, Chapter 8.
② Donald P. Formisano, *For the People*: *American Populist Movements from the Revolution to the 1850s*, Chapel Hill: The University of North Carolina Press, 2008, p. 3, 160–176.

四

在 20 世纪 80 年代以来的研究基础上,本书将对"多尔战争"及其政治意义进行进一步考察。除导论外,本书主要分为五章。

第一章将讨论罗得岛自建立殖民地以来在政治上的各种独特性,着重讨论在 18 世纪末到 19 世纪初经济和社会巨大变迁的历史背景中,罗得岛的政治格局日益失衡、民主走向"衰落"和立宪运动逐渐兴起的过程。

第二章将阐述 19 世纪 40 年代以后,在以多尔为首的改革派激进分子的推动下,罗得岛立宪运动如何从一场以扩大选举权、重新分配议会席位为目标的政治改革,逐渐发展为一场武装反叛,如何从一场政治斗争,逐渐发展为一场思想辩论的,重点在于描述"多尔战争"的爆发,以及政治论争提出和辩论的过程。

第三章和第四章将分别抓住"人民主权"和"革命"两个概念来分析"多尔战争"背后民主理念之间的交锋。在辩论中,以多尔为首的激进派用"自然权利"的话语抹掉了"人民"的界限,把"人民主权"解释为现实政治生活中"人民"的权力,具体说是"多数人"的权力,不能受到任何制度和法律的制约,并用"革命"的权利来为自己以制度外和暴力方式变更政府的行为做辩护。而反对派出于捍卫美国政治制度基本框架的目的,对这两个概念做出了完全不同的界定。他们区分了理论中的"人民主权"和实践中的"人民主权",区分了自然属性的"人民"和政治领域的"人民",并把"革命"解释为一种和平的、制度内的、能够并且必须依托政府而进行的政治变革。

第五章将把"多尔战争"引发的政治论争放到建国早期美国政治文化的演变当中,在一个更大范围和更长的时间段内讨论它的意义。这一政治论争的出现不是孤立或偶然的,其背后所体现的两种民主理念之间的紧张关系,是自革命以来(包括 19 世纪三四十年代在内)美国政治变革进程中始终面临的一个普遍性问题,更是民主从一种政治理想走向政治实践所面临的必然困局。从政治论争的进展和结局中可以看出,建国初期的美国人极力在两种处于紧张关系的民主理念中寻求妥协和均衡,试图寻找到一条和平、稳健的政治变革道路。

第一章
罗得岛民主的"衰落"与立宪运动的兴起

  罗得岛在从建立殖民地到加入联邦的100多年里，一直是北美各殖民地（美国各州）中自治程度和自由程度最高的，1663年的特许状也一直被视为自由的屏障。然而，从18世纪末到19世纪上半叶，随着罗得岛从商业和农业社会向工业社会的历史性变迁，罗得岛的民主事业经历了一个"衰落"的过程。原先特许状保障下的公民权利变成了少数人的特权，原先特许状奠定的政治格局也出现了严重的失衡。以普罗维登斯（Providence）为首的北部和东部工业地区发展成为罗得岛的经济和人口中心，但在政治上却处于严重"少权"的地位。他们提出了政治改革的要求，力图废除特许状，通过制定一部新宪法，具体来说主要是通过废除选举权的土地资格和以人口为基础重新分配议会席位，来获得与其实力相匹配的政治权力。以纽波特（Newport）为首的南部和西部地区发展缓慢、相对衰败，但在传统的政治权力分配中享有绝对优势。它们坚决维护特许状，尤其是维护选举权的土地资格。于是，自18世纪末开始，罗得岛两大对立地区围绕立宪问题展开了长达几十年的激烈斗争。

一、18世纪90年代至19世纪40年代罗得岛的社会变迁与政治失衡

  罗得岛是美国最初13州中面积最小的州，但这个最小的州却

有很多独特之处。在殖民地时期，它是一个由宗教反对派建立的自治殖民地，也是少数能够一直维持自治地位的殖民地。

马萨诸塞在宗教上具有很强的封闭性和排他性，为了维持共同体在信仰上的纯洁，马萨诸塞当局不断地驱逐宗教异己分子。罗得岛正是这样一个由被马萨诸塞当局驱逐出来的宗教反对派建立的殖民地。1635 年被驱逐的罗杰·威廉斯（Roger Williams）带领信徒来到今天的普罗维登斯定居，两年后他们在自愿同意的基础上签订了一系列协定，确立了这个新政治共同体的自治的性质。1638 年，被马萨诸塞当局驱逐的另一批宗教反对派在威廉·科丁顿（William Coddington）的领导下，建立了朴次茅斯（Portsmouth）定居点。在被安妮·哈钦森（Anne Hutchinson）和塞缪尔·哥顿（Samuel Gorton）等人发动政变免职之后，科丁顿又来到了罗得岛南部，建立了纽波特定居点。这三个定居点都是宗教反对派自己建立起来的，没有特许状的保护，且各自为政，分散而弱小，时常面临被马萨诸塞等强大邻居蚕食的危险。在统一的罗得岛殖民地形成的过程中，罗杰·威廉斯再次发挥了关键作用。1643 年，威廉斯亲自前往英国，争取到了一份土地证书（patent），在法律上承认了普罗维登斯、朴次茅斯和纽波特三个定居点的合并，并确认了定居者从当地印第安人手中购买得到的土地。1647 年，这三个定居点，再加上另外一个由塞缪尔·哥顿建立的定居点沃里克（Warwick）的代表在朴次茅斯召开议会，成立了一个联合政府。然而，斯图亚特王朝在英国的复辟把刚刚统一起来的罗得岛殖民地重新推向险境，因为罗得岛的领导人与英国的反君主派和克伦威尔分子关系密切，1643 年之所以能拿到土地证书，正是罗杰·威廉斯充分利用这种关系的结果。因此，罗得岛当局再次派人去英国争取皇室对其存在的确认，这就是 1663 年特许状。至此，罗得岛才最终确立了自治殖民地的地位。

1637 年由普罗维登斯居民自主签订的协定奠定了罗得岛政治秩序的基石。之后英王颁发的特许状（Charter）只是将民众业已订立的契约和原则法律化了而已。英王能够对罗得岛施加的影响非常有限，他不能通过在殖民地的代理人——总督来指挥军队、控制财政、否决立法，他甚至在任命低级官员上也没有发言权，因为罗得岛的总督不是由英王任命，而是由代表人民的议会选举产生。"光荣革命"之后，英国政府对北美殖民地进行了重组，旨在加强对殖民地的控制。马萨诸塞、纽约、南卡罗来纳、北卡罗来纳等原先的业主殖民地纷纷被收归王室，罗得岛也受到来自英国政府的巨大威胁。17世纪90年代，英国贸易委员会以罗得岛政府在英法冲突中行动不得力，以及支持海盗活动为借口，委任贝洛蒙德伯爵亲自到罗得岛进行调查。调查的结果是，罗得岛政府有25条罪责，一言以蔽之，就是"罗得岛政府的目前运行既没有尊重也没有服务于国王"。幸运的是，由于欧洲的军事混乱加剧、英国政坛内部辉格党人反对王权扩张，以及威廉·佩恩的帮助等，罗得岛抵抗住了威胁，一直保持着相对独立和自治的地位。①

在革命时期，罗得岛是少数没有制定新宪法，而是继续沿用特许状的州。这主要是因为，与其他殖民地相比，在1663年特许状统治之下的罗得岛拥有更大程度的自治，其民众的权利能够得到更好的保护，因此，它不需要像其他殖民地一样打破特许状的桎梏，用一部新宪法来伸张自由。

根据1663年的特许状，罗得岛的最高行政机构称为参事会（General Council），由总督、副总督和10名助理组成，立法机构称为议会（General Assembly），分为两院，上院即参事会，下院由各个村镇根据固定名额选举出的代表组成。罗得岛的最高行政机构和立法机构全部是民选产生的，下院代表两年一选，总督、副总督和

---

① Patrick T. Conley, *Democracy in Decline: Rhode Island's Constitutional Development, 1776-1841*, Providence: Rhode Island Historical Society, 1977, p. 27-31.

10 名助理一年一选。① 而其他殖民地的行政机构中，总督或是由业主挑选，或是由英王任命，参事会其他成员也是由业主或英王根据总督的提名任命的。相比之下，罗得岛政府更贴近民众，更能体现民众意愿、保护民众权利。

特许状为各个村镇规定了固定的议会席位数量：纽波特 6 席、普罗维登斯、朴次茅斯、沃里克各 4 席，未来建立的每个村镇各 2 席。② 这个分配在 1663 年是基本公平的。纽波特位于罗得岛南部的纳拉甘西特湾（Narragansett Bay）之中，由多个岛屿组成，是天然的港口和商业、贸易中心，其支柱产业鲸油制造业，在 18 世纪一直垄断殖民地市场。到 1774 年，纽波特仍然是罗得岛人口最多、经济最发达的村镇，居民有 9208 人，而居其次的普罗维登斯，人口不足纽波特的一半。③ 1663 年特许状对议会席位的分配基本上是以当时的人口和财富为依据的。虽然这个分配被应用到 1663 年之后建立的一些新的村镇时有些不公，但是它在罗得岛经济、政治的两大"巨头"——纽波特和普罗维登斯之间大体维持了平衡和公正。美国革命之前，几乎没有人对 1663 年特许状的代表制条款提出任何质疑。④

1663 年特许状没有规定选举权的资格，把"选举、提名和任

---

① Charter of Rhode Island and Providence Plantations, 1663, *in* Francis Newton Thorpe, ed., *The Federal and State Constitutions, Colonial Charters, and other Organic Laws of the States, Territories, and Colonies*, Buffalo, New York: William S Hein & Co., Inc., 2002, Vol. Ⅵ.

② Charter of Rhode Island and Providence Plantations, 1663, *in* Thorpe, ed., *The Federal and State Constitutions*, Vol. Ⅵ.

③ David S. Lovejoy, *Rhode Island Politics and the American Revolution, 1760-1776*, Brow University Studies, Volume ⅩⅩⅢ, Providence: Brown University Press, 1958, p. 15.

④ 例如，1774 年詹姆斯顿（Jamestown）、锡楚埃特（Scituate）和金斯顿（Kingstown）镇的人口分别为 563 人、3601 人和 2835 人，但这三个村镇在议会下院的代表人数是一样的，都是 2 名。见：Lovejoy, *Rhode Island Politics and the American Revolution, 1760-1776*, p. 23-24。

命"的权力交给了议会。① 1723年，议会通过了法案，把拥有价值100英镑的自由持有土地作为选举权的资格。1729年，这一资格被提高到200英镑，1746年被提高到400英镑，1760年降低到40英镑（按当时的美元价值是134美元）。这个资格一直延续到19世纪40年代。虽然规定了自由持有土地的资格，但是选举权在当时的罗得岛绝不是少数人的特权。在一个土地占有广泛的农业社会，选举权的土地资格并不算是一种压迫或限制，况且在殖民地时期，罗得岛政府对于到西部地区定居的居民还给予一定的土地作为奖励。根据1746年选举权法案，自由持有土地的资格"很松弛"，选举权的门槛"非常低，以至于很多没有财产或几乎没有财产的人也被包括了进来"。研究罗得岛殖民地史的学者估算，从1723年自由持有土地资格实行，到独立战争爆发前夕，罗得岛75%的白人成年男性人口能够满足这个资格。②

1663年特许状中最值得罗得岛人骄傲的是关于宗教自由的条款。17世纪，教派斗争和宗教迫害是北美各个殖民地的普遍现象。在弗吉尼亚、北卡罗来纳、南卡罗来纳、佐治亚、马萨诸塞、康涅狄格、新罕布什尔等州，主流教派和政治权力结合而成了官方教会，把其他教派贬为异端，并进行排斥、驱逐甚至迫害。与这些州的宗教压迫不同，罗得岛不仅没有设立任何形式的官方教会，特许状还规定："本州内的任何人，在此后的任何时候，不得因为宗教观念上的任何差异而受到干扰、惩罚和质疑，……这片土地上的任何人在任何时候，在宗教事务上都自由、充分地享有他们自己的判断和良知。"③ 特许状颁布后的次年，议会再次发布宣言，表达了维护宗教自由原则的信念："所有人在信仰上帝问题上的自由是本

---

① Charter of Rhode Island and Providence Plantations, 1663, in Thorpe, ed., *The Federal and State Constitutions*, Vol. Ⅵ.

② Conley, *Democracy in Decline*, p. 13-18.

③ Charter of Rhode Island and Providence Plantations, 1663, in Thorpe, ed., *The Federal and State Constitutions*, Vol. Ⅵ.

州自建立以来一直秉持的原则,我们将要把这份自由永远维系下去。"①

罗得岛在殖民地时期的"民主"和"自由"在当时得到了人们的普遍承认。1773 年纽约州的一位法官把罗得岛形容为"彻底的民主制",因为其政府官员"完全被人民所控制"。马萨诸塞总督托马斯·哈钦森(Thomas Hutchinson)写信给乔治三世说,罗得岛是"您所有殖民地中最接近民主制的"②。后人更是不惜用各种溢美之词来赞颂 17—18 世纪罗得岛的历史。在班克罗夫特看来,罗得岛是美国"自由史诗"的辉煌起点,"生命、自由和财产在罗得岛比在世界上任何其他地方都更加安全"。在桑福德·科布看来,罗得岛是其他殖民地的典范,因为罗得岛建立了一个"真正的共和国","世界上第一个彻底自由的政府"。③ 即使在罗得岛制宪运动兴起之后,改革派们呼吁制定宪法来取代特许状,但他们中有很多人对于令特许状在 17—18 世纪颁布并生效的功勋仍然心怀崇敬。在他们眼中,特许状给罗得岛奠定了民主的基础,但是随着时代的变迁,这些民主逐渐衰落了。1663 年特许状到 19 世纪已经不再能够保证罗得岛人民的自由了。1841 年 5 月纽波特的改革派民众大会、国会众议院改革派议员埃德蒙·伯克、"路德诉博登案"中原告律师本杰明·哈利特等人都承认,"1663 年特许状的原则和精神是伟大的","特许状在其刚颁布的时候是好的,远远领先于时代……几乎可以说是完美的",改革派控诉的弊端和不平等都是源

---

① Sanford H. Cobb, *The Rise of Religious Liberty in America: A History*, New York: The Macmillan Company, 1902, p. 437.

② Conley, *Democracy in Decline*, p. 53.

③ George Bancroft, *History of the United States from the Discovery of the American Continent to the Declaration of Independence*, 7Vols., Boston: Little Brown and Company, 1834-1875, Vol. Ⅱ, p. 64; Sanford H. Cobb, *The Rise of Religious Liberty in America: A History*, The Macmillan company, 1902, p. 436.

于时代变了,民主"衰落"了。① 在当时的人们看来,从 17 世纪到 19 世纪,与其他州民主"兴起"的发展轨迹相反,罗得岛的民主经历的是一个"衰落"的过程,这是罗得岛又一个独特之处。

特许状使罗得岛居民享有比其他州更多的自治与自由,这一点不仅可以解释为什么罗得岛在革命时期没有制定宪法而是保留了特许状,还可以解释为什么罗得岛在革命中第一个宣布独立,却又是最后一个批准《联邦宪法》、加入联邦的州。

罗得岛在反英斗争中表现得十分积极。1774 年 5 月 17 日,在《波士顿港口条例》(Boston Port Act)通过的消息到达马萨诸塞不到两周的时间里,普罗维登斯的村镇会议第一次提出,13 个殖民地应该联合起来应对危机。6 月 15 日,罗得岛成为第一个向大陆会议任命代表的殖民地。在《独立宣言》发表前的 1776 年 5 月 4 日,罗得岛议会以几乎一致同意的票数通过了法案,否认了罗得岛对英王的效忠。这一天后来被称为"罗得岛的独立日"。《独立宣言》发表之后,罗得岛很快做出了回应:7 月 18 日,议会批准了《独立宣言》,并向选民呼吁"用生命和财产来支持议会的决定"②。鉴于罗得岛的自治地位,它是北美殖民地中的一朵"奇葩",是英国王室的"眼中钉",其如此热忱、迫切地追求独立是不难理解的。然而,此一时彼一时,独立之后的罗得岛在制定和批准《联邦宪法》中的态度来了个 180 度大转弯。

1787 年夏天,当罗得岛的国会议员被召回之后,罗得岛政府以"应当把注意力集中到联邦制宪会议上"和"节约开支"为由,

---

① Resolutions of the Newport "Mass Convention", May 5, 1841, in *Burke's Report*, p. 257; *The Right of the People to Establish Forms of Government: Mr. Hallett's Argument in the Rhode Island Causes, before the Supreme Court of the United States*, January, 1848, Boston: Printed By Beals & Greene, 1848, p. 11 - 12, 27; *Facts involved in the Rhode Island controversy with some views upon the rights of both parties*, Boston: Published by B. B. Mussey, No. 29 Cornhill, 1842, p. 12.

② Conley, *Democracy in Decline*, p. 58-59.

没有派新的代表来填补空缺。这种状况一直持续到1788年春天。当其他各州代表齐集费城勾画美国未来的政治框架时,罗得岛内部还一直在为是否应该派代表参加费城会议而争论不休。9月15日,在制宪会议即将闭幕之际,罗得岛州长约翰·柯林斯(John Collins)向邦联国会主席写了一封信,道出了罗得岛拒绝参加联邦制宪会议的原因——"不是存心要侮辱联邦,而是基于本州的根本原则——热爱真正的宪政自由,害怕对公民的自由和权利做出改动"。批准《联邦宪法》在罗得岛遇到的阻力也超过了其他任何一个州。自1788年2月开始,在23个月的时间里,罗得岛议会先后11次否决了召开批准宪法大会的提案。1788年春,在是否召开批准宪法大会的全民表决中,有2708张反对票,只有237张赞成票。1790年3月1日,罗得岛批准宪法大会姗姗来迟,在附加了21条修正案和一个《权利法案》之后,大会以34票赞成、32票反对的微弱优势勉强批准。①

所以,罗得岛很自然地成了反联邦主义最兴盛的地区之一。根据杰克逊·特纳·梅因(Jackson Turner Main)的研究,反对批准《联邦宪法》的人在马萨诸塞和弗吉尼亚占据微弱多数,在纽约和北卡占据了大约3/4,而在罗得岛和南卡罗来纳则占据了几乎4/5。1788年,除了少数沿海的商业村镇之外,反联邦主义者几乎控制了罗得岛的所有地区。罗得岛有14个村镇位于海边,其中反联邦主义者的势力占据了一半;剩下有16个村镇位于内陆,全部都是反对批准宪法的。②

在罗得岛,与批准宪法最密切相关的是纸币问题。在1786年议会选举中掌握权力的乡村派(Country Party)是一个以支持用发

---

① Irwin H. Polishook, *Rhode Island and the Union*, 1774-1795, Evanston: Northwestern University Press, 1969, p.182, 187-188, 197-203.

② Jackson Turner Main, *The Antifederalists: Critics of the Constitution*, 1781-1788, The University of North Carolina Press, 1961, p.213, 249.

行纸币的方法来缓解货币短缺为宗旨的政治派别,而维护纸币政策的关键在于维持罗得岛州政府在这个问题上的决定权。纸币问题与州权问题、自治问题,以及人民的自由和权利问题是联系在一起的,因此,罗得岛所有持联邦主义立场的村镇都反对纸币,几乎所有拥护反联邦主义的村镇都支持纸币,这一点儿也不奇怪。① 罗得岛的反联邦主义者厌恶一个强大的、威胁到州权且远离人民的全国性政府,谴责新宪法对人民最重要、最根本的权利缺乏保护。

从为《联邦宪法》提出的修订中,我们可以清楚地看到罗得岛的反联邦主义者对于这个新政府的深深的不信任。他们对《联邦宪法》的第 1 条修订就是加上《权利法案》。在另外 21 条修订意见中,第 1 条是要求保证州政府拥有最高权力;第 2 条是试图限制联邦对于州选举国会议员的干涉;第 7 条是禁止和平时期维持常备军;第 8 条和第 9 条是提议只有在两院中都获得 2/3 票数,议会才能以联邦的名义借贷或者宣战;第 18 条是要求参议员的罢免和替换由各州议会决定。因为害怕新建立的联邦政府会远离州的控制,他们甚至还提出:1793 年以后所有的宪法变动都需要得到最初 13 州中 11 个的同意。② 这是罗得岛的独创。如果说,反联邦主义者反对宪法是因为《联邦宪法》在他们看来太"贵族化"了,不够"民主"的话,那么,对于一个在传统上自治和自由程度最高的罗得岛人来说,接受一个如此"不民主"的宪法就更加困难。

从建立殖民地,到参加革命,再到成为联邦的一个州,"自由"

---

① 关于罗得岛的纸币问题,可参考:Polishook, *Rhode Island and the Union*, 1774-1795, Chapter 6, p. 131-162; Main, *The Antifederalists: Critics of the Constitution*, 1781-1788, p. 53-54, 269-270; Hillman M. Bishop, "Why Rhode Island Opposed the Federal Constitution", *Rhode Island History*, Vol. 8, 1949, p. 34-38。

② *The Bill of Rights and Amendments to the Constitution of the United States, as Agreed to by the Convention of the State of Rhode Island and Providence Plantations, at South Kingstown, in the County of Washington, on the Fifth Monday of March*, A. D., 1790, Providence: 1790.

可以说是贯穿罗得岛历史的主旋律。追求信仰自由，是罗得岛殖民地得以建立的根本动因。1663年的特许状在法律上确认了罗得岛的自治地位和宗教自由的原则，使罗得岛成为北美殖民地"民主"事业的"领头羊"。为了维护这个"自由"的特许状，罗得岛无论是在革命时期各州的立宪运动中，还是在革命后各州批准《联邦宪法》的过程中，都独树一帜。然而，随着时间的推移，罗得岛逐渐被其他州赶上和超过，丧失了"领头羊"的位置，改革特许状奠定的政治秩序的呼声也随之兴起。

造成罗得岛民主"衰落"的根本原因在于，从18世纪末到19世纪上半叶，罗得岛社会经历了从商业和农业社会向工业社会的历史性变迁。制造业取代了海上贸易，成为罗得岛的主导产业，随之而来的是社会阶层的多样化、城市化的兴起、人口流动的增强、人口构成和分布格局的变化，以及经济中心的转移，等等，而身处变革之中的罗得岛在政治上却依然坚守一个多世纪之前的特许状，迟迟没有重新分配政治权力和调整政府结构。

罗得岛是美国所有州中领土面积最小的州，在殖民地时期，它南北长只有48英里，东西宽只有37英里。但这个最小的州却拥有多样化的地貌，紧邻纳拉甘西特湾的南部地区遍布岛屿、半岛和海湾，有蜿蜒的海岸线和优良的港口，沿海低地区有小块平坦肥沃的农田，但数量很少，且狭窄而分散，西部和北部大部分地区是山地，有丰富的河流、瀑布和森林，但土地贫瘠，不宜农耕。

在整个殖民地时期，罗得岛像其他新英格兰地区一样，其支柱产业是渔业和海上贸易。位于纳拉甘西特湾之中的纽波特因其得天独厚的自然条件，成为罗得岛的人口中心和经济中心。18世纪50年代，纽波特这个面积只有8平方英里的地区，港口中停泊了500—600艘船，集中了6750人，占整个罗得岛人口的17%；而几乎占据了整个北部的普罗维登斯地区，300平方英里土地上只有3159人。到了18世纪中后期，纽波特更成为北部主要的奴隶拍卖市场之一和新英格兰南部最重要的商业中心之一。纽波特比罗得岛其他地区都更加得益于海上贸易,也更加依赖于海上贸易,它是罗得岛一个世纪以来商业贸易繁荣的见证。到革命前夕的1774年,纽波特人口已经超过了9000人,而美国革命则是纽波特由盛转衰的起点。①

革命期间,受损最严重的就是纳拉甘西特湾地区的海上贸易。英军占领了纽波特3年,给这个曾经的经济和文化中心带来了无法弥补的损害。大量的房屋被毁、多数港口遭到破坏,最严重的是,大批商人带着资金和船只在英军到来前逃离了纽波特。仅仅两年,纽波特的人口就骤降了将近一半,只剩下了5000余人。相比之下,罗得岛北部地区受战争的破坏就小了很多,再加上是革命活动的中心,人口基本保持了稳定。到革命结束时,以纽波特和普罗维登斯为代表的罗得岛南部和北部在人口上的差距已经微乎其微,以人口和财富为基础建立的政治格局正在发生着变化。美国革命结束之后,纽波特的海上贸易活动又接连受到法国大陆政策、英国贸易禁令、1807年美国的禁运法以及1812年第二次英美战争的打击,再也没有能够重拾往日的辉煌。相反,以普罗维登斯为代表的北方地区在工业化的起步中占得先机,很快就确立了在经济上和人口上的绝对优势。

罗得岛的北部山区既没有港口也没有肥沃的土地,商业和农业活动都不发达。19世纪以前,这里的居民主要以种植玉米和饲养牲畜为生,零星从事酿酒业、肉类包装业和造船业等。罗得岛这个小州缺乏发展重工业的资源,但其北部山地的地貌和气候条件却非常适合发展轻型制造业,尤其是纺织业。狭窄湍急的河流、瀑布,以及四季充沛的雨水提供了源源不断的动力资源,潮湿的气候使纺织的纤维足够柔韧而不易折断。关注罗得岛这一时期经济转型的学者们认为,罗得岛的工业化起步于18世纪90年代,以棉花加工业

---

① 这部分内容可参见:Peter J. Coleman, *The Transformation of Rhode Island*, 1790-1860, Providence:Brown University Press, 1969, p.3-25。

为主导,还有羊毛工业和重金属工业等。到 19 世纪 30 年代末,罗得岛基本完成了从商业社会到工业社会的过渡。1840 年联邦人口普查的数据显示,仅棉花加工业一项就雇用了 12086 名工人,占了罗得岛总人口的 11%。到 1860 年人口普查时,整个制造业的从业人数占据了总人口的 37%,这个数据还不包括那些没被统计进去而实际在工厂中工作的人。①

罗得岛的棉花加工业主要集中在东北部的布拉克斯东河(Blackstone River)和波塔基特河(Pawtucket River)这两条河流的交汇地区。在 19 世纪 30 年代,90 个新增加的工厂中有 80%以上是建造在波塔基特河的中部或布拉克斯东河的北部。这些地区占据了罗得岛整个棉制品产量的 80%。其中,普罗维登斯地区的增幅最为惊人,棉花工厂的数量从 4 个增加到了 30 个,资本投资翻了 4 倍,劳动力数量和纱线产量分别翻了 6 倍和 7 倍,成为罗得岛最大的棉花加工业中心。罗得岛的羊毛加工业开始是以南部为中心,后来向北转移到了布瑞尔维尔(Burrillville)和普罗维登斯。重金属工业的中心也在普罗维登斯。总之,19 世纪中叶,普罗维登斯当之无愧地成了罗得岛的工业中心。它拥有最均衡和最复杂的制造业经济、优越的金融资源和银行设施,它是罗得岛交通网络的中心,也是布拉克斯东运河的出口。除了普罗维登斯以外,位于布拉克斯东河流域地区的史密斯菲尔德(Smithfield)、坎伯兰(Cumberland)、北普罗维登斯(North Providence),以及位于波塔基特河地区的沃里克等北方村镇也经历了迅速的工业化。②

工业化对罗得岛传统政治格局的最大冲击是它带来了人口构成和分布格局的变化。这一时期,罗得岛各个地区和村镇的人口增长

---

① Conley, *Democracy in Decline*, p. 149; Coleman, *The Transformation of Rhode Island*, 1790-1860, p. 156.

② 关于罗得岛制造业发展情况,见:Peter J. Coleman, *The Transformation of Rhode Island*, 1790-1860, p. 71-107, 108-160; Patrick T. Conley, *Democracy in Decline*: *Rhode Island's Constitutional Development*, 1776-1841, p. 145-161。

情况是和它们的工业化程度成正比的。人口最显著的增长发生在东北部工业区的 8 个村镇,即布拉克斯东河-波塔基特河地区。1790 年这一地区只有 20000 人,只占全州总人口的 1/4,而到 1860 年,这一地区的人口超过了 108000 人,占据罗得岛总人口的将近 2/3。工业化程度最高的普罗维登斯市在 19 世纪 20 年代就已经发展成为了新英格兰第二大城市,其人口在 19 世纪 20 年代增加了 43%,在 19 世纪 30 年代又增加了 38%,总数超过了 23000 人。而曾经的经济中心纽波特,其人口到 1840 年仍然没有恢复到革命前的水平。①

学者们根据人口变动情况把罗得岛所有的村镇分为三个类别:1790—1840 年,罗得岛全州人口增长的平均值是 1.16%,人口增长率高于全州平均水平的被称为"扩张型村镇";人口数量变化很小或者增长率低于这个数字的被称为"静止型村镇";人口不增反减的被称为"衰落型村镇"(见表 1-1)。观察这些村镇的地理分布图,一目了然的是,它与罗得岛制造业的地理分布图几乎是完全对应的(见图 1-1):所有扩张型村镇都位于罗得岛的东北部,它们要么是在纳拉甘西特湾上部,要么是在布拉克斯东河-波塔基特河流域。所有静止型和衰落型村镇都分布在湾区下部以及罗得岛南部和西部地区。

表 1-1 1790—1840 年罗得岛人口增长率

村镇	1790—1800 年	1800—1810 年	1810—1820 年	1820—1830 年	1830—1840 年	1790—1840 年	年均增长率(%)
普罗维登斯	19.3	32.3	16.8	43.1	37.6	295	5.9
北普罗维登斯	-0.4	64.8	37.6	44.8	20.1	293	5.86
史密斯菲尔德	-1.6	22.7	22.2	46.6	39.0	201	4.02

---

① Daniel P. Jones, *The Economic and Social Transformation of Rural Rhode Island*, 1780-1850, Boston: Northeastern University Press, 1992, p.100; Conley, *Democracy in Decline*, p.155.

续表

村镇	1790—1800年	1800—1810年	1810—1820年	1820—1830年	1830—1840年	1790—1840年	年均增长率（%）
沃里克	-1.6	48.4	-3.0	51.8	21.6	170	3.40
坎伯兰	4.7	7.5	20.4	38.5	42.2	166	3.32
布里斯托尔	19.3	60.5	18.7	-5.1	15.0	148	2.96
沃伦	31.2	20.5	1.7	-0.3	35.4	117	2.34
约翰斯敦	3.3	11.1	1.7	37.2	17.1	88	1.76
锡楚埃特	9.0	1.8	10.4	40.9	2.4	77	1.54
"扩张型村镇"						189	3.78
克兰斯敦	-12.4	31.4	5.2	16.6	9.4	55	1.10
考文垂	-2.2	20.8	7.2	22.7	-10.8	39	0.78
蒂弗顿	10.7	4.4	1.3	1.0	9.6	30	0.60
纽波特	0.3	17.3	-7.4	9.4	4.0	24	0.48
朴次茅斯	8.0	6.6	-8.3	5.0	-1.2	9	0.18
布瑞尔维尔	—	—	18.0	1.5	-9.7	8	0.27
米德尔顿	8.7	6.9	-2.8	-3.6	-2.6	6	0.12
北金斯顿	-3.9	5.8	1.7	1.0	-4.2	0	0.00
格罗斯特	-0.4		8.4	0.7	-8.6	0	0.00
"静止型村镇"						22	0.44
福斯特	8.3	6.3	11.0	-7.9	-18.4	-4	-0.08
南金斯顿	-16.8	3.5	4.6	-1.6	1.5	-11	-0.22
小康普顿	2.3	-1.5	1.7	-12.8	-3.7	-14	-0.28
威斯特里	1.3	-17.9	3.2	-2.9	-0.1	-17	-0.34
东格林维奇	-2.6	-13.8	-0.7	4.7	-5.1	-17	-0.34
巴灵顿	-4.8	-7.1	5.0	-3.5	-10.3	-20	-0.40
里士满	-22.3	-2.8	7.0	-4.2	-0.1	-23	-0.46
詹姆斯顿	-1.2	0.6	-11.1	-7.4	-12.0	-28	-0.56
埃克赛特	-0.8	-8.9	14.4	-7.7	-25.5	-29	-0.56

续表

村镇	1790—1800年	1800—1810年	1810—1820年	1820—1830年	1830—1840年	1790—1840年	年均增长率（%）
霍普金顿	-7.5	-22.2	2.6	-2.4	-2.9	-30	-0.60
西格林维奇	-1.4	-7.8	19.0	-5.7	-22.1	-31	-0.62
查尔斯顿	-28.1	-19.3	-1.2	10.7	-28.1	-54	-1.08
"衰落型村镇"						-22	-0.44
罗得岛	0.4	11.4	7.8	17.0	12.0	58	1.16

来源：Conley, *Democracy in Decline: Rhode Island's Constitutional Development*, 1776-1841, p.156。

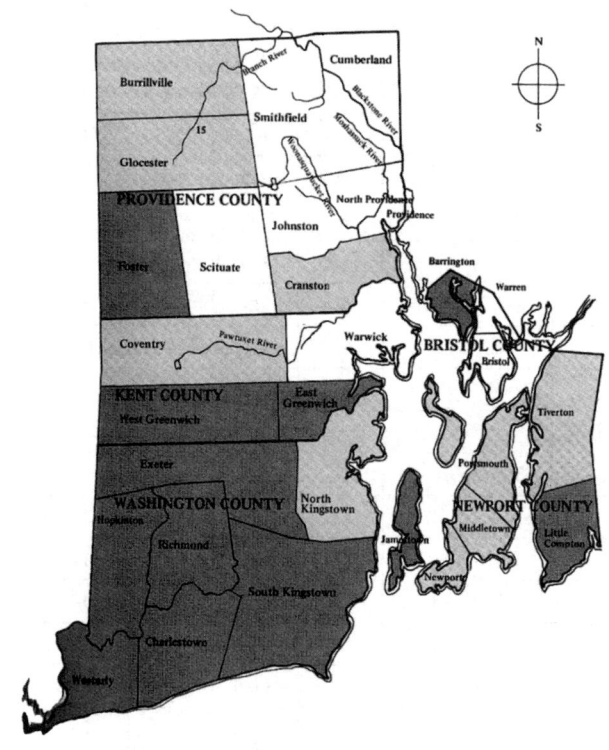

图 1-1　1840 年罗得岛人口增长的地理分布

来源：Conley, *Democracy in Decline: Rhode Island's Constitutional Development*, 1776-1841, p.153。

人口分布的变化使得罗得岛的政治格局严重失衡。革命之前，纽波特拥有的人口最多，在罗得岛议会中拥有的席位也最多。而到了1840年，工业化程度较高的、占据了罗得岛总人口一半以上的北部村镇，在议会中只有不到1/3的席位。普罗维登斯只有4个席位，但根据人口数量，它应该得到15个席位；南部的朴次茅斯也占了4个席位，但实际上它只应该有1个席位。根据皮特·科尔曼的统计，到1840年，在人口增长率较高的9个"扩张型村镇"中，平均2578名居民才拥有1位议会代表，在普罗维登斯，5793人才拥有1名代表；而在12个"衰落型村镇"中，平均781人就拥有1名代表（见表1-2）。

表1-2 1790—1840年罗得岛议会下院代表与选民的比例

村镇	下院人数	每名议员代表的选民数					
		1790年	1800年	1810年	1820年	1830年	1840年
普罗维登斯	4	1595	1903	2518	2942	4209	5793
北普罗维登斯	2	535	532	879	1210	1851	2103
史密斯菲尔德	2	1585	1560	1914	2339	3428	4767
沃里克	4	623	633	939	911	1382	1681
坎伯兰	2	982	1028	1055	1326	1837	2612
布里斯托尔	2	703	839	1347	1598	1517	1745
沃伦	2	561	736	887	903	900	1218
约翰斯敦	2	660	682	758	776	1057	1238
锡楚埃特	2	1157	1261	1284	1417	1996	2045
"扩张型村镇"	22	933	1019	1287	1491	2142	2578
克兰斯敦	2	938	822	1080	1137	1326	1451
考文垂	2	1238	1211	1464	1569	1925	1716
蒂弗顿	2	1226	1358	1418	1437	1452	1591
纽波特	6	1119	1123	1318	1220	1335	1388
朴次茅斯	4	390	421	449	411	432	426

续表

村镇	下院人数	每名议员代表的选民数					
		1790年	1800年	1810年	1820年	1830年	1840年
布瑞尔维尔	2	—	—	917	1082	1098	991
米德尔顿	2	420	456	488	474	457	445
北金斯顿	2	1453	1397	1478	1503	1518	1454
格罗斯特	2	2012	2004	1155	1252	1260	1152
"静止型村镇"	26	1015	1017	1013	1056	1140	1115
福斯特	2	1134	1226	1306	1450	1336	1090
南金斯顿	2	2065	1719	1780	1886	1831	1858
小康普顿	2	771	788	776	790	689	663
威斯特里	2	1149	1664	955	986	957	956
东格林维奇	2	912	887	765	759	795	754
巴灵顿	2	341	325	302	317	306	274
里士满	2	880	684	665	711	681	680
詹姆斯顿	2	253	250	252	224	207	182
埃克赛特	2	1247	1238	1128	1290	1291	888
霍普金顿	2	1231	1138	887	910	888	863
西格林维奇	2	1027	878	809	963	908	707
查尔斯顿	2	1011	727	587	580	642	461
"衰落型村镇"	24	1002	961	851	904	878	781
罗得岛	72	983	987	1070	1154	1350	1512

来源：Coleman, *The Transformation of Rhode Island*, 1790-1860, p. 256。

  随着工业化而来的制造业人口激增，拥有土地的人口比例逐年降低，选举权也逐渐成了一种"特权"。美国革命前，罗得岛75%的白人成年男性有选举权，而到1841年，拥有选举权的人口只占了不到40%，作为罗得岛制造业中心和人口中心的普罗维登斯地区,更是只有6%的人是自由土地持有者(见图1-2)。① 对于罗得岛来说,废除选举权的土地资格和以人口为基础重新分配议会席位正是政治改革的核心目标,而整个罗得岛的立宪运动也正是沿着工业化带来的地区界限而展开的。

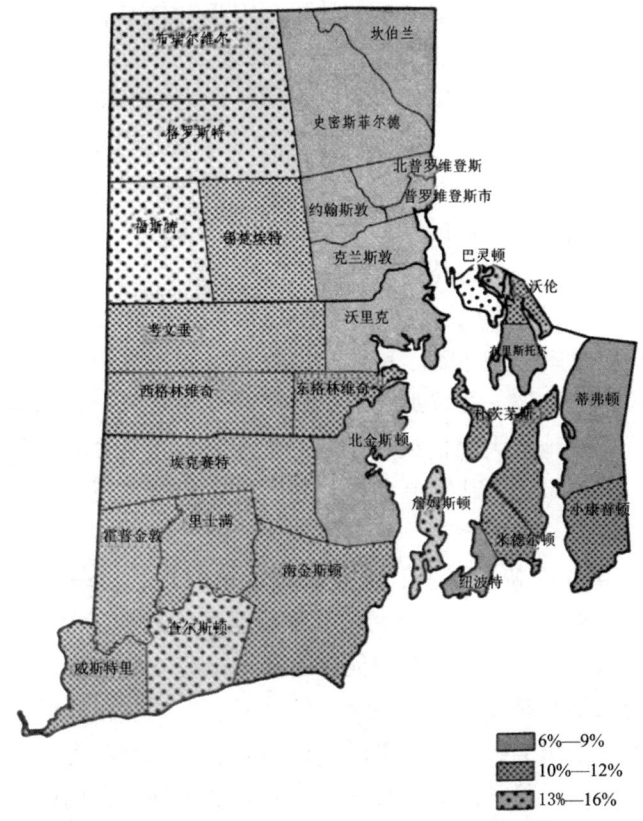

图1-2　1840年罗得岛自由持有土地者的比例

来源:Coleman, *The Transformation of Rhode Island*, 1790-1860, p.260。

---

① Peter J. Coleman, *The Transformation of Rhode Island*, 1790-1860, p.259.

二、立宪运动的早期发展与挫折

18世纪末罗得岛的宪法改革呼声是和政府的税收政策密切相关的。1777年、1780年和1796年，罗得岛政府三次评估财产都引发了东北部村镇要求宪法改革的呼声。1777年4月，纳税金额与议会席位数量不成比例的锡楚埃特（Scituate）向议会请求改革特许状下的代表分配制度，以人口和可纳税财产为依据重新分配议会席位，并向其议会代表发出训令，要求他们"使用最大的影响力来推动起草一个法案来确定政府的形式，要特别考虑到每个村镇都必须在居民人数和地产价值的基础上在议会上得到平等的代表"。这是罗得岛第一次出现修订特许状的呼声。

1780年，为了增税以应付战争花费，罗得岛议会再一次评估财产。这个举动立刻遭到了反抗。1782年4月，来自东北部6个村镇的代表召开会议，抗议那些纳税比他们少的村镇"在确定税收数额时声音却比他们大两倍或三倍"。他们起草了一份决议要求议会建立一个更加平等的代表制和税收制度，有的村镇还建议召开宪法会议。

1796年罗得岛议会第三次评估可纳税财产，再一次引发了宪法改革的要求。1796年4月，普罗维登斯的村镇会议向其代表发出训令，要求他们在议会中努力促成召开一次宪法会议，而且宪法会议代表的选举必须要以人口为基础。7月，8个东北部地区的村镇在普罗维登斯集会，以考察宪法改革的问题。在给罗得岛全体自由民的倡议信中，除了谴责议会席位分配制度之外，他们还首次对议会的权力过大提出了尖锐批评。①

这一时期宪法改革最积极的倡导者是乔治·伯里尔（George R. Burrill）。在1797年7月4日对普罗维登斯村镇居民的独立日演

---

① 18世纪末罗得岛的宪法改革呼声，可参考：Conley, *Democracy in Decline: Rhode Island's Constitutional Development*, 1776–1841, p. 66–71.

讲,以及 19 世纪初发表的一系列小册子中,他比较系统地谴责了特许状的弊端,陈述了宪法改革的必要性,更重要的是,他直接诉诸自然权利的观念来论证人民修改宪法的权力。他认为,"在罗得岛这样一个没有成文宪法,或者宪法没有得到过人民批准,而只是强加给人民的地方",人民自己有制定宪法的最高权力。他否认议会有制定宪法的权力,因为议会本身是宪法的创造物,是低于宪法的,他还否认议会有权判定制定宪法的必要性,因为这是人民的权力,"人民在所有涉及宪法的问题上有独一无二的裁决权,起草宪法的会议是人民的会议"。伯里尔的激进言论被收录进《伯克报告》,成为 19 世纪 40 年代"罗得岛问题"辩论中激进派的论据。①

但总的来说,立宪在 18 世纪末的罗得岛只有零星的呼声。虽然特许状下议会席位分配逐渐显露出不平等的迹象,但是罗得岛东北部村镇只有在评估财产时才会发出些许抱怨。他们的主要途径是向议会请愿、向人民呼吁和向代表发出训令,并无意用激烈的措施来实现改革主张。

第二次英美战争之后,罗得岛的立宪运动进入了一个新的阶段。议会中出现了支持立宪和政治改革的一些提议。1817 年 10 月的议会会议中出现一份提议,建议自由民在村镇会议中集会,来决定是否有必要召开宪法会议。1818 年 6 月议会的一份提议提出把选举权扩大到所有交了税或者履行了民兵义务的公民。次年 2 月,一些下院议员再次号召民众通过村镇会议来表达是否愿意扩大选举权。1820 年 6 月,州议会通过了一个法案,把选举权扩大到所有正在服兵役的民兵。②

但是,所有这些提议和法案要么被搁置,要么被否决,要么被一次次地推迟最终不了了之。直到 1821 年 2 月,议会终于通过了来自普罗维登斯代表的提议,把是否召开宪法会议的问题提交民众

---

① 1797 年伯里尔的独立日演讲,见: *Burke's Report*, p. 271-274。
② *Providence Patriot*, July1, 1820.

表决。然而，4月的投票结果表明，罗得岛民众对立宪问题的反响相当冷淡，只有 3000 余人参与了投票，而且多数人反对召开宪法会议。但是我们稍加分析便不难发现，这 3000 余张选票的地区特征非常明显：支持召开宪法会议的 1619 票大多来自罗得岛北部和东部地区，在普罗维登斯有 598 票支持立宪，只有 7 票反对；反对召开宪法会议的 1905 张票主要集中在南部和西部的肯特（Kent）、华盛顿（Washington）和纽波特，即所谓的"衰落"地区。1822 年 1 月，议会举行了第二次民众表决，这次的结果更惨淡。参加表决的人数更少了，而且有 1804 人反对召开宪法会议，只有 843 人支持。①

民众表决的结果似乎并不出乎意料。当时罗得岛的一名政治精英在表决之前就预言说："对于在未来几年我们能在立法机构或者司法机构上做出任何实实在在的改进，我实在不抱希望。在宪法的问题上，没有一个人说话，相关决议在两院几乎遭到一致否决。因此我认为，（这次）它也将被拒绝。"② 究其原因，部分是因为同时进行的州长选举分散了民众对立宪问题的关注，然而更根本的原因在于，议会规定选举宪法会议的代表必须首先满足选举下院议员的资格，也就是说，只有拥有选举权的人才有权选举宪法会议的代表。对于这样一个只能体现既得利益者意愿的宪法会议，那些没有选举权、寄希望于通过立宪来争取自身权利的罗得岛居民是非常失望的。1822 年 4 月 8 日的《制造业者和农民期刊》（*Manufacturers' and Farmers' Journal*）指出："我们像以往一样支持新宪法，但是，

---

① 1821 年民众表决的结果中，"扩张的村镇"投了 1150 张赞成票，307 张反对票；"静止的村镇"投了 461 张赞成票，1022 张反对票；"衰落的村镇"只有 8 票赞成，有 574 票反对。关于这两次民众表决的内容，见：Coleman, *The Transformation of Rhode Island*, 1790-1860, p. 264-265; Conley, *Democracy in Decline: Rhode Island's Constitutional Development*, 1776-1841, p. 190-193。

② Conley, *Democracy in Decline: Rhode Island's Constitutional Development*, 1776-1841, p. 193.

这个宪法会议的代表是用和下院同样的方式选举出来的,对于其能否制定出一份有价值的宪法,我们深表怀疑。"① 对所有有改革意愿的罗得岛民众来说,或许只有打破宪法会议代表狭隘的选举资格,例如像后来激进派组织召开的"人民制宪会议"那样,让每个21岁及以上的、选举前在罗得岛居住满一年的男性公民都有权选举代表,才能真正调动起他们的热忱。

这一阶段罗得岛立宪运动的高潮当然是1824年6月宪法会议的召开。有意思的是,这个提议是由一向反对改革的伊莱沙·波特提出的,而且议会并没有像前几年那样首先进行民众表决,而是直接要求各个村镇有选举权的自由民选举宪法会议的代表。会议建立了5个委员会,分别讨论权利法案问题、立法机构和行政机构问题(包括议会席位分配、选举权和候选人资格等)、司法机构问题、地方政府问题,以及教育问题。新宪法草案对于原先定额的议会席位的分配制度做出了较大幅度改革。它规定,选民数量多于3000人少于5000人的村镇选举3名代表,在5000人到8000人之间的村镇的选举4名代表,多于8000人少于12000人的村镇选举5名,多于12000人少于17000人的村镇选举6名,多于17000人的村镇选举7名代表。任何一个村镇选举的代表数量不得少于2名,也不得多于7名。但是,在最根本的选举权问题上,新宪法并没有大的突破,仍然保留了价值134美元的自由持有土地的资格。一名代表曾经提议把选举权扩大到所有21岁以上的、在罗得岛居住满一年的、交了税或者履行了民兵义务的白人成年男性公民,但是遭到了否决。②

狭隘的定义严重制约了选民的范围和数量,也使得新宪法以选民数量重新分配议会席位的改革变得有名无实。新宪法在宪法会议中以52票赞成、9票反对获得了通过,但是在全民表决中却遭到了

---

① *Manufacturers' and Farmers' Journal*, April 8, 1822.
② 这个提议是由 Dutee. J. Pearce 提出的,见:*Rhode Island American*, August 17, 1824; *Rhode Island Republican*, Sep. 2, 1824。

否决。支持宪法的主要来自以普罗维登斯为首的 9 个北部和东部村镇,其他的村镇在纽波特的领导下全部投了否决票(见表 1-3)。①从表决结果可以看出,由于在经济、人口和社会发展上的严重不平衡,罗得岛在政治上已经形成了非常明显的地区对立的态势。

经过短暂的平静之后,1829 年 3 月,改革派在波塔基特、北普罗维登斯、布里斯托尔(Bristol)、沃伦(Warren)和普罗维登斯等北部村镇接连举行了几次民众集会,而且规模越来越大,28 日参加普罗维登斯集会的人数超过了 1500 人。据报道,"所有这个城市中有影响力和财产的人,以及所有有前途的青年"都参加了集会,其目标都是废除选举权的土地资格,让那些分担了政府负担的人,如纳税者和服军役的民兵等在政府中也有发言权。各村镇的民众集会都向议会递交了请愿,北普罗维登斯的请愿书上的签名甚至超过了 800 个。他们警告议会说,如果不扩大选举权,他们就发动革命。② 为了考察备忘录中提出的问题,议会成立了一个五人委员会来进行调查,主席为纽波特代表、宪法改革的坚定抵制者本杰明·哈泽德(Benjamin Hazard)。在其 6 月呈交给议会的报告,即著名的《哈泽德报告》(Hazard's Report)中,他坚决维护传统的关于财产和美德的观念。他把选举权的土地资格和共和政体的健康和稳定联系起来,警告人们,扩大选举权必将导致"永久性地改变共和制度的框架和特性",还在理论上攻击了改革派的根基,声称选举权不是自然权利,而是"源自我们所属的社会的一种政治权

---

① Jacob Frieze, *A Concise History of the Efforts to Obtain an Extension of Suffrage in Rhode Island, from the year* 1811 *to* 1842, *and the Dorr War*, Providence: Thomas S. Hammond Printer, 1842, p. 18 - 19; Coleman, *The Transformation of Rhode Island*, 1790-1860, p. 265-267; Conley, *Democracy in Decline: Rhode Island's Constitutional Development*, 1776-1841, p. 202-213.

② 各村镇民众集会和向议会请愿的情况,见 *Rhode Island Republican*, March 19, 26, Apr. 2, 1829; *Rhode Island American*, March 27, 31, Apr. 7, 1829; *Providence Patriot*, March 18, 21, Apr. 1, 1829; Coleman, *The Transformation of Rhode Island*, 1790-1860, p. 268-269。

利","只能随着社会的现存制度而存在"。① 这份报告成为了保守派反对选举权改革的总宣言。

表 1-3　1824 年罗得岛宪法的表决结果

村镇	赞成票	反对票	村镇	赞成票	反对票	村镇	赞成票	反对票
普罗维登斯	653	26	克兰斯敦	36	52	福斯特	4	242
北普罗维登斯	64	10	考文垂	71	195	南金斯顿	47	100
史密斯菲尔德	128	18	蒂弗顿	13	96	小康普顿	6	91
沃里克	67	160	纽波特	5	531	威斯特里	12	68
坎伯兰	140	14	朴次茅斯	0	183	东格林维奇	30	80
布里斯托尔	100	24	布瑞尔维尔	27	37	巴灵顿	21	12
沃伦	57	28	米德尔顿	1	96	里士满	0	90
约翰斯敦	58	13	北金斯顿	6	207	詹姆斯顿	6	16
锡楚埃特	13	234	格罗斯特	65	31	埃克赛特	0	114
						霍普金顿	5	69
						西格林维奇	1	173
						查尔斯顿	0	75
"扩张型村镇"	1280	527	"静止型村镇"	226	1477	"衰落型村镇"	132	1130

来源：Conley, *Democracy in Decline: Rhode Island's Constitutional Development*, 1776-1841, p.213。

19 世纪 30 年代是罗得岛的立宪运动走向规模化和组织化的时期。1833 年 4 月 19 日，在普罗维登斯的一次工人集会上，赛斯·路德（Seth Luther）发表了著名的《关于自由选举权的致辞》。他谴责给选举权规定土地资格违背了独立宣言，违背了合众国宪法，违背了罗得岛的权利法案，更违背了人类的常识。他号召罗得岛所有被剥夺了选举权的人都站出来保护自己的权利，拒绝纳税和履行民兵义务，还情绪激昂地宣布说，"可能则和，必要则战"（Peaceably If We Can, Forcibly If We Must），"我们宁愿

---

① Benjamin Hazard, *Report of the Committee on the Subject of an Extension of Suffrage to the General Assembly of Rhode Island*, Providence, 1829, p.5.

死在最后的阵地上也绝不会放弃我们与生俱来的权利"。① 他和后来的激进派一样，认为人民有权在必要的时候自己召开宪法会议、制定宪法并成立政府，无须得到现任政府的同意或授权。大会把路德的演讲印刷了 1000 份散发到全州，还任命了一个通讯委员会"来和罗得岛其他地区的朋友们交流，以确定举办州选举权会议的时间和地点"②。普罗维登斯这次集会的模式为其他各村镇所仿效，通讯委员会在沃伦、蒂弗顿（Tiverton）、史密斯菲尔德、坎伯兰和温索科特（Woonsocket）等地都建立了起来。

1834 年 2 月 22 日，来自北部工业化地区的 10 个村镇的代表在普罗维登斯集会，提出了政治改革的具体目标——议会的权力和公民的权利应该得到明确界定；议会代表席位应当以白人人口为基础平等分配；选举权的土地资格必须予以废除，所有本地出生的、21 岁以上的、在本州居住一年以上的白人男性应该拥有选举权。大会还明确指出，宪法会议代表的选举必须像下院选举一样，打破狭隘的土地资格限制。为了加强各个村镇改革力量的团结和交流，大会任命了一个州委员会，还在各个村镇建立了分委员会。③ 这次集会在罗得岛立宪史上具有重大意义。参加集会的代表们称自己为宪法党（Constitutional Party），这是罗得岛第一个以推动立宪为目标的政党。以往零碎的、分散的改革力量从此以后有了统一的奋斗目标，有了一个领导机构和组织网络，还有了一个专门的宣传阵地——《宪法者报》（Constitutionalist）。

---

① Seth Luther, *Address on the Right of Free Suffrage*, Providence, 1833, p. 9, 21, 23.

② Conley, *Democracy in Decline: Rhode Island's Constitutional Development*, 1776-1841, p. 239.

③ *An Address to the People of Rhode Island, from the Convention assembled at Providence, on the 22nd day of February, and again on the 12th day of March, 1834, to promote the Establishment of a State Constitution*, Providence: Cranston & Hammond, Printers, 1834.

这次大会的核心决议和报告都是由一个委员会起草的，其主席是来自普罗维登斯的代表托马斯·威尔逊·多尔。多尔 1805 年出生于普罗维登斯一个富有的家庭。父亲是做瓷器生意发家的商人，投资了很多工厂和公司，还是布朗大学的理事，母亲则来自罗得岛最有名望的大家族。多尔 14 岁进入哈佛大学，毕业后来到纽约师从著名法官詹姆斯·肯特（James Kent）学习法律，后来在普罗维登斯跟随约翰·惠普尔（John Whipple）继续学习法律，22 岁时正式成为一名律师。此次集会召开之前，多尔刚刚当选为罗得岛议会成员，代表普罗维登斯市第四区。这位在政坛崭露头角的年轻人从此投身于宪法改革的大潮，并很快确立了自己的领导地位。

作为新当选的普罗维登斯代表，多尔向 5 月的下院会议提交了改革派集会的决议，但是在哈泽德的反对下被搁置。哈泽德是一位资深的、老谋深算的保守派。他希望把多尔提交的决议放到他的特别委员会中来讨论，从而顺其自然地否决它们，而不愿意让改革派在下院的公开辩论中找到任何可乘之机。他一方面坚决反对多尔等改革派的要求，另一方面又做出改革的姿态，安抚民众的情绪，甚至主动向议会提议召开宪法会议来修订特许状。这是罗得岛保守派们面对改革压力时惯用的策略。另一位资深的保守派伊莱沙·波特在 1824 年也曾经这样做过。

但是，修订特许状显然不是改革派的目标。正如多尔在下院讨论哈泽德的提议时所说的那样，他们想要的宪法会议不是对原有的政治制度修修补补，而是要彻底废除特许状，为罗得岛制定一个新宪法。在他们看来，早在 1776 年 7 月 4 日与英王划清界限的那一刻，特许状对于罗得岛人民来说就不再有约束力了。如今说要修订特许状，实际上只是为了维护它而使用的"伎俩"。围绕即将召开的宪法会议的选举和目标，下院展开了激烈的辩论。哈泽德和波特联手，组成了强大的保守派阵营，而多尔也得到了来自沃伦和北普罗维登斯等其他制造业村镇代表的支持。多尔最重要的一个提案是，让所有在本地出生的、居住时间达到一年，且纳税数额达到价值 134 美元地产的罗得岛居民都有权选举宪法会议代表,也有权参加批准宪法的投票。这个提案的命运关乎这次宪法会议是否会再次成为下院的复制品,重蹈 1824 年的覆辙。结果,多尔的提案以 4 票赞成、58 票反对被否决。①

结果,1834 年 9 月 2 日召开的宪法会议和 1824 年的一样,其代表仍然是在狭隘的选民基础上选举产生的,草拟的宪法对选举权的土地资格仍然未做丝毫改动,从而大大影响了民众参与的范围和热情。会议一开始就遭遇了挫折,有 7 个村镇拒绝派代表出席,随后又因为代表纷纷离席,会议无法达到法定人数而被迫一而再,再而三地休会。原定 9 月 13 日举行的会议被推迟到 10 月 10 日,又推迟到次年 2 月 9 日,再推迟到 6 月 29 日。到 1835 年 2 月 9 日时,出席宪法会议的代表只剩下多尔和另一位改革派议员了。1834 年宪法会议就这样无疾而终了。②

此后几年,虽然多尔等一些改革派仍然在努力促进改革,但是他们的声音越来越微弱。1836 年,沃伦镇的代表提议把选举权扩大到所有纳税金额达到 250 美元的白人男性居民,但该提议在议会下院只得到了两张赞成票,一张是他自己的,一张是多尔的。1837 年,多尔提议再召开一次宪法会议,但除了他自己一票以外,这个提议在下院没有得到任何支持。宪法党此时已经名存实亡。1838 年 11 月,多尔在给普罗维登斯一位商人朋友的回信中难掩愤怒和失望之情。他说,改革派们"在宪法改革的最后一搏中牺牲了。村镇拒绝向宪法会议派代表,自由土地持有者抵制宪法改革,非自由土地持有者对其成败完全漠不关心,看似非常愿意让别人踩着他们的脖子"。除了多尔所说的既得利益者的抵制和多数民众的冷漠以

---

① Frieze, *A Concise History of the Efforts to Obtain an Extension of Suffrage in Rhode Island*, p. 26.

② Frieze, *A Concise History of the Efforts to Obtain an Extension of Suffrage in Rhode Island*, p. 27.

外,宪法党自身的资金匮乏也是其衰亡的原因之一。宪法党连自己的报纸都无力维系。《宪法者报》在1834年发行两期之后就因资金短缺而停刊了,其主编曾经试图征集50名订购者,以募集1000美元,但最后只有12人订了该报。作为整合罗得岛改革力量的第一次尝试,宪法党是一个重要的开端,但其自身的运作是不完善的,它对罗得岛立宪事业的推动也很有限。后来多尔在评价宪法党的功绩时,总结是"一无所成"①。

  从18世纪末到19世纪30年代,罗得岛的立宪运动可以说是不成功的。虽然1824年和1834年召开了两次宪法会议,但与其说它们是改革派争取的结果,不如说是保守派用来变相压制改革要求的一种策略。他们愿意对议会席位的分配制度做出一些调整,以此做出改革的姿态,但在更为根本的选举权问题上丝毫不肯让步,坚决不肯让任何非自由土地持有者有机会参加议会下院和政府官员的选举,或者在制定宪法的过程中发出声音。结果,这两次宪法会议都为既得利益者所主导,改革派的期望一次次地落了空。19世纪30年代在政治上崭露头角的多尔很快成为之后改革派的领导人。在总结几十年来立宪事业经验教训的基础上,他决定采取另一种方式来实现变革。

---

 ① Coleman, *The Transformation of Rhode Island*, 1790-1860, p. 271-272; Conley, *Democracy in Decline: Rhode Island's Constitutional Development*, 1776-1841, p. 288.

第二章
立宪运动的激进化与"多尔战争"的爆发

1840年以后,在以多尔为首的激进派的推动下,罗得岛立宪运动呈现出日益激进化的趋势。激进派不再满足于用常规方式请求和敦促议会发起改革,而是走上了绕开议会、独立立宪的道路。他们自己召开宪法会议,自己制定宪法,自己组织了对宪法的投票和批准,又根据这个宪法自己成立了政府。在与罗得岛政府并立的情势下,他们又率先发动了军事进攻。在进攻失败、失去政权之后,他们转而又掀起了一场更大范围内的思想辩论。在不断激进化的过程中,罗得岛立宪运动的性质和意义也发生了改变:它从一次普通的政治改革,发展为美国历史上一例"非常态"的反叛事件,又演变为一场对美国民主政体若干根本原则的争论。

一、走向独立立宪:《人民宪法》的制定

1840年初,普罗维登斯的技工和工人成立了一个新的组织——"罗得岛选举权协会"(Rhode Island Suffrage Association,以下简称"选举权协会")。在章程中,协会重申了宪法党的目标——"扩大选举权和议会席位分配的平等化,而这一切只有通过制定一部成文宪法才能实现"。他们学习宪法党的成功经验,从一开始就很注重组织网络的建设:"我们热烈地建议本州每一个支持一个正义、

第二章 立宪运动的激进化与"多尔战争"的爆发

平等的政府,即支持一个人民政府的公民,在本州的每一个村镇都成立协会,而且各个协会之间保持通信,以便召开一个宪法会议来实现我们在此提出的目标。"① 很快,各个地区纷纷成立了类似的协会,到 1841 年初,改革派团体几乎遍布了罗得岛的每个村镇。协会还仿效宪法党,创办了自己的报纸——《新时代及宪法导报》(*New Age and Constitutional Advocate*)。为了不重蹈《宪法者报》的覆辙,协会还专门成立了一个由两人组成的委员会来负责报纸的征订和推广工作。该报不仅成功地存活了下来,而且到 1842 年立宪运动最高潮的时候由周报改为了半周报,一直维持到 1843 年 4 月才停刊,成了这一时期改革派的喉舌。

"选举权协会"还尝试通过举行游行、集会、示威、请愿等公共活动来宣传改革主张、发动广大民众参与。1841 年 4 月 17 日,协会在普罗维登斯组织了第一次民众集会。参与者打出了"我愿意为自由而牺牲""特许状——罗得岛最后的枷锁"等旗帜,还引用了赛斯·路德的名言:"可能则和,必要则战。"游行之后的烤肉宴会把整个活动推到了高潮,一个小时内,人们吃光了一整只烤牛,十英尺长、两英尺宽、重达 700 磅的面包,还喝掉了好几桶啤酒。这种政治游行加公共狂欢的方式非常奏效,据估计这次的参与者达到了 2500—3500 人(见图 2-1)。②

"选举权协会"取代了"宪法党",成为 19 世纪 40 年代罗得岛立宪运动的领导机构。它充分吸取了以往的经验和教训,从一开始就意识到不能把改革的希望全部寄托在议会上。它一方面仍然和以往一样,用递交请愿、备忘录或提出提案的方式敦促议会主动发起立宪;另一方面也早早就做好了绕开议会,自己独立立宪的准备。

---

① "A Declaration of Principles of the Rhode Island Suffrage Association", in *Burke's Report*, p. 403-404.

② *Newport Mercury*, Apr. 17, 1841.

图 2-1　罗得岛改革派在 1841 年 4 月 17 日、5 月 5 日、7 月 5 日三次大规模民众集会上所佩戴的缎带

来源：普罗维登斯大学图书馆的"多尔反叛"数据库，载 http：//library.providence.edu/dps/projects/dorr/，2015 年 4 月 17 日访问。

1840 年底，改革派伊莱沙·迪林厄姆（Elisha Dillingham）和其他 580 人联合向议会发出一份要求立宪的请愿书。他们恭敬地表示："将会把整个问题交由议会的智慧来解决，……相信议会的良知和审慎。"① 但是，《新时代及宪法导报》对议会却没有这样的信心，它是这样评价这个请愿的：

> 议会毫无疑问有权利来修订本州的法律，其中包括规

---

① "Petition of Elisha Dillingham and Others", in *Burke's Report*, p. 402-403.

定选举权的资格，但人民也有权利自己召开宪法会议，在改革事业中发出自己的声音。……我们希望能够以最容易的方式，请求自由土地持有者们通过他们的代表来使我们重新获得权利。如果我们的请求被拒绝了，那么我们就没有理由不采取其他手段来夺回我们失去的东西。如果一个小偷窃取了我的财产，我首先请求他还给我，如果他拒绝，我就必须采取其他措施夺回财产，这没什么不妥。①

1841年1月，议会设立了一个特别委员会来处理民众的请愿，并以37票同意、16票反对、18票缺席或弃权通过了召开宪法会议的决议。会议代表的选举定于1842年8月展开，会议定于11月的第一个星期一在普罗维登斯开幕。决议愿意对改革派做出谨慎让步，提出要多花些时间"特别考察宪法会议代表席位分配的平等化问题"，但是和1824年、1834年一样，决议仍然坚持只有有资格选举议会代表的自由土地持有者，才有权选举宪法会议的代表。②

改革派立即做出了回应。他们在谴责议会决议的同时，再次表达了自己独立立宪的意愿：

> 对于这次宪法会议，我们认为它不会对推进罗得岛的自由有什么作用。人们将会看到，这次宪法会议的代表仅仅是自由民的代表，考虑到这一点的话，它只不过将是重新选举一次议会而已，因此对于这样一个机构，我们不应该对此抱有比议会更多的希望。当然，拥有较多代表席位的村镇将会按名额选出代表，而代表席位较少的村镇将会在投票中处于少数，这与议会自己来制定宪法的效果是一模一样的。我们认为，整个事件最终的结果和上次还是一

---

① *New Age*, Dec. 18, 1840.
② "Resolutions of the General Assembly", in *Burke's Report*, p. 401-402.

样的。这只能说明,人民有必要把这个问题掌握在自己手中。……如果议会没有满足人民的需要,或者宪法会议没有以人民的意愿为依据,那么就到了人民应该把这个问题掌握在自己手中的时候。如果人民不能通过常规途径纠正政府的弊端的话,他们将采取极端措施。①

4月17日群众游行的成功大大增强了改革派的信心,他们于5月5日在纽波特再次举行了一次群众集会。这次集会非常重要,因为它充分体现了"选举权协会""两手准备"的策略。它一方面决定"把本次会议的决议转交给州长、副州长以及议会的每一位成员",给他们施加压力;另一方面任命了一个州委员会"来和各个村镇的协会合作,一起推动改革和平等权利的事业,号召尽快召开一次宪法会议来制定宪法",还向全体罗得岛人民发出呼吁:摒弃所有的政党偏见和分歧,在这个"自由、平等和正义的事业"上携起手来。②

此后,这个州委员会成为了整个改革派立宪运动的"大脑"。除了做出决策、制定方针路线以外,它还承担了向民众发布声明和号召,发动、协调和指导各地的民众会议,筹备宪法会议,以及向政府施压等任务。委员会由来自罗得岛全部5个县的共11名成员组成,其中杜特·皮尔斯(Dutee J. Pearce)、塞缪尔·威尔士(Samuel H. Wales)、韦尔科姆·赛尔斯(Welcome B. Sayles)、本杰明·阿诺德(Benjamin Arnold)等人都在后来改革运动走向激进的过程中起到了关键作用。值得注意的是,多尔并不是这个委员会的成员。实际上,多尔起初对"选举权协会"持一种观望态度。当协会邀请他在5月的纽波特民众大会上发表演讲时,他委婉地拒

---

① *New Age*, Feb. 12, 1841.
② "Resolutions of the Newport Mass Convention, May 5, 1841", in *Burke's Report*, p. 256-259.

绝了。《新时代及宪法导报》的主编请求他做一个演讲，或者写一封信，或者用其他的方式来表达对该组织的支持，但多尔也拒绝了。直至看到民众在几次集会中表现出极大热情之后，多尔才重新燃起了希望，投身于这个新的改革团体。

5月6日，议会下院以48票赞成、20票反对通过了一份提案，旨在调整即将召开的宪法会议（即后来所谓的"自由民宪法会议"）的代表名额分配。具体办法是：人口数量少于850人的村镇选1名代表，850—3000人的选2名代表，拥有3000—6000人的村镇选3名代表，6000—10000人选4名代表，10000—15000人选5名代表，超过15000人的村镇选6名代表。① 根据这个标准，普罗维登斯有6个席位，纽波特、沃里克、史密斯菲尔德各有4个席位，蒂弗顿、布里斯托尔、锡楚埃特、北普罗维登斯、考文垂、南金斯顿各有3个席位，詹姆斯顿和巴灵顿（Barrington）各有1个席位，其他村镇有2个席位，总共是77个席位。虽然保守派在代表名额的分配上做了让步，但选举权资格是他们的底线，他们坚决不退让。6月，改革派议员塞缪尔·阿特维尔（Samuel Y. Atwell）提议修改放宽选举权的限制，把有权选举宪法会议代表以及批准宪法的人扩大到"每一位年满21岁的、在本州居住满2年，并且选举前在本村镇或城市居住满3个月的男性美国公民"。这个提案在议会引起了整整一天的激烈辩论，最终于6月25日以10票同意、51票反对被否决。② "选举权协会"立即谴责说，议会修订宪法会议代表的分配名额"只是一个伪装，目的是转移人民对于自己目标的关注，动摇人民的决心。我们将不会懈怠，将加倍致力于我们的

---

① "Resolutions of the General Assembly, Passed at the May session, 1841, in Amendment of Resolutions Passed at the January Session, Same Year", in *Burke's Report*, p. 409.

② "An Act Calling a Convention of the People to Frame a Written Constitution for this State", in *Burke's Report*, p. 439-442.

事业，将不会退缩，直到人民的权利获得承认"。①

从接下来发生的一系列事情看来，改革派所谓的"加倍致力于我们的事业"，指的是对议会越来越不信任，越来越没有耐心，越来越倾向于走"制度外"的激进道路。6月11日，州委员会向全体罗得岛人民发表了一个声明，阐明了选举权运动接下来的方针政策，实际上是在为自己即将踏上的激进道路做辩护。声明宣布：

> （罗得岛人民）不可能寻求议会的帮助，因为议会的成员都被操控权力的少数人代表所垄断。他们也不可能指望有投票权的自由民和土地持有者，除非这些人中一大部分愿意放弃自己的权力欲，转而信仰正义，而已经发生的情况证明事实正好相反。所以，他们只能依靠自己的力量来恢复并行使他们的原始权力和权利；来呼吁和行动，自愿集合起来废除本州的现存政府，制定并接受另一个更适宜于人类权利的政府。②

在7月5日召开的民众会议中，改革派的激进意图表露得更加直白：

> 罗得岛议会在6月的最近一次会议中承认，只有自由土地持有者才是罗得岛人民，从而否认了罗得岛大多数人民参与将于11月举行的宪法会议的权利。现在终于到了人民用自己最初的、最高的能力来捍卫自己权利的时候。因此，我们同意州委员会的号召，在以上决议的基础上尽早召开"人民宪法会议"来制定宪法。

---

① *New Age*, May 14, 1841.

② "Address of the State Suffrage Committee, setting forth the principles of the suffrage movement, June 11, 1841", in *Burke's Report*, p.261-268.

对于自己组织召开的"人民宪法会议",改革派承诺说:"我们将使用所有力所能及的方法来让本州的每一位常驻公民都在其中得到代表,让这个宪法会议能够限定议会的权力,能够保护人民自由行使他们的权利。"①

7月20日,州委员会会议定下了"人民宪法会议"的日程表:1841年8月28日选举会议代表,10月4日宪法会议开幕,分别比政府的宪法会议早3天和将近1个月。在最重要的选举资格上,改革派实现了自己的承诺,规定"每一个年满21岁的、本次选举前在本州居住满一年的美国男性公民"都有权投票选举宪法会议代表。这个规定比阿特维尔的修订案还要宽泛得多。②

8月28日,"人民宪法会议"代表的选举工作如期展开。除了威斯特里、西格林维奇和东格林维奇3个村镇以外,其他所有村镇都选出了代表。在大多数村镇,由选举权党提名的候选人没有遇到任何反对意见。普罗维登斯市6个区共选出了18名代表,除了第一区的3名代表以外,其余15人全部是该党成员。普罗维登斯的代表中还有5人,包括多尔,后来也被选为"自由民宪法会议"的代表,同时出席了两个宪法会议。

1841年10月4日,星期二,"人民宪法会议"如期开幕。会议任命了10个委员会,分别讨论权利宣言、选举权问题、政府的立法机构、行政机构和司法机构,以及教育和宪法修订程序等10个问题。多尔参加了最重要的委员会——"选民、选举权和选举问题委员会"。代表们普遍有一种迫不及待的情绪。10月6日上午,大会刚刚确定各委员会成员名单,本来准备休会到次日早上再讨论各委员会的报告,但心急的代表们等不到第二天了,有人甚至表示,"自己委员会的任务非常简单,当天下午就能完成"。最后在多

---

① *Providence Journal*, July 7, 1841.

② "A Call to the People of Rhode Island to Assemble in Convention", in *Burke's Report*, p. 410–412.

尔提议下,大会提前到当天晚上 7 点。首先讨论的是参议院的组成和选区问题,接下来依次是行政机构、司法机构、教育等议题,最重要的选举权问题被放到了最后。

10 月 8 日下午,由多尔代表"选举权问题委员会"做报告。除了在黑人选举权和纳税问题上出现些许争议以外,多尔的选举权提案几乎获得了一致同意。事实上,多尔当之无愧地是"人民宪法会议"的核心,他的建议和意见几乎主导了所有重要议题的讨论。到 10 月 9 日周六上午,代表们用短短不到 4 天的时间就起草出了一部宪法,决定暂时休会以等待人民的审查和修订意见。多尔曾经担心政府会趁休会之机扼杀《人民宪法》,但事实并非如此。《普罗维登斯日报》(*Providence Journal*)上的一篇评论说:"这真是一个奇怪的场面,其他任何国家都没有出现过——一群人在没有来自议会或行政机构的任何授权的情况下聚集起来,以推翻他们生活在其中的政府,而被谴责为'魔鬼般专制'的州政府并没有出来反对或阻挠。"①

换个角度来看,在罗得岛局势逐渐升温的时候,这次休会或许也可以成为双方的镇静剂。如果罗得岛政府此时能够接受《人民宪法》的改革条款,甚至承认《人民宪法》的合法性;如果改革派此时也愿意放弃独立立宪的激进路线,愿意在政府领导下继续完成改革的话,罗得岛局势本来是有希望和平解决的。但是,之后双方的态度使和平之路变得越来越狭窄。

改革派们没有丝毫放弃激进路线的想法,反而愈演愈烈。他们向选民保证,罗得岛政府缺乏权威和力量来反抗,"我们不受武力的约束,因为我们有力量推翻政府,在人权的广泛基础上建立另一个政府"。此时,州委员会也向全体罗得岛人民发表了一份声明,

---

① 关于"人民宪法会议"的相关开会情况,可参考:*Providence Journal*, Oct. 6, 7, 11, 1841。

第二章 立宪运动的激进化与"多尔战争"的爆发

用了一个充满战斗意味的标题:"给我们权利,否则我们将夺取它们。"① 宪法会议把草拟的宪法提交给人民审查的同时附上了一份声明,其中甚至出现了这样的话:

> 我们向罗得岛所有阶层的人,以及世界上大部分人宣告:一场革命已经开始了。……我们诚挚地邀请您帮助我们摧毁罗得岛现任政府。……对那些土地所有者们,我们也有些警告的话要说。……一场革命——推翻现任政府及其所有的秩序和法律——可能会降临到你们头上。你们可能会动摇或者失去你们的土地所有权。加入我们的话,你们才会得到安全。不管怎样,我们即将建立的新政府将会采取措施来保护小土地所有者;如果要像古罗马那样夺取富人的财产来分配给穷人的话,那么,在你们对他们施了那么多恶行之后,他们如果还愿意给你们留点东西,你们就感恩吧!②

这样激烈的话从改革派领导人的口中说出,还作为向全体人民的声明而刊登在罗得岛发行量最大的报纸上,可见激进此时在改革派中已经成了一种普遍的、占支配地位的气氛。虽然不是所有支持改革的人都赞同这样激烈的言论,如下文将会谈到的约翰·皮特曼、弗朗西斯·韦兰等人,但是此时此刻,他们的声音无疑是微弱的,很大程度上处于一种"失语"的状态,话语权和整个运动的主导权目前掌握在以多尔为首的激进分子手中。经过休会,"人民宪法会议"于11月15日再次开幕,在对宪法文本作了稍微修改之

---

① *New Age*, Aug. 6, July 30, 1841.
② "An Address to the People of Rhode Island and Providence Plantations, by the Free Suffrage Convention, Held at Providence on the 4th day of October, A.D. 1841", in *Providence Journal*, Oct. 11, 1841.

后，18日正式提交各村镇会议批准。

与"人民宪法会议"几乎同时，由罗得岛政府召集、组织的"自由民宪法会议"也正在按部就班地进行中，并且从一开始就遭到了改革派的谴责和抵制。8月31日当"自由民宪法大会"代表刚刚选举出来的时候，普罗维登斯的改革派就率先发起了攻击：

> 看看这些人吧：查尔斯·杰克逊……坦率地宣布自己反对任何选举权的提议；威廉·戈达德是个彻头彻尾的贵族派，他公开表示反对扩大选举权；塞缪尔·埃姆斯……在议会的一次演讲中辱骂了支持扩大选举权的改革派……；乔治·贝克……以坚决反对扩大选举权而闻名；理查德·格林，找不到比他更直接、更坚定地反对扩大选举权的人了。同胞们，这些就是这个城市的贵族们让你们去支持的人，他们想让你们相信，有这些人参加的11月的宪法会议将会给你们想要的改革。他们给你们提供的宪法会议的代表是反对做任何改革让步的人，是反对你们每一个改革要求的人。①

"自由民宪法会议"于1841年11月1日开幕。与"人民宪法会议"的高效率相比，这个会议进展得相当缓慢。在进行了两周的商讨之后，代表们没有解决最重要的选举权问题，随后决定休会3个月，推迟到次年2月重新开会。

在"自由民宪法会议"休会期间，《人民宪法》的投票结果统计出来了。1842年1月12日，"人民宪法会议"宣布，在全部31个村镇中，《人民宪法》以13944票赞成、52票反对的绝对多数获

---

① "Rally! Rally! Rally!!" in Russell J. DeSimone and Daniel C. Schofiled, compiled, *The Broadsides of the Dorr Rebellion*, Providence: The Rhode Island Supreme Court Historical Society, 1992, p. 32.

得通过。随后，一些改革派代表以"人民已经批准了一个宪法"为由退出了"自由民宪法会议"，议会不得不要求这些村镇的自由民重新选举代表来填补空缺。同时，阿特维尔把《人民宪法》的文本以及相关的一系列文件递交给议会，并提议，终止"自由民宪法会议"，承认《人民宪法》的合法性，任命一个15人组成的委员会来负责审查和调查选票。从1月20日到22日，议会围绕这个提议进行了整整两天的辩论，投票的结果是以11票赞成、57票反对否决了阿特维尔的提案，理由是：这个宪法是不符合法律的，是违法的。调查一个违法的法律是对议会荣誉的一种侮辱，而且这也不是议会的职责范围，议会根本没有必要为此浪费时间和金钱。虽然阿特维尔尽了自己最大的努力，但最后还是无奈地说："我在议会中几乎是孤军奋战。"①

议会既不会调查《人民宪法》的真实性，更不会承认它的合法性。面对改革派的激进言论，议会也摆出了强硬的态度。否决了阿特维尔的提案之后，议会还通过了一个决议，指责改革派"给本州强加一个宪法的行为是滥用了政府的权力，也侵犯了现任政府和本州大多数人民的权利"，并宣布"一个由议会召集并组织起来的、以制定一个能够提交人民批准的宪法为目的的宪法会议是我们唯一承认有权制定宪法的机构……本议会将坚持自己的正当权力，并保护、守卫人民合法与合宪的权利。"②

1842年2月19日，重新开会的"自由民宪法会议"终于制定出了宪法，但是在3月村镇会议的投票中以8013票赞成、8689票反对的微弱劣势被否决。比较两部宪法的投票结果，我们可以看出明显的地区差别。根据科尔曼的统计和对罗得岛所有村镇的归类方法，《人民宪法》在东北部"扩张型村镇"中获得了超过63%的选民的支持，而在"衰落型村镇"中只有不到29%的支持票。《自由

---

① 相关情况可参考：*Providence Journal*, Jan. 21, 22, 23, 1842.
② Mowry, *The Dorr War: The Constitutional Struggle in Rhode Island*, p. 122–123.

民宪法》则正好相反，除了东格林维奇这个边境小镇以外，其他所有位于布拉克斯东河-波塔基特河地区的东北部村镇中，绝大多数居民都投了反对票。例如在格罗斯特是387票反对，59票赞成；在布瑞尔维尔是326票反对，52票赞成；在史密斯菲尔德是997票反对，334票赞成。然而在其他地区，尤其是在南部地区，《自由民宪法》则普遍受到了拥护，如在小康普顿收到了202张赞成票，只有6张反对票；在埃克赛特是258票赞成，32票反对；在米德尔顿是152票赞成，6票反对（见图2-2）。① 在《自由民宪法》被否决之后，"罗得岛选举权协会"重拾老名字，称自己为宪法党，所有反对多尔的人也联合起来，自称法律—秩序党。

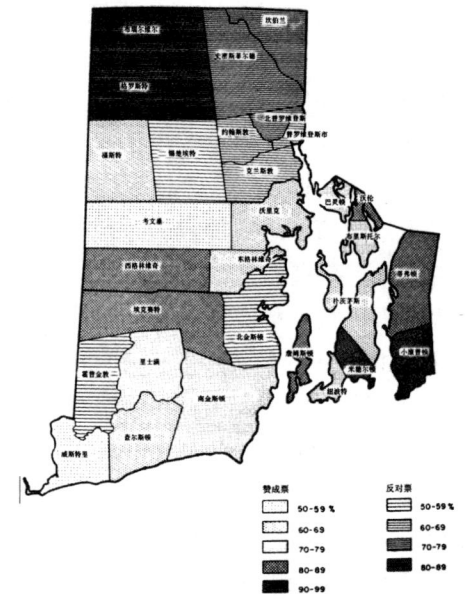

图2-2　1842年《自由民宪法》的表决结果

来源：Coleman, *The Transformation of Rhode Island*, 1790-1860, p. 277。

---

① Coleman, *The Transformation of Rhode Island*, 1790-1860, p. 274, 276, 277.

二、走向暴力夺权:"多尔战争"的爆发

在自己的宪法被否决之后,罗得岛政府采取了3项强硬措施来阻止改革派组成新政府。首先是由议会颁布一份高压法案,宣布即将进行的"人民政府"所有选举都是非法和无效的;所有参与组织或协助选举的人都将被判以500—1000美元的罚款,或者是6个月的监禁;所有有意愿担任政府职务的人都将被判以2000美元的罚款,或者是一年的监禁;所有担任了政府职务的人将会以"叛州罪"被起诉,并被判处终身监禁。① 这个法令刊登在罗得岛的所有报纸上,还以小册子的形式在全州境内发行了1万份。它一出台立即遭到了改革派铺天盖地的谴责。他们说这是"徒劳的",是"临终前的剧痛","显示了政府无力的愤慨",② 还用当时以残暴而闻名的"阿尔及尔总督"的名字称呼该法令为《阿尔及尔法》(Algerine Law)。③ 多尔指责该法律是"专制权力的一次大胆运用","很明显是一个用来恐吓和威胁人民的策略"④。还有一些民众在城镇的广场上集会,他们用挑衅的口吻反问道:"谁敢实行这些压迫性的法律?……民兵中大多数都是没有选举权的人,他们一定会拒绝这个命令的。他们会把枪口掉转向他们血腥的指挥官,告诉他,自己的职责是保护,而不是摧毁自己的同胞,是保护他们的权利,而不是用军事力量去征服他们。"⑤

罗得岛政府的第二项强硬措施是向联邦政府求援,理由是《联邦宪法》第4条第4款规定:"合众国保证本联邦各州实行共和政体,保护每州免遭入侵,并应州议会或州行政长官(在州议会不能

---

① "An Act in Relation to Offences against the Sovereign Power of the State", in *Burke's Report*, p.133-135.
② *New Age*, Apr.5, 1842.
③ *Providence Express*, Apr.5, 1842.
④ Gettleman, *The Dorr Rebellion*, 1980, p.91.
⑤ *New Age*, Apr.8, 1842.

召开时）的请求平定内乱。"4月4日，罗得岛州长塞缪尔·金（Samuel W. King）给约翰·泰勒总统写了两封信，说"在过去将近1年的时间里，罗得岛一直在受到革命运动的煽动，而且现在正在受到内乱的威胁"。他进一步解释了"内乱"的含义：罗得岛政府为了稳定秩序、维护和平而颁布的法令"在一部分人中已经引起了骚动，他们毫不含糊地宣布自己的目的是在本州建立另一个政府，推翻现任政府，他们还单独地或集体地威胁要抵制这个法律。这部分人的数量已经足以严重威胁我们的和平，在本州的某些地方，尤其是在这个城市，这些人很可能能够组织起一个人数众多的武装力量"。①

金派约翰·惠普尔和伊莱沙·波特带着他的信、议会的法令以及其他相关文件去华盛顿，要他们尽一切力量来游说总统和国会。4月11日，泰勒总统给金回信，他一方面说，罗得岛目前的争端是"一个内部政策的问题"，只能由罗得岛人民自己来决定，联邦政府无能为力；然而另一方面，他做的另外两点表态却使自己在实际上已经站到了罗得岛政府一边。他首先保证，"如果真的发生了反对罗得岛政府的叛乱，需要联邦行政机构干涉的话，总统将不会逃避自己的责任"，这就等于给了罗得岛政府一个肯定的答复。他接着强调，自己的"职责是尊重来自一个一直被承认为一个州现任政府的请求，直到我从一种常规途径得知，这个政府已经被变更、废除，被另一个政府通过合法的、和平的方式取代"，这其实也就等于否认了以"非法"和"暴力"方式建立起来的"人民政府"的正当性。② 罗得岛政府对泰勒总统的表态是很满意的。他们把总统的回信全文刊登在了4月15日的《普罗维登斯日报》上，警告人民不要再参与选举权党的"阴谋"，否则"与罗得岛政府作对就等

---

① "Two Letters of Governor King to the President", in *Burke's Report*, p. 656-657.

② "Letter from the President, in Reply to the Foregoing Letters of Gov. King", in *Burke's Report*, p. 658-659.

于与联邦政府作对"。①

　　罗得岛政府的第三项措施是召开议会的特别会议，采取非常规举措建立一个由 7 人组成的"顾问委员会"（Board of Councilors），任务是"在目前的危机局势中建议总统该采取什么样合适的行政手段"，还下令在普罗维登斯组成一个特别的"警察连"。②

　　罗得岛政府的强硬措施，尤其是向联邦政府的求援，使改革派感受到了很大的压力。多尔也派了改革派领导人之一、选举权协会主席詹姆斯·布朗（James A. Brown）和《新时代及宪法导报》的创办者约翰·弗朗西斯（John B. Francis）去华盛顿为改革派争取支持。布朗与俄亥俄参议员威廉·艾伦（William Allen）、纽约参议员小塞拉斯·赖特（Silas Wright, Jr.）、密苏里参议员托马斯·本顿（Thomas H. Benton）等人就罗得岛事态交换了意见，还和泰勒总统进行了面谈，并把所有得到的信息都详细地报告给了多尔。同时，多尔还与来自新罕布什尔的利瓦伊·伍德伯里（Levi Woodbury）和埃德蒙·伯克等保持着密切的书信联系。虽然罗得岛政府宣称联邦政府站在自己一边，但是从布朗和其他国会资深议员那里得到的众多信息最终还是驱散了多尔的忧虑。在给多尔的回信中，布朗用很肯定的语气判断说："总统绝不会派军队来罗得岛，或者用其他任何方法来阻止人民获得并享有他们公正的权利。"康涅狄格和俄亥俄参议员同样肯定地告诉多尔："你无须担心来自联邦政府的任何武力威胁"，总统"其实根本没有这个打算"。伍德伯里还解释了原因："总统有足够多的其他问题来集中他的注意力和精力，他不会想要在一个无权干涉的问题上再给自己增加新的麻烦。"③

　　最终，改革派没有因为政府的强硬而改变自己的决心。4 月 18

---

① *Providence Journal*, Apr. 15, 1842.
② "Governor Samuel Ward King to the two Houses of the General Assembly", in *Niles' National Register*, May 7, 1842.
③ Mowry, *The Dorr War*, p. 144; John B. Rae, "Democrats and the Dorr Rebellion", *The New England Quarterly*, Vol. 9, No. 3, Sep., 1936, p. 477, 478, 481.

日,"人民政府"的选举工作仍然如期举行,多尔没有任何悬念地当选为州长(见图2-3)。5月3日,多尔和全体官员宣誓就职,"人民议会"也在普罗维登斯召开第一次会议。据报道,当天晚些时候,新当选的州长多尔和"人民议会"议员在大约2000名民兵、志愿者和来自罗得岛和其他州的民众的簇拥下进行了盛大的游行。游行结束前,多尔的民兵护卫队还颁布决议,宣布《人民宪法》是罗得岛的最高法律,应该得到所有罗得岛公民的遵守;宣布"作为本州民兵的一部分,我们将尊多尔作为我们的总司令,将服从他的所有合法命令,来维护《人民宪法》、本州其他法律以及合众国宪法"。①

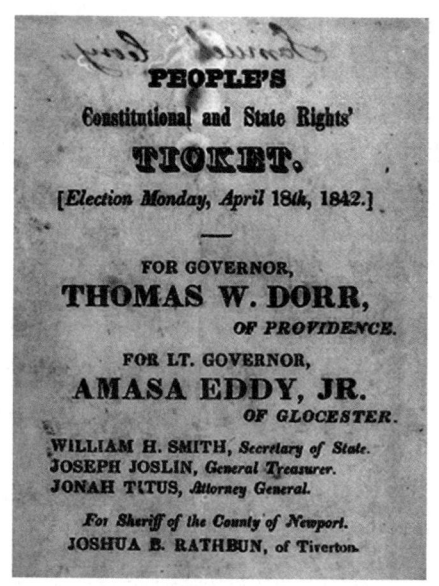

图2-3　1842年4月18日选举"人民政府"州长和其他官员的选票

来源:普罗维登斯大学图书馆的"多尔反叛"数据库,载http://library.providence.edu/dps/projects/dorr/,2015年4月17日访问。

---

① *Providence Journal*, May 4, 1842; *New Age*, May 7, 1842.

第二章 立宪运动的激进化与"多尔战争"的爆发

次日,罗得岛政府新一届议会在纽波特开幕。金连任州长。5月6日,普罗维登斯的街道再次被游行的队伍挤满,不过这次是为了庆祝新一届政府的成立,表达普罗维登斯居民"对于他们行政首脑的尊重,以及致力于维护法律和秩序的决心"。据报道,这次游行大约有1000人,全部来自普罗维登斯当地,其中250人身着民兵连的制服,139人来自骑兵连。这个城市的年轻人几乎全部聚集于此,就连平时不习惯参与任何公共游行的老年人也来了。①

至此,罗得岛出现了两个政府对立的局面,尤其是在普罗维登斯,两个政府各有支持者,对立尤为尖锐。这种局面在美国历史上非常罕见。只有在独立战争时期和内战前后美国社会矛盾极其激烈、原有的政治制度和秩序濒临瓦解的时候才会出现。② 罗得岛的立宪运动已经从一场普通的政治改革,发展为美国历史上一个"非常态"事件。

"人民议会"的第一次会议持续了两天,主要做了以下几方面的工作:首先要求州长多尔把罗得岛建立新政府的事告知总统、国会和其他各州州长;其次废除了《阿尔及尔法》;最后还任命了两个委员会,分别负责处理州务卿和州财长的文件和个人物品的交接工作。两天之后,"人民议会"便匆匆休会了,以后再也没有举行过。

其实,改革派们虽然建立了自己的"人民政府",但是这个政府既没有得到罗得岛现任政权的承认,也没有得到联邦政府或其他州政府的承认,而且改革派实际控制的范围顶多只有普罗维登斯市的一部分而已,罗得岛的其他地区仍然处于政府的控制之下。因

---

① *Niles' National Register*,May 14,1842.
② 例如,1855年到1861年的堪萨斯围绕"是以自由州还是以蓄奴州身份加入联邦"的问题发生了"内战"。支持和反对奴隶制的力量激烈角逐,先后出台了《托皮卡宪法》(Topeka Constitution)、《莱康普顿宪法》(Lecompton Constitution)、《莱文沃思宪法》(Leavenworth Constitution)、《怀恩多特宪法》(Wyandotte Constitution)等4部宪法。

69

此，获得联邦和其他州的承认，并夺取本州的实际控制权是摆在"人民政府"面前最急迫的任务。多尔先是派了皮尔斯和伯灵顿·安东尼（Burrington Anthony）带着"人民议会"的决议再次去华盛顿争取支持，后来又决定自己亲自去一趟。同时，罗得岛政府那边也派后来成为国会议员的波特带着州长的信去再次面见泰勒总统，希望他能尽快派军队援助。此时，联邦政府的态度成了关键，很大程度上左右着罗得岛事态的走向。

5月4日，泰勒总统在给金的回信中重申了之前的态度——"我对于本政府保护罗得岛抵抗内乱的职责没有变"，并向其保证，如果罗得岛真的发生了非法暴动，或者罗得岛政府凭借自己的力量无法恢复和平的话，那么作为美国最高行政长官，他将行使宪法第4条第4款赋予的权力，派出军队来帮助平定内乱。① 多尔等人在华盛顿的行程相对比较保密。多尔与泰勒总统亲自进行了交谈，但是具体内容如何没有留下任何记录。但是就多尔等人此行的目的——改变总统的立场来说，泰勒总统给金的回信就足以证明多尔并没有得到他想要的答案。

罗得岛改革派及其支持者们除了寄希望于总统以外，曾经对国会也抱有希望。他们希望同情多尔等人的民主党议员们能够推动国会站在改革派一边，或者给总统施加压力，但是国会方面传来的消息也让多尔很沮丧。在1842年4月18日，"人民政府"举行选举的当天，俄亥俄参议员艾伦在参议院提交了一份决议，要求总统把"所有与在罗得岛发生的事情相关的信息"告诉国会，并希望总统能够在国会面前公开表明态度。4月22日，经过第一次投票后该决议被搁置了。5天后，又有代表提议重新考察这个决议，被否决。之后在4月28日、5月2日和5月17日，参议院又接连3次否决

---

① 这段时期塞缪尔·金与泰勒总统之间的通信，可参考 *Burke's Report*, p. 673-675。

第二章 立宪运动的激进化与"多尔战争"的爆发

了类似提议。①

与联邦政府的官方态度形成鲜明反差的是,多尔等人在其他州得到了当地民主党成员和很多民众的热烈拥护。罗得岛的事态得到了波士顿、纽约、华盛顿和弗吉尼亚等地报界的持续关注,并且引发了一些报纸之间的唇枪舌剑。《波士顿邮报》(Boston Post)是"人民政府"的热烈支持者。直到罗得岛事态平息之后很久,该报纸仍然在歌颂着改革派。《华盛顿国家通讯者报》(National Intelligencer)站在罗得岛政府一边,每天都向读者报道罗得岛的最新局势。在纽约,《晚邮报》(Evening Post)站在多尔一边,与支持罗得岛政府的《信使问询报》(Courier and Enquirer)和《美国人报》(American)展开了激烈争论。在费城、波士顿、纽约等大城市还举行了民众集会,来表达对罗得岛"受压迫人民"的同情。② 其中,以纽约的民主党成员和民众对多尔的热情为最甚。在5月12—14日不到48小时内,多尔在纽约所见到的、听到的、感受到的,对于他判断形势、决定下一步的策略至为关键。

多尔在纽约的支持者主要来自"坦穆尼厅"(Tammany Hall)。这个民主党的地方组织多次表达了对罗得岛改革派的同情。4月中旬,"坦穆尼厅"在纽约城内发布了一个备忘录,征集民众的签名,"要求国会对泰勒总统威胁武力干涉罗得岛的行为发起弹劾"。4月27日,该组织又举办了一次民众集会,试图唤起纽约民众对于罗得岛事态的关注。5月12日多尔的到来受到了他们上上下下的热烈欢迎。多尔当天晚上被邀请去剧院看演出,由前纽约市参议员委员会主席全程陪同。13日,多尔与"坦穆尼厅"的主要领导人进行了会面。次日上午,"坦穆尼厅"在其总部为多尔举办了一个隆重的欢送会,很多普通市民也闻讯赶来参加,有更多的纽约民众聚集

---

① Mowry, *The Dorr War*, p. 145.
② Arthur May Mowry, "Tammany Hall and the Dorr Rebellion", *The American Historical Review*, Vol. 3, No. 2 (Jan., 1898), p. 293-294.

在附近的公园里,希望有机会目睹这位"罗得岛自由斗士"的风采。当多尔要离开纽约、搭船回普罗维登斯时,人群自发形成了一支大约 500 人的护送队伍,簇拥着多尔等人乘坐的四轮马车浩浩荡荡地往港口前进,场面相当壮观。① 纽约之行让在华盛顿遭到冷遇的多尔重新拾起了信心。虽然泰勒总统将会站在罗得岛政府一边,虽然联邦军队可能会参与镇压改革派,但是多尔相信,自己会得到人民的支持,而人民是比任何军队和政府都更加强大的一支力量,将会支撑自己继续完成"改革事业"。

刚到纽约,多尔就在给友人的信中表示:"上帝保佑我们的朋友们。没有他们,小小的罗得岛将不可能抵挡得住联邦政府,有了他们,罗得岛才能维系下去。"② 离开纽约时,多尔对两位护送他的军人说:"(你们的行为)表达了对罗得岛人民正在进行的正义斗争的一种兄弟情谊。……在与联邦政府可能进行的这场不势均力敌的斗争中,我请求你们的帮助,请求你们武装起来。"③ 5 月 16 日上午 10 点左右,当多尔等人回到普罗维登斯时,有大约 3000 名支持者和好奇的民众在车站欢迎他,并且护送他一直抵达改革派临时总部所在地——安东尼的住所。在群众散去之前,多尔发表了一场极具鼓舞力和煽动性的演说。他声称,即将得到的来自纽约的援助远远不止 500 人,而是 5000 人,而且随叫随到。这些人"理解我们的事业,同情我们遭受的伤害,他们不赞同联邦政府在罗得岛问题上的路线,并且向我们保证他们愿意帮助我们抵抗联邦的干涉。……我负责任地说,只要联邦士兵帮助特许状政府反对'人民政府'的话,我将以武力反抗武力。我可以非常肯定地说,纽约和其他地方的援助将会立即到来。这场斗争到时将会成为全国性斗

---

① Mowry, "Tammany Hall and the Dorr Rebellion", p. 294-296.
② Dennison, *The Dorr War*, p. 80.
③ Mowry, "Tammany Hall and the Dorr Rebellion", p. 296-297.

争,罗得岛将会成为美国自由的战场。"① 说到激动处,多尔还拔出剑挥舞起来,宣布自己愿意为罗得岛的自由事业献出生命(见图2-4)。

图 2-4　1842 年 5 月 16 日,多尔在普罗维登斯发表演说的场景

来源:普罗维登斯大学图书馆的"多尔反叛"数据库,载 http://library.providence.edu/dps/projects/dorr/,2015 年 4 月 17 日访问。

多尔的离开并没有减损很多纽约民众对罗得岛改革派事业的支持。5 月 17 日,"鉴于联邦政府威胁要干涉,镇压罗得岛自由的人民","坦穆尼厅"号召民众在市政广场集会,"以采取一些必要的行动"。关于这次集会的参与者,不同的报纸有不同的说法,最少的说是 4000 人,最多的是 12000 人。② 与会者中最积极的是《纽约新时代报》(*New York New Era*)的主编利瓦伊·斯兰姆(Levi Slamm)。他在会上宣称自己已经准备好一艘载有 1000 名士兵的蒸汽船,无论什么时候,联邦政府胆敢派军队武力镇压"人民政府"

---

①　*Providence Express*,May16,1842;*Burke's Report*,p.679-680.
②　1842 年 5 月 18 日的《纽约美国人报》(*The New York American*)说有 4000 人或 5000 人;同一天的《纽约晚邮报》(*The New York Evening Post*)报道说,一份辉格党报纸估计有 5000 人或 6000 人,而一份民主党报纸估计有 12000 人。见:Mowry,*The Dorr War*,p.179,note 14。

的话，他们将立即开赴罗得岛。在次日自己的报纸上，他还发出了一个公告，号召美国公民们"登记名字"，组成"爱国志愿军"，"随时应多尔的请求去帮助罗得岛人民抵御联邦的武力干涉"。① 这些支持给了多尔莫大的鼓励，最终促使他决定以武力夺权的方式一举击溃政府军。

其实，在多尔不在罗得岛的这几天里，"人民政府"实际上已经如同虚设。司法机构是不存在的，因为议会根本没有选出法官。行政机构无法行使职能，因为根本没有从罗得岛政府那里得到相关文件和公章。议会仅仅开了两天就休会了，而且纽波特、普罗维登斯、锡楚埃特、威斯特里、里士满和东格林维奇等村镇的很多议员在《阿尔及尔法》和联邦武力干涉的双重压力下纷纷宣布辞职。选举权党的很多重要领导人，包括总财长约瑟夫·乔思林（Joseph Joslin）、纽波特议员丹尼尔·布朗（Daniel Brown）、普罗维登斯议员本杰明·阿诺德等人还遭到了逮捕。在这种情况下，泰勒总统和罗得岛政府的一些高层人物一度认为，当多尔再度遭遇华盛顿的冷遇之后，他有可能因为得胜无望而主动投降。② 《新时代及宪法导报》的总编查尔斯·康登（Charles T. Congdon）后来也回忆说，如果其他州的民主党人不插手罗得岛事务，如果纽约市的民主党领导人允许罗得岛人民自己解决争端的话，罗得岛事态就不会发展到后来这么严重的程度。③ 但是事实是，经过了纽约之行后，多尔不仅没有选择投降，反而更加渴望战斗。在信心满满的多尔看来，"决定性行动的时候到了。一个政府要想成为政府，它必须处在立法的地位，必须拥有和控制公共财产，必须行使宪法赋予它的全部职能。一个没有权力，只诉诸人们的自愿支持的政府，一个缺乏实

---

① Mowry, "Tammany Hall and the Dorr Rebellion", p. 299-300.
② 5月9—15日，泰勒总统与罗得岛州长金等人曾经讨论说，如果多尔愿意主动投降，接受逮捕的话，特许状政府将赦免他，并再召开一次宪法会议。相关通信见：*Burke's Report*, p. 676-678.
③ Charles T. Congdon, *Reminiscences of a Journalist*, Boston, 1880, p. 115.

第二章 立宪运动的激进化与"多尔战争"的爆发

施其合法命令的能力和意愿的政府,根本不能算是政府,注定是要灭亡的"。①

5月17日午夜,多尔终于展开了决定性行动。他带领约200人的民兵和志愿者的武装和两门大炮趁夜攻打罗得岛政府位于普罗维登斯的军火库。普罗维登斯城内敲响了警钟,市民们纷纷涌上了街头。政府军毫无准备,军火库当晚的守卫加上志愿者一起也只有约200人,负责人是多尔的妹夫。多尔的父亲和弟弟也自愿参加到守卫军火库的队伍当中。多尔的武装向军火库守军递交了休战旗,要求对方投降。军火库指挥官问:"以谁的名义?"在听到回答是"以州长多尔的名义"后,他讥讽道:"我不知道什么州长多尔。"②劝降被拒绝后,多尔下令向军火库开炮,但是试了两次,可能是因为炮筒被堵住了,也可能是因为火药受潮了,大炮都无法点燃。多尔的武装力量无心恋战、四处逃散,到了次日凌晨只剩下不到50人坚守阵地,多尔只得撤退。

紧接着,坏消息一个接一个地传来:政府的增援军队几个小时内就会赶到,同时,"人民政府"的大批官员纷纷辞职,其中包括普罗维登斯的所有议员——2名参议员和9名下院议员。这11人在普罗维登斯城内发表传单说,他们反对泰勒总统介入罗得岛新旧政府之间的斗争当中,但是他们不会与联邦政府作对,不会赞同,也从来没有赞同过多尔武力进攻的行为。③ 在这种内外交困的局面下,多尔逃离了罗得岛。他离开藏身之所还不到一个小时,罗得岛政府的军队就赶到了,并彻底搜查了屋子,还派了一支民兵队企图一路追缉多尔。群龙无首的改革派此时纷纷放下武器,"人民政府"也迅速解体。

---

① "Governor Dorr, Address to the People of Rhode Island, August 1843", in *Burke's Report*, p. 738.
② *Providence Journal*, May 18, 1842.
③ *Providence Journal*, May 19, 1842.

身处逃亡当中的多尔承认，攻打军火库的失败"原因在于缺乏足够的组织和准备"。但是他仍然试图鼓励其支持者说："不要因为这个而沮丧。我们的事业是正义的。我相信，真理、公正以及上帝的赐福都站在我们一边。"① 然而，6 月底当他返回罗得岛，试图在切帕奇特（Chepachet）镇再次发动武力进攻时，他不得不苦痛地再次面对失败。

切帕奇特是一个位于罗得岛西北部的边境小镇，位于康涅狄格、罗得岛和马萨诸塞三州交界处，距离普罗维登斯 16 英里。6 月 25 日多尔到达之前，来自附近各个村镇的改革派激进分子在该镇已经进行了一番军事准备。据报道，当时聚集于此的民众有六七百人之多，还配备了两门大炮和相当数量的弹药。但据多尔自己所说，并没有这么多人。25 日上午他到达切帕奇特之时，有组织的、能够随时待命的只有不到 200 人，下午有相当一部分人离开了，到当天晚上只剩下了不到 50 人。在之后的 3 天里，聚集在一起的人数最多也不过 250 人。

罗得岛政府这边除了再次向泰勒总统请求军事援助以外，州长金还下令全州所有军队在 3 天内做好前往切帕奇特镇压"叛乱"的准备。25 日，在普罗维登斯集结待命的军队人数达到了 2500 人，26 日据说达到了 3000 人。政府的"平叛"大军于 6 月 28 日抵达切帕奇特，完全是兵不血刃地取得了胜利，因为早在政府军到达的前一天，多尔的军队就已几乎逃散殆尽。作为"总司令"的多尔不得不接受这个令他无比失望的结果。他主动要求《普罗维登斯快报》（*Providence Express*）的编辑替他发布宣言，说："收到的信息促使我相信，《人民宪法》的大多数朋友们不赞同用任何进一步的强制措施。……因此我命令，所有集结的军队就地解散。"② 历史上所

---

① Chilton Williamson, "The Disenchantment of Thomas W. Dorr", *Rhode Island History*, Vol. 17, No. 4, (Oct., 1958), p. 97-108.

② Mowry, *The Dorr War*, p. 216.

谓的"多尔战争"就此收场。

三、从暴力夺权到政治论争:"罗得岛问题"的提出

在多尔等人的武力进攻失败之后,罗得岛政府采取了软硬两手来彻底瓦解多尔阵营。一方面,议会悬赏1000美元捉拿多尔,后来又把赏金提高到5000美元;并请求相邻的纽约、马萨诸塞、康涅狄格、新罕布什尔等州,如果多尔在其境内就将他逮捕并交给罗得岛政府;同时还清洗了民兵中的多尔分子,重新整编了民兵。罗得岛政府最重要的一个举措是6月26日颁布《战时法》。根据这个法令,不仅那些和多尔一起攻击军火库,并在切帕奇特发起进攻的人会遭到突然逮捕,而且所有手持武器的,或者对政府的反攻行动态度冷淡的人也都将遭到逮捕;不仅"那些试图(在人民政府中)行使任何立法、行政、司法职能的人",而且所有以任何方式表示"自己接受任何立法、行政和司法职位的人",以及所有在选举"人民政府"官员的村镇会议中担任协调人(moderator)、监察员(warden)和书记员(clerk)的人都将遭到罚款和监禁的惩罚。通过颁布这个法令,政府希望"警告所有人不要参与或和'叛州贼'多尔以及他目前正武力反抗本州法律和权威的同党们有任何关联,告诫和命令多尔及其同党立即放下武器解散"①。在《战时法》实行的一个多月时间里,政府军总共逮捕了几百人,搜查了几百间房屋。后来著名的"路德诉博登案"就发生在这一时期。这些被逮捕的人中,有的被关押了一晚之后就释放了,有的在经过特别委员会的调查之后很快也被释放,到7月底调查工作结束之后,绝大部分人都被释放了,最后剩下大约40人留待法庭的审理和大陪审团的裁定。

另一方面,为了釜底抽薪地熄灭激进主义,罗得岛政府决定再

---

① *Burke's Report*, p. 373.

次召开宪法会议，制定一部新宪法。其实，早在"人民政府"刚刚成立、多尔还没有发动武力进攻的时候，泰勒总统就向罗得岛政府提议，在自由原则的基础上召开新的宪法会议，并以此促成罗得岛双方的和解。连多年来一直反对扩大选举权的老牌保守派伊莱沙·波特，在看到两个政府剑拔弩张，战火一触即发之时，也终于改变了主意，说："与一场革命相比的话，通过常规手段（即宪法会议）在选举权上做出让步，无疑是更好的选择。"① 但是，这个提议当时并没有得到赞同，原因不在于罗得岛政府不同意召开宪法会议，相反，他们对于向改革派做出让步没有任何异议，但是他们的分歧在于什么时候让步。他们不同意在自己受到威胁的时候让步，因为这只会助长对手的威风，显示自己的软弱。②

"平定"了"多尔战争"之后，召开宪法会议的时机成熟了。1842年6月议会例行会议的主要议题就是召开宪法会议和扩大选举权的问题。经过特别委员会的调查、起草，再经过议会两院的商议和修订，召开宪法会议的决议很顺利地通过了，会议代表的选举定于当年8月举行，会议定于9月开幕。11月，新宪法制定了出来，并被提交各村镇会议批准。虽然流亡在外的多尔呼吁罗得岛人民不参加批准宪法的投票，改革派报纸也建议每个选举权党成员在投票当天待在家里，③ 但是新宪法还是以7032张赞成票、59张反对票得到批准。一向对"人民"不吝溢美之词的激进派对于民众投票支持新宪法的行为相当鄙视和愤慨。其中一位写信给多尔，说以前选举权党的成员出卖了自己，他们证明自己是腐败的、不忠诚的，"如果人们愿意出卖自己的权利，以换取微不足道的金钱和权贵富

---

① Elisha Potter to John Brown Francis, May 1, 1842, 载 http：//library. providence. edu/dps/projects/dorr/，2015年4月17日访问。

② "President Tyler to Samuel Ward King, King's reply to President Tyler, Elisha Potter to President Tyler", in *Burke's Report*, p. 676-677.

③ *Providence Express*, Nov. 11, 1842.

豪们一时的微笑，他们就只配做奴隶"①。

激进派们还希望在 1843 年 4 月的州长选举中扳回一城，因此他们呼吁民众支持民主党候选人托马斯·卡朋特（Thomas F. Carpenter）。但是卡朋特还是以 1800 票的差距败给了法律—秩序党候选人詹姆斯·芬纳（James Fenner）。法律—秩序党这边欢欣鼓舞，说这是对多尔主义的"最后一击"②。而多尔这边则失望至极。多尔在信中向朋友哀叹，自己愿意为捍卫人民的权利而奋斗终生，愿意与《人民宪法》共存亡，"但是没有人民的帮助，我没有力量，而现在的情况是，人民不愿意去斗争了"。他对选举权党内部的"背叛"尤为愤慨。他气愤地说："自己党的成员不愿意斗争，也不愿意投票，那么，他们要做什么呢？他们还能做什么呢？""荣誉、爱国精神，所有理应能激励一个人为自己正义的权利而奋斗的高尚感情都被我们的大部分党员抛弃了。"多尔在政治问题和个人事务上的主要顾问阿伦·怀特（Aaron White）也多次表达了同样的失望之情。他在给多尔的信中哀叹道：

> 对于罗得岛建立一个军事独裁制，没有人比我更加惋惜，但是更糟糕的是，罗得岛人民对此越来越熟悉，越来越适应。你、我和其他人尽了一切力量在罗得岛维护人民主权的基本原则，但是我们没有成功。不是我们的美德不够，或者我们的美德不够强大。……这些年的经验彻底教育了我：对于人类为自由而奋斗的精神品质，我们千万不能有所依赖。

另一位改革派更是绝望地说："我几乎同时失去了耐心和信仰，几乎准备相信人类只适合于被精英阶层统治，只适合于为精英阶层

---

① Williamson, "The Disenchantment of Thomas W. Dorr", p. 97-108.
② Gettleman, *The Dorr Rebellion*, 1980, p. 154.

工作。"①

　　罗得岛政府召开宪法会议和州长选举期间，多尔一直流亡在外。他和"人民政府"的其他高官皮尔斯、乔思林、丹尼尔·布朗和路德等人都被指控有"叛州罪"。多尔非常清楚，一旦回到罗得岛他肯定会遭到逮捕，肯定会被送上审判席，很可能会被判终身监禁。但是他还是不顾众幕僚的反对，于1843年10月31日回到了普罗维登斯。他先是走进旅馆，被拒绝入住之后，他穿过马路来到《共和先驱报》（*Republican Herald*）报社的总部，在这里，他很快就被闻讯赶来的政府军逮捕。

　　在整个逮捕过程中，多尔没有试图逃脱和反抗，实际上，被捕和受审正是他想要的。经过武力进攻的失败、新宪法的颁布和新一届州政府的成立，罗得岛政治格局逐渐步入正轨，激进主义氛围正在逐渐淡去，多尔本人以及他提出的原则和口号正在逐渐被罗得岛民众忘却，这是多尔最害怕看到的。在这种情况下如何继续斗争，甚至扭转局势，是他几个月来一直思考的问题。8月10日，流亡在外的多尔在向罗得岛民众发表的声明中就表示，4月的州长选举"让我思考在目前所处的位置中我的责任是什么。这次选举后不久，我会回到罗得岛"②。新罕布什尔州长亨利·哈伯德（Henry Hubbard）是站在多尔一边的。他一直在为多尔提供避难所，且曾经坚决拒绝了罗得岛州长要求引渡多尔的请求。他后来回忆说，当时他曾经力劝多尔不要回去，并且表示自己将尽全力保护他的安全，但是多尔"大义凛然"地说："我要回到自己的故土。如果他们想要折磨我的话，让他们来吧，我只想履行我的职责。如果我注定要失去生命，那么我必须要为人民自由的伟大事业而牺牲。"③ 也就是说，

---

　　① 关于多尔、阿伦·怀特等激进派的失望之情，见 Dennison, *The Dorr War*, p. 99, 100, 101, 195; Williamson, "The Disenchantment of Thomas W. Dorr", p. 97—108。
　　② "Address to the People of Rhode Island, August 1843", in *Burke's Report*, p. 764.
　　③ *Niles' National Register*, Sep. 14, 1844.

多尔是要做一个"殉道者",用自己的磨难"在民众当中传播更多的光亮"。①

1844年4月26日,罗得岛最高法院在纽波特开庭审理多尔的案子。首席法官是乔布·德非(Job Durfee)。被告多尔的首席辩护律师是阿特维尔,但是他因病缺席,因此多尔决定为自己辩护,还有乔治·特纳(George Turner)和沃尔特·伯吉斯(Walter S. Burges)两位律师的协助。多尔宣称自己无罪主要有五条理由:第一,"在这个国家,背叛罪针对的仅仅是联邦,而不是针对单个州";第二,罗得岛政府的《阿尔及尔法》是违宪的、无效的;第三,法庭不应当在纽波特审理该案,而应该在所控罪名的实际发生地——普罗维登斯审理;第四,他本人的行为是正当的,因为他行使的是《人民宪法》赋予他的权力;第五,现有的证据并不能证明他有犯罪的意图。②

6月24日,法庭裁决多尔有罪,判处终身监禁,剥夺一切政治权利。在被法庭询问对判决有何意见时,多尔抗议说自己没有得到公正的审判,理由是:"审判被允许在纽波特进行,而在这个地方,被告是否能够依照法律得到审判都是值得怀疑的,被告在纽波特完全是陌生人,被最激动的政治反对派们包围。""在选举陪审团成员的108名自由民中,除了一人以外,其他全部来自被告的反对阵营,他们是带着政党的敌意来对待这个案件的。在12名陪审团成员中,也只有一名是民主党成员,而且在表达意见时完全被晾在一边。"③ 多尔的辩护律师试图申请重新审理,但没有成功。

正如发动武力进攻之前对国会寄予希望一样,此时的多尔仍然把联邦国会视为申诉的平台。1844年2月,在监狱等待审判的他起草了一个请愿书,抗议联邦行政机构干涉地方事务,要求国会调查

---

① Dennison, *The Dorr War*, p. 103-104.
② *Burke's Report*, p. 906.
③ *Burke's Report*, p. 1043-1046.

总统是否越权，以及决定哪个政府是罗得岛的合法政府。① 这个请愿书得到了罗得岛议会中作为少数派的民主党人的支持，包括来自普罗维登斯的 6 名参议员和 18 名下院议员，更重要的是，它得到了来自新罕布什尔的国会众议院议员、多尔的忠实拥护者埃德蒙·伯克的支持。2 月 19 日，请愿书经伯克之手被递交到众议院，随后被交给一个由 5 人组成的特别委员会处理。该委员会除了由伯克任主席外，还包括纽约议员乔治·拉思本（George O. Rathbun）、马里兰议员约翰·科森（John M. S. Causin）和雅各布·普雷斯顿（Jacob A. Preston），以及伊利诺伊议员约翰·麦克南德（John A. McClernand）。委员会有权调查和传唤相关人员，有权调阅相关文件，有权要求总统提供所有与罗得岛事件有关的信息，任务是向国会呈交一份调查报告。②

从 1844 年 2 月 29 日到 6 月 3 日，该委员会共召开了 17 次会议来听取证词或者讨论证据。讨论的问题主要有两个：《人民宪法》是否合法？泰勒总统使用联邦军事力量来干涉地方事务是否违宪？阿伦·怀特、伯灵顿·安东尼、沃尔特·伯吉斯、本杰明·哈利特、乔治·特纳等罗得岛事件的重要参与者在委员会的传唤下作了证。伯克是委员会的绝对主导。他领导了委员会中的每次讨论，并起草了所有的决议和最后的报告。

在委员会工作的几个月中，多尔与伯克一直保持着密切的通信。多尔虽然身陷囹圄，但心系国会，甚至可以说，他在很大程度上"遥控指挥"了委员会的工作，无论是调查的展开还是报告的起草，伯克很大程度上都是在遵照多尔的"指示"。多尔提醒他，报告的核心要点"必须是罗得岛人民的权利问题"。多尔列出了委员会必须要访问的人的名单，向伯克推荐了两位"选举党"成员来协助委员会工作。多尔还告诉伯克说，最重要的事实就是大多数民众

---

① *Burke's Report*, p. 1–4.
② *Congressional Globe*, 28th Cong., 1st Sess. 1844, p. 426.

为《人民宪法》投了支持票，投票的名单在阿伦·怀特手中，如果被质问为什么没有公开名单的话，就回答说，是因为当时罗得岛政府威胁要用这个名单作为逮捕指控的依据。①

1844 年 6 月 3 日，由伯克起草的报告在委员会内部以 3 票赞成、2 票反对而获得通过。投反对票的是来自马里兰的两位议员科森和普雷斯顿，随后他俩另外提交了一份《少数派报告》，与《伯克报告》针锋相对。《伯克报告》的正式文本只有 86 页，可是附录中的各种文件、证词、演说、决议等加在一起将近有 1000 页。而且毫无疑问的是，由于伯克强烈的个人偏见，这份报告简直成了罗得岛激进派的总结宣言。它的结论是：大多数人民能够以任何方式、在他们认为合适的任何时候，在没有现任权力机关的同意，甚至在违反宪法明确规定的修订条款的情况下，变更他们的政府。

两个报告都被提交给了国会，但是几天后的休会使国会对该报告的讨论被推迟到了次年年初。1845 年 2 月 28 日，伯克委员会成员同新泽西议员卢修斯·埃尔默（Lucius Q. C. Elmer）、马萨诸塞议员亨利·威廉斯（Henry Williams）等人围绕《伯克报告》的内容进行了一整天的讨论。② 但仅仅 4 天之后，第 28 届国会闭幕。随后泰勒总统卸任，新总统波尔克入主白宫，再加上得克萨斯问题成为举国关注的焦点，"罗得岛问题"在国会已经成了一个死问题。多尔对国会的希望就此落了空，联邦最高法院成为他手中的最后一步棋。

1844 年 6 月被罗得岛最高法院以"叛州罪"判处终身监禁的多尔曾经想过向联邦最高法院上诉，但与此同时发生的另一个案子很快牵扯了他更多的关注，这就是著名的"路德诉博登案"。

1842 年 6 月底，即《战时法》刚刚颁布之后，正值政府大肆

---

① Dennison, *The Dorr War*, p. 132.

② 关于 1845 年 2 月 28 日国会围绕《伯格报告》的讨论情况，见：*Congressional Globe*, 28th Cong., 2nd Sess., 1844–1845, Vol. XIV, p. 370。

搜捕改革派分子之际,罗得岛边境小镇沃伦的一支民兵分遣队接到命令,去逮捕一名叫马丁·路德(Martin Luther)的鞋匠,因为他在选举"人民政府"的村镇会议中担任协调人,还参与攻击了普罗维登斯的军火库。6月29日凌晨3点到4点,这支民兵分遣队来到路德家进行搜捕,但没有找到路德本人。其实路德几天前已经迅速离开了罗得岛,躲到了邻近的马萨诸塞的小客栈里,直到次年春天的选举之后才回到罗得岛。回来几天后他很快被逮捕、起诉、审判,被判处500美元罚款和6个月监禁。1843年10月6日,他向位于普罗维登斯的罗得岛地区联邦第一巡回法庭上诉,起诉以路德·博登(Luther Borden)为首的民兵队"非法闯入和侵占民宅"。

这个案子看似简单,但实际上包含了整个"多尔战争"中最有争议性、最为根本的一个问题:在1842年6月29日的时候,罗得岛政府和多尔等人建立的"人民政府"哪一个才是合法政府?如果法庭判定原告路德获胜的话,就等于否定了《战时法》的效力,也就等于否定了罗得岛政府的合法性。反之,如果法庭判定被告获胜,就等于否定了"人民政府"的合法性。路德把这个问题抛给法院,实际上是在逼迫法院给出答案:大多数人民在没有法律依据,也没有得到现任政府授权或同意的情况下所做出的变更政府的行为是否是正当的?这就是时人口中所说的"罗得岛问题"的实质。

1843年11月,联邦巡回法庭开庭审理该案。主审法官为约瑟夫·斯托里(Joseph Story)和约翰·皮特曼(John Pitman)。原告路德的律师是来自马萨诸塞的民主党人本杰明·哈利特和罗得岛资深改革派阿特维尔,被告博登的律师是法律—秩序党的领导人之一、来自普罗维登斯的约翰·惠普尔,以及另外两位律师塞缪尔·格林(Samuel Greene)和阿尔弗雷德·博斯沃思(Alfred Bosworth)。双方以"罗得岛问题"为核心,就罗得岛政府的合法性,是否有权力颁布《战时法》、《战时法》的适用范围以及被告在执行《战时法》时是否滥用了权力等相关问题进行激烈辩论。

原告方摆出了与制定《人民宪法》和组成"人民政府"相关

的大量文件证据,力图证明:当 1842 年 6 月颁布《战时法》的时候,罗得岛政府已经被"人民政府"所取代,后者得到了大多数人民的批准和拥护,它才是本案发生时罗得岛真正的合法政府。因此,被告所依据的《战时法》是根本没有法律效力的。而且,即使《战时法》是合法的,它也只能适用于"真正发生战事"的普罗维登斯和切帕奇特地区,不能适用于本案的发生地沃伦。被告一方则反驳说,罗得岛政府早在殖民地时期就得到了人民的批准,其合法地位还得到了联邦和其他各州政府和人民的普遍承认。1842 年 5—6 月,罗得岛一部分人拿起武器企图推翻罗得岛的合法政府,因此政府有充分的权力来颁布《战时法》。被告搜查原告房屋是在履行上级的命令和自己的职责,而且他们从来没有对屋内的任何人使用过不当暴力行为。

首席法官斯托里的判决支持了被告的立场。他认为,1842 年 6 月罗得岛的形势已经到了非常紧急的地步,政府"有必要使用最极端的措施来反抗暴力",因此《战时法》的颁布是必要的。而且,《战时法》和其他法一样,"既然是政府颁布的,就能够适用于该政府管辖的所有地区"。法庭宣布,罗得岛政府在 1842 年 6 月底本案发生时仍然是合法的,原告的指控是没有依据的。随后,陪审团宣布被告无罪,并维持罗得岛法庭对路德的判决。1844 年 1 月 30 日,不服判决的路德继续上诉,最终该案被提上了联邦最高法院的议程。①

"路德诉博登案"绝不是路德一人发起的,可以说它是以多尔为首的激进派们集体策划的结果,目的就是把"罗得岛问题"推向联邦最高法院,让最高法院来确立其激进路线的正当性。在向联邦巡回法庭上诉之前,路德咨询了后来成为自己律师的哈利特、阿特维尔等很多激进派领袖的意见。1844 年 3 月,在监狱里服刑的路德

---

① 关于联邦巡回法庭审理"路德诉博登案"的情况,可参考:Mahlon H. Hellerigh, "The Luther Cases in the Lower Courts", *Rhode Island History*, Vol. 11, No. 2, April, 1952。

写信给同样在监狱里等待审判的多尔，表示自己更愿意被关在牢里，而不是获释，因为"我相信，我在牢里比在牢外能为我们的事业做更多的贡献。如果再多几个人入狱的话，对我们党的贡献比他们在罗得岛做过的所有的事都要多"。多尔也很快意识到，与自己的案子相比，"路德案"更加重要，"更能充分、完整地体现我们事业的原则"，而且，只有"路德案"胜诉了，《人民宪法》的正当性确立了，自己的"叛州罪"上诉才有可能成功。因此，多尔放弃了自己的上诉，把全部的精力都放到了"路德案"上。他说："我必须敦促我的朋友们尽一切可能去推动这个案子。看在上帝的份上，这个案子千万不要失败。"①

因为几位法官的相继生病或缺席，该案在最高法院几乎被搁置了3年，直到1848年1月底原被告双方才真正展开辩论。哈利特继续担任原告的律师，另外一位是当时担任联邦总检察长的内森·克利福德（Nathan Clifford）。被告律师除了惠普尔以外，还请到了当时美国最有名的律师、政治家，同时也是美国历史上公认的雄辩家丹尼尔·韦伯斯特。辩论进行了6天，主要内容与联邦巡回法庭的大同小异，都是围绕罗得岛政府和"人民政府"的合法性，以及《战时法》的含义和范围等问题。多尔虽然没有亲自出现在最高法院的原告辩护律师席上，但是他从来没有放弃对这个案子贡献自己的智力资源。在案件的筹备和审理期间，他与两位律师进行了多次通信交流，指示他们"在人民主权的基础上为这个案子辩护"，还指示他们不要把重点放到一些不重要的事情上，如罗得岛没有关于如何变更政府的任何法律条文等。他还建议他们把一些资料提供给民主党报纸，供他们与辉格党报纸论战。②

---

① Martin Luther to Dorr, March 28, 1844, and Dorr to Walter S. Burges, Nov. 12, 1844, in C. Peter Magrath, "Optimistic Democrat: Thomas W. Dorr and the Case of Luther vs. Borden," *Rhode Island History*, Vol. 29, Nov. 1970, p. 99.

② C. Peter Magrath, "Optimistic Democrat: Thomas W. Dorr and the Case of Luther vs. Borden," p. 107.

最高法院的辩论持续了 6 天。不仅是该案的当事人双方，而且"整个国家都焦急地等待着判决"①。但是首席大法官罗杰·坦尼（Roger B. Taney）直到一年以后才宣布判决。坦尼的判决主要表达了两个意思：

第一，罗得岛政府颁布《战时法》是正当的。这与巡回法庭法官斯托里的意见是完全一致的。坦尼明确地说：

> 毫无疑问，一个州可以使用军事力量来镇压一个强大到民事力量无法控制的武装叛乱。这个权力对于该政府是否存在、对于自由制度和秩序的维护至关重要，对联邦中的所有州和其他政府同样必要。必须由州自己来决定危机需要什么程度的武力。如果罗得岛政府认为武装抵抗很可怕，在州内蔓延得很迅速，以至于有必要使用武力，颁布《战时法》的话，我们认为法庭没有理由去质疑这种权威。这是一种战争状态，政府有权诉诸自卫，去镇压非法的反对派。……只要紧急状态持续，军事力量就是法律的标准。军事首长有无限的、不可限制的权威，来搜寻、逮捕甚至处决有确凿证据证明参加了叛乱的人，当然，这个权威只能被用于维护政府和社会的需要。②

第二，"路德诉博登案"涉及的很多问题都是政治性质的问题，不属于联邦最高法院的管辖范畴。坦尼表示，司法机构没有权力"决定某个州宪法的制定或修订是否得到了该州人民的批准"，因为这应该由该州的行政机构来决定，"司法机构应当遵循行政机构的决定"，也没有权力"决定一个州的公民应该享有哪些政治权利"，因为"规定选民的资格，让那些在州既定的宪法和法律下没有选举

---

① *Pennsylvanian*, Feb. 1, 1848.
② *Luther v. Borden*, 48 *U. S.* 7 *Howard*, 1849, p. 27.

权的人拥有权利，或是让那些有权利的人失去权利，这些也都不是司法机构的职能"。① 实际上，坦尼是逃避了对"罗得岛问题"的直接回答。② 同时，他还强调，法庭是由任命它的那个政府创造的，因此，司法权力"必须确认现任政府的存在和权威"③，这就表示最高法院默认了罗得岛的政治现状，也默认了罗得岛地方法院和联邦巡回法庭的判决，这对于希望以司法判决来扭转局面的多尔等人来说无疑就是失败。

继国会之后，最高法院再一次让多尔等人失望了。报界对此案判决的评价是："（最高法院）在多尔主义的棺材上钉下了最后一个钉子"，"多尔主义终于归于平静，再也没有希望'死灰复燃'"。④ 此后不久，随着多尔的病逝，"多尔战争"引发的政治论争也逐渐远离了公众视线。

小 结

从罗得岛立宪运动的整个过程来看，起初它是一场以扩大选举权、重新分配议会席位为目标的政治改革，但进入19世纪40年代以后，在以多尔为首的改革派激进分子的推动下，这场政治改革先是发展为一场暴力夺权的"战争"，与此同时还引发了另一场意义深远的政治论争："人民"有权在没有法律依据，也没有得到现任

---

① *Luther v. Borden*, 48 *U. S.* 7 *Howard*, 1849, p. 22, 24.

② 大多数学者都是把"路德诉博登案"视为"司法克制"（Judicial Restraint）的典型体现，但也有学者提出不同观点，认为坦尼本人的心中始终存在一种"压抑的能动主义者的冲动"（suppressed activist impulse），他虽然说自己"无权处理政治问题"，但实际上他的判决很明显就是一种政治行为，他是试图用判决来造成某种政治影响。见：Michael A. Conron, "Law, Politics, and Chief Justice Taney: A Reconsideration of the Luther v. Borden Decision", *The American Journal of Legal History*, Vol. 11, No. 4, (Oct., 1967), p. 377-388。

③ *Luther v. Borden*, 48 *U. S.* 7 *Howard*, 1849, p. 40.

④ Charles Warren ed., *The Supreme Court in United States History*, Boston: Little Brown and Company, 1937, Vol. 2, p. 195.

第二章 立宪运动的激进化与"多尔战争"的爆发

政府授权或同意的情况下，自己制定宪法，还是必须依托现有的制度和法律来实现政府的变更？这不仅是人民变更政府的程序和限度问题，更重要的是，它揭示了自革命以来，美国人在如何界定"民主"，如何构建民主制的若干根本问题上一直存在的诸多争议："人民主权"在民治政府中如何体现？多数人的意志是不是民主的最高原则？民主如何避免成为"多数的暴政"？在"后革命时代"如何理解和利用"革命"的原则？民主制度下的"革命"是否还有必要？围绕这些问题的辩论，贯穿了美国人建设代表制民主的每一步。在这个意义上，我们可以把"多尔战争"引发的政治论争看作革命时期政治辩论的一种延续，同时也是革命时期构建民主政治的继续和发展。

第三章
"人民主权"的理论与实践

"多尔战争"引发的政治论争从本质上说是"要不要制约以及如何制约'人民'权力"的问题。这直接指向整个美国政治制度的根基——"人民主权"的原则。在围绕这一问题的所有论争中,从来没有人在理论上否认这个原则,因为早在美国革命时期,它就已经成为美国人一个普遍的、常识性的政治信念。为了增强自己的道德力量和说服力,多尔及其支持者们竭尽所能地援引"人民主权"原则。在激进派的话语中,"人民"变更政府既被称为"最初的""与生俱来的""不可剥夺的、不可废除的"权利,必须坚决维护,也被视为"最高的""根本的"权力或者"主权",必须付诸实践。① 反对派们也极力表白自己同样也是"人民主权"原则的坚定拥护者。艾利沙·波特说:"这些多尔分子……在所有的会议

---

① 相关言论可参考:"Resolutions of the Newport Mass Convention, May 5, 1841", in *Burke's Report*, p. 257; "Address of the State Suffrage Committee, Setting Forth the Principles of the Suffrage Movement. July 1841", in *Burke's Report*, p. 263–267; "Dorr's Address to the People of Rhode Island, August 10, 1843", in *Burke's Report*, p. 740; *The Right of the People to Establish Forms of Government*; *Mr. Hallett's Argument in the Rhode Island Causes*, p. 31。

中都宣布：人民是主权的所有者，好像有人曾经否认过一样。"①反对派的中坚力量丹尼尔·韦伯斯特在"路德诉博登案"中为被告辩护时也说，人民是所有政治权力的来源，这是整个美国制度赖以生存的基础，是没有人怀疑的。② 其态度之坚决、恳切，如同出自多尔本人之口。

然而，双方的区别在于，多尔等激进派主张，"人民"有权按其喜好，在他们认为合适的任何时间，以他们认为合适的任何方式变更政府，而不受任何法律、制度和权威的制约。而其反对者则认为，"当人民接受了一个包含了修宪条款的宪法时，这个宪法必须依据其规定的模式进行修正和变更。……当一个宪法没有规定修宪条款时，人民必须通过议会来实现变革"③。也就是说，"人民"变更政府，必须依据法律规定的程序，必须得到议会的同意和授权。可见，参与政治论争的双方虽然在理论上都赞同"人民主权"的原则，但是对于该原则在美国的政治实践中的意义却持截然相反的观点。造成"人民主权"从理论到实践中产生"落差"的一个很重要的原因在于，"人民"这个词本身的特性、范围和内涵是非常复杂而模糊的，它是一个始终需要界定的词。

---

① *Speech of Mr. Potter, of Rhode Island, on the Memorial of the Democratic Members of the Legislature of Rhode Island. Delivered in the House of Representatives, March 7, 9, and 12, 1844, Washington*: Printed at the Globe Office, 1844, p. 7.

② "The Rhode Island Question. An Argument in the Supreme Court of the United States, in the case of Luther V. Borden and others, January 27th, 1848", in *The Works of Daniel Webster*, Boston: Little Brown and Company, 1858, Vol. 6, p. 221.

③ William G. Goddard, *Address to people of Rhode Island, Delivered in Newport, on Wednesday, May 3, 1843, in presence of the General Assembly, on the Occasion of the Change in the Civil Government of Rhode Island, by the Adoption of the Constitution, Which Superseded the Charter of* 1663, Providence: Knowles and Vose, Printers, 1843, p. 41.

一、"人民"的特性：抽象整体的"人民"与现实具体的"人民"

所谓"人民"是最高权力的所有者，"人民"的同意是政府合法性的依据，促进"人民"的福祉是政府的目的，等等，这里的"人民"是一个具有共同利益、共同意志、共同理性，以及共同行动能力的"集体的整体"，"是为了特定的政治和道德目标而想象出来的，是服务于某种逻辑而虚构出来的抽象物"。它只存在于理论的表述中。现实生活中的"人民"具有截然不同的特性。他们是一个个独立的、分散的、具体的个人，在利益要求上各式各样、纷繁芜杂甚至相互冲突，在美德、品性、气质、个性、智慧和能力上也都参差不齐。他们是否拥有以及如何行使一个抽象的、整体的"人民"所拥有的权力呢？① 这是"人民主权"从理论走向实践要解决的第一个问题，也是美国人构建民主政治所面临的第一个问题。

当代民主理论家将"人民主权"在实践中的这种权力真空称为"民主的虚位"（empty space），并指出，如果为"民主"的激情所鼓舞，任由民众填补这个真空的话，可能会出现两种后果：整个社会陷入一种混乱和无政府的状态，或者是一个野心家打着"代表全体人民"的旗号建立起威权主义统治。② 那么，在美国早期国家构建中处于主导地位的精英们是如何处理这个问题的呢？

美国革命和建国时期的政治精英很早就注意到了"人民"这个词在理论和实践中的双重特性。他们对不同特性的"人民"采取了截然不同的态度。一方面，他们相信作为抽象整体的"人民"在共

---

① 关于"人民"在理论表述与现实生活中两种截然不同的特性，可参考李剑鸣：《"人民"的定义与美国早期的国家构建》，载《历史研究》2009 年第 1 期。

② "民主的虚位"是法国民主理论家克洛德·勒福尔提出的。他认为雅各宾派和布尔什维克是这种威权主义统治的典型代表。见：Claude Lefort, *Democracy and Political Theory*, Oxford：Polity Press, 1988。

和国中的地位是至高无上的。这一点，《独立宣言》中的语句是最好的印证。此外，宪法因其是"人民"意志的直接体现而获得了高于普通法的地位，其制定、批准和修订的程序都不同于普通法，这也是"人民"崇高性的体现。另一方面，他们却对现实政治世界中的民众始终心存疑虑和猜忌，千方百计地要阻止民众亲自掌握和行使权力，因为他们相信，现实生活中真正的"人民"因为品格的缺陷，或知识和信息的局限，根本不具备统治自己的素质和能力。

基于对"人民"在理论和实践中这种双重特性的认识，精英们在设计具体的政治制度时，一方面要让"人民"成为最高权力的所有者，从而保证新政权的共和性质；另一方面又要在"人民"与政治权力的运作中间设立一个"隔离层"，防止因为民众的"愚昧""偏执""狂热"而导致社会的混乱和动荡。为了实现这两个看似矛盾的目标，精英们对传统的"代表制"进行了创造性地改造和运用，创立了美国的"代表制民主"，具体说来就是："人民"从自己中间选择一些人作为代表，把权力委托给他们行使，并通过一定的机制来保证代表们的权力用于促进"人民"的共同福祉。

这种"代表制民主"，透露出其设计者浓厚的精英意识，其导向的也必然是一种精英统治。本杰明·拉什的一段话概括了"人民"与其代表之间的"委托关系"的实质："人民"不能随时收回委托出去的权力。所谓的"主权和其他一切权力位于人民中间"，乃是一种不恰当的表述；实际上应当是"所有权力来自人民，他们只是在选举的日子里拥有它。在此之后，它就成了他们的统治者的所有物；如果它没有被滥用，他们就不能行使它或收回它"。[①] 也就是说，"人民"作为一个抽象整体，在理论上是所有权力的来源，但是在政治生活的实践中，"人民"完全放弃政治权力，把政府交给自己选出的优秀分子——职业政治精英来操持。在"人民"与政

---

① Benjamin Rush, "To the People of the United States", 转引自李剑鸣：《"人民"的定义与美国早期的国家构建》，载《历史研究》2009 年第 1 期，第 125 页。

治权力的运作中间设立"隔离层"的想法渗透到美国政治制度设计的各个细节中。在国会设立参议院,延长参议员的任期,在政府各机构之间实行分权制衡的机制,强调政治的职业化和独立性,反对把"人民"的"训令权"写入宪法,还有限制国会议员的数量和扩大州长和参议员的选区规模,等等,都体现了精英们力图制约"人民"直接行使权力的意图。

因此,可以说,美国革命和建国精英们处理"现实生活中政治权力归属问题"的方法是:从区分"人民"的不同特性出发,用一种"代表制民主"来隔离、过滤和严格限定普通民众的权力,把"人民主权"在实践中化约为一种"民主化"的精英统治。

精英们虽然主导了美国早期的国家构建,但是,在美国革命和建国时期,始终存在着另一种激进的声音。他们不承认作为抽象整体的"人民"和现实生活中的"人民"具备不同的特性,更反对以此为理由在"人民"和政治权力的实际运作中设立"隔离层",进而建立"精英统治"的政治秩序。他们赞美普通民众的美德和素质,对精英分子则普遍地蔑视和贬低,强调"人民"作为主权所有者的至高性和政府的服从地位,强调"人民"对政府更加直接地参与和控制。他们对于美利坚新共和国的想象,与建国精英们可谓大相径庭。

1776年宾州制宪会议是这种激进主义思想在革命时期的典型代表。同1787年那些大多拥有良好家境、体面职业、高等教育背景或丰富从政经历的联邦制宪会议代表相比,参加1776年宾州制宪会议的96名代表可谓出身草根。据统计,他们当中只有少数人在州议会任过职,有些人甚至连地方官员也没有担任过,充其量只有1/6的人阅读过政府方面的书籍。这些人之所以能够成为宾州制宪会议代表,当然不是因为宾州的精英乏善可陈,而是因为宾州人从一开始就表现出了强烈的反精英主义的倾向。这一点,从费城的一位长老会牧师在宾州制宪会议召开前夕的一番话中可见一斑:"任何人,即使是最无知的人,也和接受良好教育的人一样,有能力担任任何职务。教育扭曲了我们的认知,磨灭了我们的正直,是世间所有邪恶的罪魁祸首。……是时候让这个世界重新开始了。我们决意清除掉每一片旧垃圾,在一个全新的基础上重新建立政府。"①

的确,1776 年宾夕法尼亚人建立了一个"全新的"、极其激进的政府。它的激进性主要表现为以下几点:一是建立一个"一院制"的议会,因为在宾州激进派看来,"权力越简单,越直接依赖于人民越好,因为人民是自己自由的最好的捍卫者"。只有一个"一院制"议会能够"使议员的利益和社会的共同利益完美地契合"。② 二是为了确保"人民"对议会的紧密控制,议员实行一年一选的原则,而且议会大门对所有公众都是敞开的,所有的会议议程和投票情况必须每周向公众公布,所有法案"在最后一次提交到议会进行辩论和修订之前,必须印刷出来供人民考察"。三是为了确保"人民"对行政机构的紧密控制,用一个由"人民"直接选举产生的行政委员会取代了单一的行政首脑。四是把审查立法和行政机构是否违宪,是否玩忽职守、滥用职权,以及召开修宪会议的权力也交到了由"人民"直接选举产生的"审查委员会"手中。③ 一位参加了制宪会议的代表总结得非常到位:会议中大多数代表都是"秉持着拉平主义的原则"。他们的目的在于尽可能地清除普通民众在通向政治权力道路上的一切障碍,让政府能够更加贴近"人民",听命于"人民"。④

---

① Gary B. Nash, "Philadelphia's Radical Causus That Propelled Pennsylvania to Independence and Democracy", in Alfred F. Young, Gary B. Nash and Ray Raphael eds., *Revolutionary Founders: Rebels, Radicalism and Reformers in the Making of the Nation*, New York: Vintage Books, 2011, p. 68.

② Wood, *The Creation of the American Republic*, 1776-1787, p. 229, 231.

③ Constitution of Pennsylvania, 1776, in Thorpe, ed., *The Federal and State Constitutions*, Vol. V.

④ Terry Bouton, *Taming Democracy: "The People", the Founders, and the Troubled Ending of the American Revolution*, New York: Oxford University Press, 2007, p. 53.

在革命时期各州的立宪活动中,宾夕法尼亚绝不是激进主义的个案。议员一年一选、议会大门向普通民众开放、议会议程和投票情况定期公布,以及用民众对自己代表拥有"训令权"等制度设置在当时各州宪法中都是普遍存在的。① "一院制"议会的方案在宾州以外也有不少支持者。佐治亚和佛蒙特就仿照宾州的模式,建立了"一院制"议会。就连马萨诸塞,在其以稳健著称的 1780 年州宪法被确立之前,也不乏激进主义的声音。1777 年 2 月,时任马萨诸塞州议员的詹姆斯·沃伦(James Warren)向约翰·亚当斯介绍当时正在进行的第一次州立宪会议的进展时,抱怨说,与会代表众说纷纭,意见不一,"一院制"议会的主张很有市场。② 亚当斯后来自己回忆时也证实说:"当时从西部各县和村镇传来的每一条消息……都是在批评参议院花费太高,不仅没用反而有害。"③

1778 年马萨诸塞第一部州宪法制定出来之后,在村镇会议的讨论中遭到了很多民众的反对。雷诺克斯镇(Lenox)居民反对的理由是:1778 年州宪法让行政官员独立于人民,这等于"把创造物置于比创造者还高的位置上"。威斯敏斯特镇(Westminster)居民反对的理由是:1778 年州宪法"剥夺了大多数人民任命自己统治者和官员的权力,……而将其置于一群少数人手中,授权他们越过人民来任命官员。这是通向专制主义的危险一步。……权力越频繁地回到人民的手中越好,当为了全体人民的福祉而必须将权力委

---

① Willi Paul Adams, *The First American Constitutions*: *Republican Ideology and the Making of the State Constitutions in the Revolutionary Era*, Chapel Hill: University of North Carolina Press, 1980, p. 241-253; Marc W. Kruman, *Between Authority and Liberty*: *State Constitution Making in Revolutionary America*, Chapel Hill: University of North Carolina Press, 1997, p. 76-86.

② 关于革命时期州立宪中的"一院制"问题,可参考: Willi Paul Adams, *The First American Constitutions*, p. 260 – 264; Marc W. Kruman, *Between Authority and Liberty*, p. 148-154。

③ Woody Holton, *Unruly Americans and the Origins of the Constitution*, New York: Hill and Wang, 2007, p. 174.

托出去时,也应当由全体人民来完成。"①

　　革命时期激进主义思想的另一个突出表现是 18 世纪 80 年代后期马萨诸塞西部农民的反抗运动。这些深陷债务负担的农民把自己称为"人民"。在他们看来,州政府不但拒绝他们提出的发行纸币、减轻税收、缓减债务等要求,反而更加重了税收,这充分证明,这个政府已经远离了"人民",成为为商人和投机家等少数人牟利的工具。一名抗议者愤怒地控诉说:"我们是一个共和国。我们的政府应该依靠在人民的肩上,政府的职员应该掌握在人民的手中。"②他们开始是向议会请愿、抗议,在各个村镇召开民众大会,后来自发组织起来阻止法庭对债务诉讼案的审理,最后在谢斯的领导下拿起武器与政府军交火。他们这样做,是因为他们认为,"共和国中所有阶层的人都有与生俱来的权利来履行作为政治人的特质。……即使是最低阶层的人也有权利考察、审视和谴责其统治者的行为"③。出于这点考虑,他们还给自己起了一个响亮的名字——"监管者(Regulators)"。

　　"监管"(regulate)这个词在 17、18 世纪英美政治话语中并不陌生。英国内战期间,共和派频频使用这个词来形容自己反抗查理一世的专制统治、匡扶弊政的行为。美国革命时期,革命派也常常用这个词来表达他们心中人民与政府之间的关系。④ 1767—1771年,卡罗来纳腹地的农民以"监管者"自居,抗议殖民当局的税收

---

① Rober J. Taylor, ed., *Massachusetts, Colony to Commonwealth: Documents on the Formation of Its Constitution*, 1775–1780, New York: W. W. Norton & Company, Inc., 1961, p. 61, 69.

② John Billings Petition, January 4, 1787, in David Szatmary, *Shays' Rebellion: The Making of an Agrarian Insurrection*, Boston: University of Massachusetts Press, 1980, p. 97.

③ Fritz, *American Sovereigns*, p. 97.

④ 关于"regulate""regulation""regulator"的起源和运用,可参考:Robert Gross, "A Yankee Rebellion? The Regulators, New England, and the New Nation", *New England Quarterly* 82, no. 1 (March 2009), p. 120–121.

政策，要求政府革除腐败和滥权现象，以回应民众的需求。抗议运动从一开始的和平请愿发展为暴力攻击法院，并最终酿成了严重的流血冲突。① 十几年之后，马萨诸塞西部农民也把自己称为"监管者"，而"监管"的对象则是在他们看来正在施行"暴政"的州政府。他们在使用"监管"一词的同时，也把自己同一种历史悠久的激进主义传统挂上了钩。

而在18世纪80年代中后期的美国，农民反叛并不罕见。除了马萨诸塞西部以外，宾夕法尼亚的华盛顿县、新罕布什尔的埃克塞特县（Exeter）、弗吉尼亚的格林布赖尔县（Greenbrier）等地都曾出现过类似的反叛活动。很多亲历者都断言，反叛的精神绝不局限于一州、一地，而是像野火一样蔓延到全国。可以说，在当时的政治环境中，谢斯不是一个个体，而是一种现象、一种主义（在当时被称为"谢斯主义"），其实质就是对"人民主权"的激进化解读，或者用批评者的话说就是："对过度民主的狂热。"②

1787年是美国立国的关键时刻，也是美国革命和国家建构中两种理念交锋达到高潮的时刻。革命以来对精英政治的异见和反抗，在此时的"反联邦主义者"身上得到了最集中、最全面的表达。

反联邦主义"不是一种单一、简单而统一的政府哲学"，它是不同群体对于联邦宪法不满的意见的综合，也是"革命时期最极端的民主和平等政治的真正拥护者"，是对联邦宪法试图确立的精英

---

① 这次事件被称为"监管者战争"（The Regulator Rebellion 或 War of the Regulation），相关内容可参考：Richard Maxwell, *The South Carolina Regulators: The Story of the First American Vigilante Movement*, Cambridge, M. A.: Belknap Press of Harvard University, 1963; Marjoleine Kars, *Breaking Loose Together: The Regulator Rebellion in Pre-Revolutionary North Carolina*, Chapel Hill: University of North Carolina Press, 2002。

② Robert A. Gross, "A Yankee Rebellion? The Regulators, New England, and the New Nation", *The New England Quarterly*, Vol. 82, No. 1 (Mar. 2009), p. 119.

统治秩序的全面反抗。① 在他们眼中，联邦主义者是要把这个国家的政治权力"从多数人转移到少数人手中"，让政府远离人民，从而建立一个"贵族制"政体。宾州反联邦主义者塞缪尔·布赖恩（Samuel Bryan）说，提议批准新宪法的人"在共和主义的外衣下"裹藏的是"贵族制的意图"。弗吉尼亚的乔治·梅森（George Mason）预测说，新政府"开始将会是一个温和的贵族制"，最后，要么堕落为君主制，要么堕落为一个"腐败的、压迫性的贵族制"。②

在反联邦主义者们看来，贵族制的原则渗透到了联邦政府的每一个机构当中。行政机构自不必言——否决立法、任命官员、统帅军队、缔结条约、发布缓刑和赦免令等巨大的权力集中到总统一个人手中，再加上间接选举的方式和较长的任期，让反联邦主义者们断言，"总统实际上就是一个民选的国王"，"如果他有野心的话，那么他有足够的权力、时间和途径来毁掉这个国家"。③

法官的任命制、终身制和固定薪水也是遭到反联邦主义者们攻击的地方，因为这些规定让司法机构获得了"最充分意义上的独立。没有比他们高的权力来控制他们的决定。没有一个权力能够撤换他们，他们也不受议会法律的控制。简而言之，他们独立于人民，独立于议会，独立于任何一种权力"。反联邦主义者们不是没有意识到司法机构保持独立性的必要。他们承认"在司法机构中实行民选是不合适的，因为法官们应该被置于一定程度的独立环境

---

① Main, *The Antifederalists: Critics of the Constitution*, 1781-1788, p. X-XI; Wood, *The Creation of the American Republic*, 1776-1787, p. 516.

② "Centinel", "To the Freemen of Pennsylvania", in Herbert J. Storing, ed., *The Complete Anti-Federalist*, The University of Chicago Press, 1981, Vol. 2, p. 156; George Mason, "Objections to the Constitution of Government formed by the Convention", in *The Complete Anti-Federalist*, Vol. 2, p. 13.

③ An Old Whig, in *The Complete Anti-Federalist*, Vol. 3, p. 37; An Officer of the Late Continental Army, in *The Complete Anti-Federalist*, Vol. 3, p. 93-94; "Letters of Cato", in *The Complete Anti-Federalist*, Vol. 2, p. 114

中，从而能够坚持自己的判决，而且法官的工作需要具备一定的法律知识，这只有通过一定的教育才能获得"。但是他们强调，"独立于人民"绝不是"远离人民"。他们提议，"必须为法官，以及其他不是由人民直接选举产生的官员设置另一种'负责'的模式……让最高法院受到某个直接依赖于人民的机构的制约"。①

对于立法机构的抨击是反联邦主义者的重点。国会两院成员人数限制、任期时间和选举方式都被批评为"将会导致建立一个贵族制"。这种态度取决于反联邦主义者对"代表制"的理解。

在联邦主义者构建的"代表制民主"政体中，实际操作权力的代表们不仅仅是"人民"的代理人，更重要的是，他们是筑在"人民"与现实的政治权力之间的"隔离层"。他们是来自"人民"，但又有别于"人民"的精英。他们不应只是"人民的缩影"，而应当是"人民的升华"。他们不能简单地传达和反映"人民"的利益和看法，而是要"使公众意见得到提炼和扩大"。这是联邦主义者们反复宣扬的"代表制"的理念。

而反联邦主义者对于"代表制"的理解则截然相反。他们强调的是代表与"人民"之间的相似。用梅兰克顿·史密斯的话来说，代表就应该是"一幅真正的人民的画像；了解人民的境况和愿望；对人民的不幸心怀同情，而且追求人民的利益"。"他们应当和人民混合在一起，像他们一样思考和感受；应当完全听命于他们，彻底了解他们的利益和处境。"布鲁图斯也说："代表这个词意味着，为此目的选举出来的这个人和机构应该与任命他们的人是相像的——'人民'的代表，如果他们是真实的代表的话，必须与'人民'相像。……那些被委托代替'人民'的人，必须拥有和'人民'一样的情感，出于和'人民'一样的利益需求，或者换句话说，必须

---

① Brutus, in *The Complete Anti-Federalist*, Vol. 2, p. 438, 443.

和'人民'拥有最大程度的相似。"① 只有在这种相似性的基础上，才能在代表和其选民之间建立起有效而彻底的责任制。为了与"人民"保持"相似"，为了能够真实地代表各个地区人民的利益和意愿，议会的人数必须是巨大的。众议院只有区区65人，参议院的人数更少，这些人怎么能够熟知整个国家人民的需求和情感，怎么能够真正对"人民"负责呢?②

"众议员任期两年，参议员任期6年"，这些联邦主义者用来保证代表们独立性的规定，在反联邦主义者看来却是"贵族制"的证据。作为"人民"最直接的代表，众议员对其选民的责任感应当是最强的，而两年一次的选举显然是"不够安全的"。参议员的任期更长，再加上是由州议会，而不是"人民"直接选举产生，它与"人民"之间的距离就更远了。布鲁图斯的话能够代表反联邦主义者普遍的观点：

> 任期太长，参议员们可能会忘记自己是被谁选举出来的，或者对他们自己应该维护的利益变得麻木。人们长期任职于一处，很容易感到自己是独立的，追求的利益与任命他们的那些人不同……（参议员们）大部分时间并不身处自己代表的那个州，与中间阶层的人民的情感联系非常少……6年对于一个离开故土的人来说太长了，他有可能会远离自己的选民。③

---

① Melancton Smith, June 21, 1788, in *The Complete Anti-Federalist*, Vol. 6, p. 157; George Mason, in Jonathan Elliot, ed., *The Debates in the Several States Convention on the Adoption of the Federal Constitution*, Washington, 1836, Vol. Ⅲ, P. 32; Brutus, *The Complete Anti-Federalist*, Vol. 2, p. 380.

② "议会人数过少"常常出现在反联邦主义者的批评之中，如"Address and Reasons of Dissent of the Minority of the Convention of Pennsylvania to their Constituents", in *The Complete Anti-Federalist*, Vol. 3, p. 158; Statement of George Mason, in Elliot, Vol. Ⅲ, p. 266-267, 426。

③ Brutus, in *The Complete Anti-Federalist*, Vol. 2, p. 444.

在反联邦主义者的言辞中,"责任感"(responsibility)一词出现的频率非常高。它指示的是与联邦主义者所构建的精英统治完全不同的一种政治秩序:"人民"不仅在理论上是政治权力的来源,是最高权力的所有者,而且在现实的政治生活中也握有实实在在的权力。"人民"虽然把权力委托给自己选出的代表来行使,但是"人民"并没有因此而退出政治舞台,而是时时刻刻监督政府,对政府施加影响力。因此,相比于联邦宪法而言,革命时期以激进著称的1776年宾夕法尼亚宪法受到反联邦主义者更多的青睐。

宾州的反联邦主义者们大都是1776年宾州宪法的拥护者。① 1776年宾州宪法的主要起草人乔治·布赖恩(George Bryan)的儿子正是宾州反联邦主义者的领袖人物塞缪尔·布赖恩。在以"Centinel"的名义发表的一系列文章中,他把宾州的政治制度作为民主制的典范来歌颂。他认为,只有在这样一个简单的结构中,政府才能保持对"人民"最高的责任感,"人民"才能更紧密地控制政府;而像联邦宪法那样复杂的分权制衡机制可能会使"人民"感到困惑,陷入争论和分裂,会制约"人民"参与政府的能力,拉远"人民"与政府之间的关系。他向宾州所有的自由民呼吁说:"你们生活在世界上最完美的地区政府的制度下,享有独特的幸福。珍惜这个宝贵的赐福吧!"②

《权利法案》本来可以成为一道安全阀,确保"人民"信仰、言论、出版、结社以及陪审团等根本权利不受侵犯。它的缺失,使得联邦宪法的"贵族制倾向"在反联邦主义者看来更加危险。正是因为反联邦主义者把保卫"人民"的地位和权利放在首位,把让

---

① 其中,"A Federal Republican"是一个例外。他不赞同宾夕法尼亚议会的"一院制"。他说,把立法权力分成两个机构,"在经过成熟的审议之后,人们会承认这是谨慎和明智的"。A Federal Republican, "A Review of the Constitution Proposed by the Late Convention", in *The Complete Anti-Federalist*, Vol. 3, p. 70.

② Centinel, "To the Freemen of Pennsylvania", in *The Complete Anti-Federalist*, Vol. 2, p. 139, 179.

"人民"更紧密地控制政府、让政府离"人民"更近作为指导原则,所以他们才坚持"小共和国"的主张。学者赫伯特·斯托林概括了反联邦主义者坚持"小共和国"的三个理由:"只有在小共和国中,人民对政府才会有一种自发的依恋和对法律的自愿服从;只有在小共和国,才能确保政府履行对人民的真正责任;只有小共和国才能产生维持共和政府的那种公民。"[1] 在反联邦主义者眼中,民权与州权是紧密相连的,正如路德·马丁所说:"看管和保卫个人权利的是州政府。"[2] 他们根本不相信,在美国这样一个领土辽阔,各州在气候、物产、民情和利益等方面差异巨大的国家,联邦政府能够真正代表"人民",对"人民"负责;而州政府,因为与"人民"更加亲近的关系,因此比联邦政府更能胜任这个角色。

综合反联邦主义思想的几大特征——对"贵族制"的担忧、"小共和国"的理念和坚持州权——来看,其背后一以贯之的核心关切是"人民"在共和国中的地位和权力。"人民"在现实政治生活中是应该像联邦主义者们说的那样远离权力,还是也应该牢牢掌握权力,紧密控制政府?在这个问题背后的,则是对"人民"特性的理解。反联邦主义者们不承认作为抽象整体的"人民"和现实生活中的"人民"具备不同的特性。他们认为,"人民"在共和政府中的权力和地位,不能仅仅成为理论里的原则,或者宣言中的辞藻,而是要切实地体现在政府运行的方方面面。

对"精英政治"的异见和反抗并没有随着《联邦宪法》的批准而消失。18世纪90年代不是一个稳定、和谐的年代,相反,在很多学者看来是"危机的年代",是"充满了暴力和激情的年代"。联邦政府的经济政策,尤其是税收政策和设立合众国银行的法案,

---

[1] Herbert J. Storing, *What the Anti-Federalists Were For*, Chicago: University of Chicago Press, 1981, p. 16.

[2] Luther Martin, "Genuine Information Delivered to the Legislature of the State of Maryland Relative to the Proceedings of the General Convention Lately Held at Philadelphia", in *The Complete Anti-Federalist*, Vol. 2, p. 44.

以及外交政策,包括对法国的态度、签订《杰伊条约》和颁布《惩治煽动叛乱法》等,都在国内引发了强烈的抗议浪潮。在这些抗议者们看来,反联邦主义者的警告似乎得到了应验——此时的联邦政府与人民渐行渐远,越来越接近于贵族制。他们反抗的目的就在于扭转这种"贵族制"的倾向,提升普通人在政府中的地位。

宾州西部参加抗税和反叛的农民们认为,政府对威士忌的征税"是在利益上严重偏向少数人的特殊利益而损害了公共福利",只有当代表和其选民关系密切,彼此相像,有同样的利益和情感时,政府颁布的法律才能够真正反映出"人民"的需求。① 他们相信,自己请愿、集会、召开民众大会乃至堵路和暴力抗法等行为都是在履行自己作为"集体主权所有者"的宪政权利。同十几年前马萨诸塞的农民一样,他们再次打出了"监管政府"的旗号,呼吁民众要"监管胆大妄为的、腐败的施政""改变目前人民在其政府中有名无实的局面"。② 国会议员威廉·芬德利(William Findley)为这次"反叛"做了出色的辩护。他说,"人民"有必要对其统治者保持警惕,甚至戒备。在一个代表制政体中,"人民"有权利随时撤销他们对于自己代表的同意。人民有作为"主权所有者"的权力,因此他们完全能够质疑,甚至废除任何政策和法律。"认为我们的法律是由代表们颁布的,所以我们就应该毫无怨言地服从,这种想法是荒谬的。"他相信,"人民监管政府是保障公民尊严和平等权利、促进其福祉的唯一方法","如果人民疏于监管的话,那么他们的权

---

① "Westpensbro and Newton Resolves", in Saul Cornell, *The Other Founders: Anti-Federalism and the Dissenting Tradition in America*, 1788 – 1828, Chapel Hill: The University of North Carolina Press, 1999, p. 212.

② Terry Bouton, "William Findley, David Bradford, and the Pennsylvania Regulation of 1794", in Alfred F. Young, Gary B. Nash and Ray Raphael eds., *Revolutionary Founders: Rebels, Radicals, and Reformers in the Making of the Nation*, New York: Vintage Books, 2012, p. 240.

利将继续是一纸空文"。①

与此同时，由民众自发组织成立的政治团体在各地也如雨后春笋般出现。根据不完全统计，从1793年3月到1800年，足足建立了42个。这些被称为"民主共和团体"的组织以监督、批评政府为己任。它们宣称："在一个共和国中，人民抵抗权力的不合法扩张，不应该仅仅限于宪法提供的制衡机制，以及定期的选举，还应该依赖于精心审查政府的所有施政活动"；共和政府中的"公民不应该在建立了政府之后就把权力拱手让给自己的代理人。每个自由民都有权利和责任来监视那些被我们委托以运行政府的人"。他们多次强调：人民要对政府始终保持"警觉"，人民要"不断的行动"，"一个正义的、温和的、公平的政府只有通过这种警觉的精神才能够得到永存"。"自由的精神，和每一种心灵的美德一样，只有通过不断的行动才能继续存活下去。"之所以有必要组织成团体，是因为"个人很难施加普遍的影响"，而通过团体的方式可以使个人的微弱的声音得到增强，可以使普通人"了解和判断……他们委任的代理人的行为，可以了解他们是效忠还是背叛了自己"。这些团体自称是"76年原则的真正继承者"，因为它们相信，主张普通民众监督政府、控制政府正是在恪守"人民主权"的严格含义，正是在捍卫共和制中"人民"与政府之间的本质关系和"人民"的

---

① William Findley, *History of the Insurrection in the Four Western Counties of Pennsylvania*: *In the Year* 1794, Philadelphia: Printed by Samuel Harrison Smith, 1796, p. 49; Christian G. Fritz, *American Sovereigns*: *The People and America's Constitutional Tradition Before the Civil War*, New York: Cambridge University Press, 2008, p. 159–175; Terry Bouton, "William Findley, David Bradford, and the Pennsylvania Regulation of 1794", in Alfred F. Young, Gary B. Nash and Ray Raphael eds., *Revolutionary Founders*: *Rebels, Radicals, and Reformers in the Making of the Nation*, New York: Vintage Books, 2012, p. 238、239.

根本权利。①

从美国革命和建国的早期历史中不难看出，"人民主权"有一种内在的逻辑力量，会激励现实生活中各个阶层、各个群体的民众去不断地争取权力、扩张权力。它是民主社会的"保鲜剂"，是推动美国政治制度不断民主化的力量，同时也是激进主义的思想源头。美国革命期间和建国早期的激进派们对普通人地位的推崇，对民众掌握政治权力的强调，对精英政治和政府的厌恶和抨击，正是源于他们对"人民主权"的"激进化"解读。

半个世纪之后，罗得岛的激进派着眼的仍然是"人民"的权力。他们和革命时期的激进派一样，利用"人民主权"的强大力量来为自己的"法外"和暴力行为做辩护。为了遏制"人民"对权力的过度扩张，最有效的途径就是从根源着手，对"人民主权"做出重新界定和诠释。革命时期的精英们，以及19世纪中期多尔的反对派们都是这么做的。通过区分"人民"一词在不同层面的不同特性，他们能够顺理成章地限制"人民"在现实政治生活中的权力，进而构建和维护精英统治的政治秩序。

1842年3月，《普罗维登斯日报》上刊登的一篇文章说："'人民'这个词在目前的争端中是最重要的。"② 确实如此。"罗得岛问题"本质上是一个以"人民主权"立国的共和政体是否应当限制，以及如何限制"人民"权力的问题。这与当年革命时期的问题是一脉相承的。因此，界定"人民"一词的特性是回答"罗得岛问题"

---

① "Circular Letter to All Republican Societies in the United States", The Massachusetts Constitutional Society, August 28, 1794; "To Friends and Fellow Citizens", German Republican Society of Philadelphia, April 11, 1793; "Principles, Articles, and Regulations, Agreed upon, Drawn, and Adopted", The Democratic Society of Pennsylvania, May 30, 1793; "Declaration of Sentiments and Principles", Republican Society of Norfolk and Portsmouth, June 3, 1793; in Philip Sheldon Foner, ed., The Democratic-Republican Societies, 1790-1800: A Documentary Sourcebook of Constitutions, Declarations, Addresses, Resolutions, and Toasts, Westport, Conn., 1976, p. 53, 64, 260, 345.

② Providence Journal, March 5, 1842.

的关键。

以多尔为首的激进派不承认"人民主权"在理论和实践中有不同的含义。① 一位罗得岛激进派在小册子里就曾质问说:"一个原则怎么可能在理论上正确,在实践中却错误呢?……不存在一个正确的理论,却不能被应用到实践的这回事。"他坚持认为,"人民"在理论上和实际上都应当是主权的所有者,既然主权在全体"人民"手中,那么,难道组成该政治体的每位个人,不能亲自行使自己的那份完整的主权吗? 不能得到这个整体中自己应得的部分吗?②

为了更好地描述个体"人民"和"整体"人民之间的关系,为了更清晰地表达"人民主权"从理论到实践过程中的"完好无损",激进派常常使用"承租人"(tenants) 这个比喻。在 1834 年初普罗维登斯的那次重要集会上,作为会议报告起草者的多尔首次使用了这个比喻。他在报告中说,当革命割断了殖民地与母国的联系时,主权就被转移到了全体人民手中,而每一个人从此刻起就成了"主权的平等承租人"(equally tenants),有权在制定宪法问题上发出平等的声音。在 1841 年 11 月 18 日召开的"人民宪法会议"上,多尔一字不差地重申了自己 1834 年的原话。在 1844 年罗得岛最高法院中反驳"叛州罪"指控、阐述自己"人民主权"的观念时,多尔更是激动地表示:"人民"凭什么成为一个国家的最高权威? 就凭"他们是这个社会的成员,是国家最高权力的承租人!"同年,埃德蒙·伯克在《伯克报告》中也把"主权属于全体人民,其中每一个人都是政治主权的共同承租人(joint tenant) 和平等的

---

① *Might and Right*, p. 205.
② *Might and Right*, p. 126.

分享者（equal sharer）"作为共和理论的真正要义。①

在他们眼中，每一个具体的"人民"都切切实实地掌握着最高权力。所有的权力不仅来自人民，而且"在人民手中"（in the hands of）或者"在人民中间"（reside in）。因为"主权不能受到任何限制和制约，主权本身是至高无上的"，所以，"人民能够以任意方式行使这些权力……方式和程度应该由人民自己来判断。人民应该决定用什么方式变革，用什么方式废除或建立政府。他们的祖先不能替他们判断。他们必须依据自己的最高能力，替自己判断，替自己决定，替自己行动"。② 如果"人民"变更政府必须得到政府的同意和授权，必须遵循法律规定的程序，实际上就是限制了"人民"的最高权力，就等于摧毁了它，也就等于否认了"人民主权"原则，背弃了共和制。所以，当武装夺权被镇压之后，激进派不禁哀叹："从1842年6月25日起，罗得岛不再是一个共和政体了。"③

从这一点出发，多尔对于一个共和制中"人民"与政府的关系做出了这样的界定："人民"在政府中的作用相当于"无形的手"。"人民"用强有力的手创造了政府的一切制度和法律，在政府建立之后，这只手被收回了，变得无形了。所以人们常常意识不到他们

---

① *An Address to the People of Rhode Island*, *from the Convention assembled at Providence*, *on the 22nd day of February*, *and again on the 12th day of March*, 1834, *to promote the Establishment of a State Constitution*, Providence: Cranston & Hammond, Printers, 1834, p. 5; "Speech of Thomas W. Dorr, on the right of the people of Rhode Island to form a constitution: delivered in the people's convention on the 18th day of November, 1841", in *Burke's Report*, p. 856; "Report of the Trial of Thomas W. Dorr, Governor of the State of Rhode Island under the people's constitution, on the charge of treason", in *Burke's Report*, p. 941; Majority Report, *in Burke's Report*, p. 26.

② "The Affairs of Rhode Island", *Being a Review of President Wayland's "Discourse"*; *A Vindication of the Sovereignty of the People*, *and a Refutation of the Doctrines of Despotism*, By a member of the Boston Bar. Boston: Published by Benjamin B. Mussey, 1842, p. 9.

③ Dennison, *The Dorr War*, p. 6.

自己的权力,只看到政府的权力,常常忘记政府的权力是自己授予的,是较低级的,而自己才是最高权力的拥有者。因此,为了正确认识自己与政府之间的关系,人们必须常常使用自己的力量,让这只手重新变得"有形"起来。① 也就是说,多尔从来不认为美国共和制建立了之后,"人民"就能够放心地把权力交给自己的代表们,就能够稍稍远离权力。"人民"必须保持警惕,时刻监督政府,并随时准备收回授予代表的权力,自己亲自参与政治。"人民",永远要保持一种积极参与政府的姿态。这与当年革命和建国时期激进派的主张是一致的。

多尔等人继承并发扬了革命时期的激进思想,而为了制约"人民"权力的过分扩张,反对多尔的人也沿袭了当年建国精英的思路,从区分"人民"一词在不同层面的不同特性着手。

罗得岛最高法院首席大法官,即后来多尔"叛州罪"的主审法官乔布·德非,在1842年3月罗得岛最高法院的一次例行会议上就当时正逐渐升温的"罗得岛事件"明确表达了自己的立场。他一开始就指出了"人民"一词的多重特性,并在整篇演讲中都反复强调"集体人民"(corporate people)与"自然人民"(natural people)的区别——前者指的是"合法组织起来的人民"(legally organized people),是个体通过遵守共同的法律而结合形成的一个集合体,后者指的是"无组织的民众"(unorganized mass),即现实政治生活中孤立的、零散的个体。德非一再重申,只有前者意义上的"人民"才拥有最高权威,"主权只存在于'集体人民'手中,在其他任何地方都不存在",并着重批评了激进派提出的"每个人共同承

---

① 虽然多尔没有直接使用"无形的手"这个词,但是"强有力的手""潜在和无形的"这些词却常常出现在他的演讲中,可参考:"Letter from Thomas W. Dorr to William B. Admas, May. 7, 1831", in Dennison, *The Dorr War*, p. 16; Dorr to Estwick Evens, April 12, 1842, in Gettleman, *The Dorr Rebellion*, 1980, p. 69; Dorr, "Address to the People of Rhode Island, Aug., 1843", in *Burke's Report*, p. 744-745; Dorr's Argument at his 1844 Treason Trial, in *Burke's Report*, p. 945。

租、平等分享主权"的说法：

> 最近有人提出，美国脱离英国独立了之后，"集体人民"若要继续保有手中的主权，需要得到"自然人民"的批准，认为"集体人民"的统治权停止了，被转移到了无组织的民众个人手中。我认为，这不可能。脱离英国独立是"集体人民"的行为，此后美国取得的所有成就也都是由"集体人民"完成的，只有"集体人民"才能够完成这些事业。除了"集体人民"以外，没有任何人有能力接受和行使主权。"自然人民"没有能力沿袭或继承主权。……主权是一个集合体，是一个纯粹的法律实体，离开法律的话，它在任何文明国家都不会存在。……主权是一个集合体。一旦你要去分割它，你就毁了它。这样的一个集合体，能否在转移到成百上千孤立、独立的个体手中之后，仍作为一种主权而存在呢？不可能！把它分割给无组织的民众手中就是毁了它。①

当时著名的宗教思想家、政治活动家奥雷斯蒂斯·布朗森（Orestes Brownson）可以算是多尔最猛烈的批评者之一。1842—1843年，他在自己主编的《合众国期刊与民主评论》（The United States Magazine and Democratic Review）上发表了一系列文章，从谴责罗得岛激进派思想入手，构筑起他自己的一套政治理论，并与激进派的支持者展开了拉锯式的辩论。在其中一篇文章中，布朗森与德非一样，也花了大量篇幅来解释"人民"一词的多重特性。他把"人民"区分为两种类型——作为一个政治有机体的"人民"（the people as a political organism）与独立于或在政治有机体之外的"人

---

① *Charge of the Hon. Chief Justice Durfee, Delivered to the Grand Jury at the March Term of the Supreme Judicial Court, at Bristol, Rhode Island*, March 1842, p.6-7.

民"(the people outside or independent of that organism)。他认为，只有前者才是主权的唯一所有者，而在美利坚合众国，这种意义上的"人民"有一种最高表现形式，那就是"合法召开的制宪会议"；后者意义上的"人民"仅仅是"孤立个体的集合"（a mass of isolated individuals），不具有最高政治权威。① 不难看出，布朗森对于"人民"特性的区分，与乔布·德非对于"集体人民"与"自然人民"的区分是不谋而合的。

同样持此观点的还有伊莱沙·波特和乔治·坎普（George S. Camp）等人。前者是罗得岛资深保守派，是多尔长期以来的主要政治对手之一。1844年，他在罗得岛议会的一次演说中是这样解释"人民主权"原则的：

> 有人指控我们否定了"人民主权"的共和原则。但是我们相信，我们坚守的正是这一原则唯一真正、实际的含义——主权不在单个的个体身上，不是每个人都是主权所有者，主权不能来自非法团体强烈而狂野的激情。……主权在作为一个有机体（an organized body）而存在的社会手中，在作为整个州而存在的全体人民的手中，主权只能通过宪法和法律才能真正地发出声音。②

乔治·坎普是当时纽约州一名反对援助多尔的民主党政治活动家。从他1841年出版的著名的小册子《民主》（*Democracy*）中，

---

① O. A. Brownson, "Origin and Ground of Government", *The United States Magazine and Democratic Review*. Vol. 13, 1843, p. 243–244. 后来，出于对"人民"一词多义性、含糊性的考虑，布朗森更多的是用"国家"（state）一词来表达整体意义上的"人民"的含义，而相应地，把"人民"一词简单界定为"一群个人的集合"。可参考：*Brownson's Quarterly Review*, Oct. 1, 1844.

② *Speech of Mr. Potter, of Rhode Island, on the Memorial of the Democratic Members of the Legislature of Rhode Island, Delivered in the House of Representatives*, p. 9.

我们不难看出他后来反对多尔的原因。在小册子中，坎普对于"人民"做了这样的界定："它指的是全体人，缺一不可，或者指的是同时行动的一个整体中的大多数人。"那么，作为一个整体的"人民"如何"同时行动"呢？坎普指出，只有一种方式——制定宪法，"宪法制定结束之后，作为一个整体的'人民'行使自己最初的、绝对的最高主权的机会也就结束了"。除了制宪会议之外，现实政治中的任何村镇会议、选区会议、民众会议的组织方式都是非常规的、分散的，充其量只能说代表一些民众个体或群体的意愿，"虽然它们毫无疑问仍是代表公众意见的机构，仍应得到每位政治家的尊重，但是，它们不再是代表主权意愿的机构，对于每一位代表来说不再拥有无可争议的约束力"①。

无论德非、布朗森、波特、坎普等人使用何种词汇来区分抽象整体的"人民"与现实个体的"人民"，他们的共同点都是意在支持美国"代表制"下精英统治的政治秩序。作为多尔的反对者，他们不相信普通人的美德与智慧，认为"一个仅仅依赖于人民的美德与智慧的民主政府，将是一个巨大的错误"②。通过否认个体的"人民"在现实生活中拥有主权的能力，他们实际上是要把政治权力交给"人民"的代表来行使。正如当时《北美评论》（*North American Review*）上一篇文章所概括得那样，反对多尔的人不是反对"人民主权"原则，而是坚持认为，这里的"人民"一词有其特定的内涵和限定——"'人民'，在任何情况下，即使是在革命时期，都是一个组织起来的团体，一个集合体，只能通过既定的形式，通过其法定任命的代理人来行动。"③

---

① George Sidney Camp, *Democracy*, New York: Harper and Brothers, Cliff-St., 1841, p. 207-208.

② O. A. Brownson, "Democracy and Liberty"; "Popular Government", in *The United States Magazine and Democratic Review*, Vol. XII, 1843, p. 377, 380, 535.

③ The Recent Contest in Rhode Island, *North American Review*, Vol. 58, No. 2 (1844), p. 413.

在这方面,或许没有人比韦伯斯特说得更加直白和彻底。他可以说是当时美国"代表制政体"和"精英政治"的最佳辩护人。1848 年,他在最高法院为被告博登辩护时说:

> 我们承认,"人民"是"主权"的所有者,也就是说,这个集合的共同体,即"人民"的集体意志,是"主权"的所有者。……集合的共同体拥有"主权",但这种"主权"并不是在日常生活中每天都使用的那种最高权力。人民不能每天都以"人民"的身份行动,他们必须建立政府,并根据情况的需要把很多主权授予政府。这个"主权"被代表了,而且置于了政府手中,因此政府就成了人们口中的"州"。……只要人们认为应当把权力授予政府,那么"州"就是一个有组织的政府,就代表了"人民"的集体意志。①

现实政治生活中的"人民"不是亲自行使权力,而是把权力委托给自己选出的代表来行使——在韦伯斯特看来,这正是美国"代表制政体"能够超越古往今来所有其他政府形式的"奥秘"所在。韦伯斯特的辩词引起了很大的轰动。纽约的报纸说,"他的辩词是精彩而深刻的。……对其辩词的报道也许是有史以来对宪政自由的最好阐述。……他把多尔主义的所有残余消耗殆尽。法庭挤满了来听他辩词的女士和显要人士。"费城的报纸评价说:"如果多尔主义及其令人憎恶的雅各宾原则有所残余的话,今天终于被一扫而空、不复存在了。"②

---

① "Rhode Island Government", in *Works of Daniel Webster*, 5th ed., Vol. 6, p. 222, 223.

② *New York Tribune*, Jan. 25, 26, 27, 28, 31, Feb. 23, Mar. 2, 1848; *Philadelphia North American*, Jan. 29, 1848, in Charles Warren ed., *The Supreme Court in United States History*, Boston: Little Brown and Company, 1937, Vol. 2, p. 185–186.

反对派的逻辑是多尔等人不能接受的。他们质问说：政府和法律明明都是"人民"创造出来的，为什么能够反过来制约"人民"？"让创造物比创造者更为重要，让人类必须臣服、崇拜他自己的创造物"，这难道不是一个谬论吗？难道不是一种"异端的"原则，不是对"人民主权"的颠覆吗？① 这些质问反映出多尔等人对于美国"代表制政体"的性质有不同的理解。

在联邦主义者以及之后所有支持精英统治秩序的人看来，美国的"代表制民主"政体虽然精英色彩浓厚，处处限制"人民"的权力，但是它并没有违背"人民主权"的本质含义。政府是由"人民"代表组成的，法律是"人民"代表制定的，而所有的代表都是由"人民"直接或间接选举产生的，因此，无论是政府的成立和运行，还是法律的制定和执行，都体现了"人民"的意愿。正如当年詹姆斯·威尔逊为联邦宪法辩护时所说的那样，美国政治体制中的"各类权威机构都源于人民"，体制中的每个部分"都保留了自由政府最必不可少的特征——一条与人民的联系链"，而且，"这个链条是足够坚固且清晰可辨的"。② 不仅如此，他们还相信，"人民"不亲自掌握权力，而是把权力委托给自己当中的优秀分子来行使，更有利于共和国的长治久安。"人民"的代表通过政府和法律表达出的意愿比"人民"自己直接表达的意愿要更加明智，更加公正，更符合全体民众的共同利益。这种建立在代表制基础上的民治政府形式保留了古代民主理念的原则与精神，同时使其摆脱了由于"人民"直接统治而最终沦为"暴民专制"的历史宿命。这是一种新型的现代民主政体模式，也是他们口中的美国"共和制"的精髓。

1800 年，联邦党人诺亚·韦伯斯特（Noah Webster）向迁居美

---

① *Might and Right*, p. 129.

② Elliot, ed., *The Debates in the Several States Convention on the Adoption of the Federal Constitution*, Vol. II, p. 424, 482, 524.

国不久的英国科学家约瑟夫·普利斯特里(Joseph Pristley)解释了"民主""共和"等词语在美国政治语境中的特殊含义:

> "民主政体"要建立的政府,其立法权要由所有公民直接行使,像从前在雅典那样。在我们国家,这一权力不在人民手中,而在他们的代表手中。人民的权力主要限于直接行使选举权。由此产生了我们的政体和古代民主政体的重要区别。为区别起见,我们的政体获得了"共和政体",或者更确切些,获得了"代表制共和政体"的名称。……"民主主义者"一词产生于民众组织试图控制我们政府的观念,该词一开始表示试图通过秘密社团、秘密阴谋或体制外的公众集会非法反对或影响政府的人。我们将"共和主义者"理解为我们代表制政府的朋友,他们认为能够在一国之中行使的一切支配力量无不应直接由宪法和法律授予。①

在围绕"罗得岛问题"的辩论中,反对派们认同"共和制"在美国政治语境中的特殊含义,也看到多尔等人的激进思想与古代民主理念之间的微妙关系。因此,他们指出,多尔等人的根本错误在于"混淆了'共和制'和'民主制'这两种完全不同的东西",②并且当激进派指控其"背叛共和"时,他们反驳说,自己才是"在坚守共和原则的真正含义"。③

---

① Noah Webster, *Ten Letters to Dr. Joseph Pristely in Answer to His Letters to the Inhabitants of Northumberland*, New Haven: Printed by Read & Morse, 1800, p. 9.

② Elisha R. Potter, *Considerations on the Questions of the Adoption of a Constitution and Extension of Suffrage in Rhode Island*, Boston: Thomas H. Webb & Co, 1842, p. 42.

③ *Speech of Mr. Potter, of Rhode Island, on the Memorial of the Democratic Members of the Legislature of Rhode Island. Delivered in the House of Representatives*, March 7, 9, and 12, 1844, p. 9.

二、"人民"的范围：自然属性的"人民"与政治领域的"人民"

把理论上的"人民主权"贯彻到现实政治生活中，必须要解决的一个问题是：谁是"人民"？对"人民"范围的界定决定了一个共和政体中民众的政治参与，即这个政体的"民主性"的程度。《独立宣言》《联邦宪法》等文件在理论上确立了"人民主权"的原则，而真正界定"人民"范围的，是各州在宪法中对选举权的资格的限定。

革命时期的第一批州宪法主要是用财产，尤其是用自由持有土地来作为选举权的资格，只有财产达到一定数额，或者自由持有土地达到一定数量的人，才被承认为"人民"的一员。在19世纪三四十年代全国普遍兴起的州宪法改革中，这种用土地来界定"人民"范围的做法遭到越来越多的反对。1829年，弗吉尼亚制宪会议代表罗伯特·泰勒（Robert B. Taylor）说："谁是'人民'？主权应该掌握在谁手上？有些人认为，'人民'包括社会中的每一个人，无论年龄或者性别；有人主张，'人民'是所有在危机时刻保卫自己国家，或者在和平时期为国家贡献财力的人；还有人坚持说，'人民'仅仅意味着那些根据宪法有权行使政治权力的人。"[①] 这番话基本概括了当时政治话语中流行的几种对"人民"范围的不同界定。

第一种是把"人民"界定为"根据宪法有权行使政治权力的人"，实际上是在维护州宪法对选举权的既有限定。持这种主张的是包括罗得岛在内的各州宪法改革中的保守派。在这些人中，约翰·昆西·亚当斯（John Quincy Adams）可以说是极具代表性的。1842年11月25日，他在普罗维登斯发表了一个演说，从对"人民"的界定入手，重新解释了"契约"观念，并系统地阐述了自

---

① Statement of Robert B. Taylor, in *Proceedings and Debates of the Virginia State Convention of* 1829-30, Richmond, 1830, p.47.

己对于民主制的思考。

他首先区分了"全体人民"与"人民"两个词的不同含义。前者是指"一定领土内的所有受到契约约束的人,包括男人、女人、儿童、富人和穷人、本地人和外国人、不自由的人和自由的人";而后者是指"全体人中有能力订立契约的那部分人"。在亚当斯看来,不是"全体人民"都有这个能力。未达到理性年龄的儿童当然没有能力;妇女"因为根据上帝的法律,她的意愿是服从于其丈夫的",所以她们也没有能力订立契约;外国人、暂时居住在境内的人等,尽管他们是"全体人民"中的一部分,但是他们也不是契约的订约方;奴隶就更没有资格订了。所以,"人民"是一个有严格限定的词,其数量可能是"全体人民"中的1/10,甚至1/100不到。这一小部分人为"全体人民"订立契约、组成政治社会、行使政治权力。①

"全体人民"与"人民"的区别,实际上就是自然属性的"人民"与政治领域的"人民"的区别,而维系这两者之间区别的关键就是选举权。亚当斯以马萨诸塞宪法为例,列举了性别、年龄、居住年限、财产等各种资格限制的必要性。在谈到马萨诸塞制定和修订宪法的过程时,亚当斯说:"从这个过程的一开始到最后,行使权力的只是全体人民中的一小部分。……制定宪法的会议是据议会的命令召开的,而议会本身是由合乎资格的选民选举产生的。制宪会议的成员也是由合乎资格的选民选举而来的。当把宪法交付人民批准时,也是由合乎资格的选民批准的。"②

虽然亚当斯开篇就力图澄清,"这个演讲稿是两年多前写好的,

---

① John Quincy Adams, *The Social Compact*, exemplified in the Constitution of the Commonwealth of Massachusetts; with remarks on the theories of Divine right of Hobbes and Flimer, and the Counter theories of Sidney, Locke, Montesquieu, and Rousseau, concerning the Origin and Nature of Government: a Lecture Delivered before the Franklin Lyceum at Providence, R. I., November 25, 1842, p. 7-9.

② John Quincy Adams, *The Social Compact*, p. 16-17.

没有丝毫涉及罗得岛最近发生的事态的意思",① 但是在"多尔战争"刚刚平息,罗得岛政治生活还未恢复常态的时候,在普罗维登斯这个两派斗争最激烈的地方发表这样一个以"民主制"为主题的演说,其针对性和用意是不言自明的。他多次强调"合乎资格的选民",显然意在批评《人民宪法》没有做到这一点。这与哈泽德、皮特曼等罗得岛反对派领导人的话是一样的。前者在议会主张反对扩大选举权时说,"当说到'人民'时,意思是有资格行使主权、选举议会代表和政府官员的那些人";后者在对罗得岛议会的演讲中说,"在政治含义上,'人民'这个词只能用于自由国家中那些拥有政治权力的人"。② 亚当斯对马萨诸塞宪法的评价也隐含了他对不久之前发生的"多尔战争"的态度:"(马萨诸塞的政治制度)不是民主制——也不是贵族制或君主制,而是所有的混合,因为民主就像是氧气,太纯的话人们无法呼吸。"③ 言下之意是:以多尔为首的罗得岛激进派的主张过分扩大了"人民"的权力,就像是"过纯的氧气",非但不会给民主制带来新的生机,反而会使之窒息。这番话与1787年联邦会议中乔治·梅森所说的"我们太过于民主,不小心走向了一个极端",以及埃尔布里奇·格里(Elbridge Gerry)谴责"我们经历的罪恶正是源自过度的民主",是同样的道理。④

　　第二种是用"对社会的贡献"来界定"人民"的范围。这是各州宪法改革中的大多数改革派的立场。保守派们维护选举权的财产限制的理由是:只有拥有财产的人,尤其是拥有如土地和房产之

---

① John Quincy Adams, *The Social Compact*, p. 5.

② Benjamin Hazard, *Report of the Committee on the Subject of an Extension of Suffrage to the General Assembly of Rhode Island*, Providence, 1829, p. 7; John Pittman, *To the members of the General Assembly of Rhode Island*, Providence, R. I., 1842, p. 10.

③ John Quincy Adams, *The Social Compact*, p. 32-33.

④ Max Farrand, ed., *The Records of the Federal Convention of* 1787, Vol. 1, New Haven: Yale University Press, 1937, p. 51, 48.

类的不动产的人,才会把个人幸福和共同体的福祉紧密联系起来,才会对共同体充满责任感和奉献精神。针对这种说法,改革派提出,"所有把自己的精力和智力投身于国家的福利,努力来促进国家利益","所有以自己的方式来为社会做出贡献的人,都有充分的证据表明自己与社会有永久的情感和共同利益,因此他们都应当拥有选举权"。①纽约制宪会议的一名代表总结说,这些人除了土地持有者以外,还应当包括在个人财产上纳税的人、在军队和民兵中服役的人、参加公共道路建设的人等。但是他强调说,无论是纳税、服役还是参加建设,都必须是在行使选举权的同一年,因为这样才能体现义务和权利的对应关系,当贡献或服务终止时,选举权也就终止了。②

罗得岛立宪运动初期,改革派也持此立场。1818年6月,议会提议把选举权扩大到所有交了税或履行了民兵义务的公民。1820年6月,参议院一个法案的内容是,把选举权扩大到所有正在服兵役的民兵。在1824年6月的制宪会议中,一名代表提出,把选举权扩大到所有21岁以上的、在罗得岛居住满一年的、交了税或者履行了民兵义务的白人成年男性公民。1829年改革派在北部村镇的民众集会,其口号也是"让那些分担了政府负担的人在政府中有发言权"。然而在反对改革的人看来,这种"贡献论"看似合理,实则荒谬。《哈泽德报告》就批评说:

> 有人说,对社会做出了贡献的人,如纳税、在民兵中受训或者参与修建公路,就有权选举统治者。因此,如果

---

① Statement of Briscoe G. Baldwin; "The Memorial of the Non-Freeholders of the City of Richmond", in *Proceedings and Debates of the Virginia State Convention of* 1829-30, p. 25-31, 101-102.

② *Reports of the Proceedings and Debates of the Convention of* 1821, *Assembled for the Purpose of Amending the Constitution of the State of New York*, Albany: E. & E. Hosford, 1821, p. 178-180.

收税的人确定一个人交了一先令的税;或者民兵队长把一个人的名字登记在案,然后给他放假;或者检查员让一个人修半天的公路,那么他将马上拥有一项珍贵的权利……成为主权所有者的一员。这样会严重影响州的安全和福祉。①

用"贡献"来界定"人民",从本质上说还是对"人民"范围做出了一些限定——选举权不是凭空得来的,它是一种"挣来的权利"(earned right),人们必须通过向社会贡献体力和财力,必须要付出劳动才能够获得。

对"人民"范围的第三种界定来自各州宪法改革中最激进的一批人。他们在更加广阔的范围内界定"人民",宣称选举权是一种自然权利,是每个人与生俱来拥有的。1838 年宾夕法尼亚修宪会议的代表说:"一个人应该有选举权,是因为他是人。(给选举权设置)财产,或者纳税的资格都是没有道理的。"纳税,不代表政治美德,也不意味着与社会有着永久的共同利益,"它只不过是用来证明居住地的证据,和用来防止选举舞弊的工具"。② 纽约州的乔治·坎普说:"穷苦的劳工在这个国家中有平等的声音,因为他是这个国家的一分子。(选举权)不是一种因为他有资格行使而授予他的权力,而是他与生俱来拥有的权利,是上帝赋予的。"坎普特别强调,权利是人的根本属性,是永恒的,独立于任何外在环境和任何偶然性而存在。财产的多少、贡献的大小都属于人的外在环境,不能改变权利本身的属性。他言辞激烈地反问道,选举权这一

---

① Benjamin Hazard, *Report of the Committee on the Subject of an Extension of Suffrage to the General Assembly of Rhode Island*, Providence, 1829, p. 15.

② Statement of Thomas Earle; Statement of Walter Forward, in *Proceedings and Debates of the Convention of the Commonwealth of Pennsylvania to Propose Amendments to the Constitution, Commenced and Held at Harrisburg*, 1838, Vol. 2, p. 501; Vol. 3, p. 126 - 127.

自由人最典型、最重要的权利,难道应当受意外事件的支配吗?如果我拥有 10 万美元的财产,但投资在股票和贸易领域,存在失败的风险,或者我的钱放在货仓里,结果发生了火灾或暴风雨,钱没了,那么我就没有能力投票了吗?难道我就不是一个好公民了吗?①

在这些"自然权利"话语的背后,是改革派们对于平等的热爱和推崇。纽约的一名改革派说:"选举权如果不属于这个人,也就不属于另外的任何人,如果不属于全体人,也就不能属于一部分人。"② 弗吉尼亚改革派的请愿书中说:"自然没有在人类中间制造差别",所谓的"爱国精神"不是"土地的产物","它镌刻在我们的本性之中,在所有阶层和所有形式的政府中都存在"。③ 马萨诸塞的改革派总结说:"政府的三个伟大目标,促进社会每个成员的生命、自由和追求幸福的权利……只能通过珍视平等权利和普选权的共和原则才能实现。"④

罗得岛改革派中也有相当一批人选择"自然权利"的话语为武器,来支持自己普选权的主张。在 1834 年 2 月普罗维登斯的重要集会上,来自罗得岛北部 10 个村镇的改革派代表向全州人民呼吁说:"我们主张,参与选择那些为我们制定和执行法律的人,是一种自然权利,不能被剥夺。……不是政府把权利授予人们,而是人们为了更好地维护和保护自己自然的、固有的权利而创造了政府。……政府的目的就是让这些事先已经存在的、由上帝赋予的权

---

① George Sidney Camp, *Democracy*, p. 131, 145.

② Alexander Keyssar, *The Right to Vote*: *The Contested History of Democracy in the United States*, Basic Books, 2000, p. 44.

③ "Call of a Convention", *Enquirer*, Feb. 1, 1806; *Proceedings and Debates of the Virginia State Convention of* 1829–30, p. 27.

④ *Independent Chronicle and Boston Patriot*, September 16, 1820, in Kent A. Coit, *Diffusion of Democracy*: *Politics and Constitutionalism in the States*, 1790–1840, Ph. D. Dissertation, Harvard University, 1981, p. 341.

利更加安全。"① 在这些改革派看来，罗得岛政府为选举权设置土地资格的行为是赤裸裸地践踏了人类的自然权利。赛斯·路德就批评说，"它违背了独立宣言、美国宪法、罗得岛权利法案以及人类的常识。它违背并藐视了美国革命的每一项原则，是旧的封建法律的余孽。无论从哪个观点来看，它都是邪恶的、荒谬的、非自然的、粗鲁的、专制的、不公正的"。路德还讽刺说，罗得岛政府在每年7月4日宣读《独立宣言》时，应该把第一句话改为，"我们认为下述真理是不言而喻的：人人生而平等，但是罗得岛除外"②。

19世纪40年代罗得岛立宪运动走向激进之后，"自然权利"话语在激进派的各种演说、声明、决议、文章、小册子中更是屡见不鲜。1844年，埃德蒙·伯克在众议院调查委员会报告中为罗得岛激进派辩护时，用了大量篇幅来论证选举权的属性。他说："选举权是一种自然权利，而非约定俗成的权利（conventional right），它独立于出身和财富的偶然性，除非遭到篡夺或武力，否则不能被剥夺。它先于社会团体和政治契约而存在，就像物品某种不可分离的特定属性一样，它不可分离地属于某一个人。"③ 紧接着，伯克批判了把财产与政治权力挂钩的做法，并把自己树立为平等主义的信徒：

> 财产不能被用来衡量在政府中的权力大小……（因为）富有和贫穷都是人类生活的偶然。财富可以通过技术获得，可以通过从祖先那继承获得，也可以通过欺诈或者运气获得。财富也可能因为坏运气，或者挥霍，或者愚蠢

---

① *An Address to the People of Rhode Island, from the Convention assembled at Providence, on the 22nd day of February, and again on the 12th day of March, 1834, to promote the Establishment of a State Constitution*, p. 26, 28-29.

② Seth Luther, *An Address on the Right of Free Suffrage*, Providence: Printed by S. R. Weeden, 1833, p. 9-10, 15.

③ Majority Report, in *Burke's Report*, p. 41-42.

而失去。财富是一种偶然因素,你今天得到了,明天就有可能失去。

所有承认财富是权力基础的政府,必将偏离正义的原则。自由政府的基础是全体人类平等的原则。它抛弃财产是政治权利的一部分的观念,承认所有人的政治权利是平等的。它旨在保护这个政治体的所有人,无论等级或财产,都享有平等的权利,在政府的施政中都拥有同等的声音。①

如果说,主张为选举权设置门槛是为了在自然属性的"人民"与政治领域的"人民"之间划出界线,那么,把选举权说成是一种"自然权利",则是要强行抹去这种界线。罗得岛激进派之所以这样做,并非心血来潮或为了标新立异,而是因为在他们看来,普选权才是"人民主权"最可靠的保障,只有抹去了这种界限,"人民主权"才有货真价实的意义。1844 年多尔在罗得岛最高法院为自己辩护时,就是从这个角度来解释自己为什么坚持普选权的:

> 要想谨慎地行使人民的主权,最安全的方法是建立普选权,因为在建立了普选权的国家,拥有主权的"人民"与政治或法律领域的"人民",两者之间能够最大程度地趋同,因此能避免很多争论。……所以,普选权对于一个政治实体来说,就像金字塔宽阔的底座,为上部建筑打下了强有力的、稳固的基础,让其能够经历时间的腐蚀而不致坍塌。所以,普选权……是我们政治制度的一个保守因素,实现普选权的国家是最强大、最安全的国家。……罗得岛的问题就源于"人民"同政治、法律领域的"人民"

---

① Majority Report, in *Burke's Report*, p. 42-44.

相分离，在罗得岛，后者只是前者中的少数。①

其实，对于美国历史上所有试图为自己争取权利的弱势群体和非当权者来说，"自然权利"话语都是非常强大的武器。它在道德上有很强的号召力和感染力，在政治斗争中有很强的工具性。美国革命时期很多小农和工匠，以及最激进的革命派如托马斯·杨（Thomas Young）、伊森·艾伦（Ethan Allen）等人都常常把"自然权利"的话语挂在嘴边。马萨诸塞的里士满镇（Richmond）宣布反对 1780 年州宪法，原因在于它"把达不到财产资格的人排除出选民的行列，这是对公民自然权利的侵犯"。格林维奇镇（Greenwich）也用类似的语言反对说，1780 年马萨诸塞宪法剥夺了"人民"选举自己代表的自然权利。②

但是，在以维护现存政治秩序为己任的当权者看来，"自然权利"的话语是非常危险的，因为它的逻辑最终指向的必然是扫除一切财产、性别和种族限制的、真正建立在"平等"原则之上的普选权。约翰·亚当斯是美国革命时期典型的精英统治论者。他对"自然权利"话语的危险性早有预言：

> 如果你承认所有没有财产和有财产的人一样，都有权投票的话，那么同样的理由，你也应当承认妇女和儿童有权投票。……试图改变选举权的资格，等于为无休止的争端和混乱开启了大门。新要求会不断涌现。妇女会要求选举权；12—21 岁的小伙子们会认为自己的权利不够；每个一文不名的人都会要求在国家的所有事务上和其他人有同等的声音。这将混淆乃至摧毁所有的差别，把所有阶层

---

① Report of the Trial of Dorr, in *Burke's Report*, p. 947.
② Alexander Keyssar, *The Right to Vote: The Contested History of Democracy in the United States*, Basic Books, 2000, p. 12.

拉到同一个水平。①

而从19世纪上半叶的州宪法改革中可以看出,一个如此"彻底的"普选权,不仅当权者无法接受,就连很多激进的改革派自己也难以赞同。因此,利用"自然权利"话语来鼓吹扩大选举权的改革派们常常会掉进自己的"陷阱"。在1821年马萨诸塞修宪大会上,约西亚·昆西(Josiah Quincy)就反问改革派说:"假设(选举权是自然权利)这个论调是正义的话,难道对于妇女和儿童不同样适用吗?难道他们不应该有平等的选举权吗?否认他们的权利,就表明你的原则是非正义的。"②

罗得岛的保守派们也抓住了激进派在逻辑上的矛盾。哈泽德在给议会的报告中说,改革派频繁地使用"自然"和"自然状态"这些词,但并没有真正理解其含义。"自然权利"是"一种内在的、每个人都应该享有的自然权利。一个人的绝对的、内在的权利应该是所有人都一样的,没有年龄、性别或肤色的差别"。③ 另一位反对普选权的罗得岛人也表示:"选举权和被选举权不是自然权利,而是一种社会权利,是由社会的法律规定且维系的。如果它是自然权利的话,那么它就是每个人与生俱来的、不可剥夺的权利,那么社会的法律就不能把妇女、穷人或者儿童排除在选举权之外。"④

面对对手的反击,改革派中有的人选择从"自然权利"的立场上后退。1829年,里士满的非自由土地持有者向弗吉尼亚制宪会议递交的请愿书中强调,他们承认选举权不是自然权利,而是社会

---

① Keyssar, *The Right to Vote*, p. 13.
② *Journal of Debates and Proceedings in the Convention of Delegates, Chosen to Revise the Constitution of Massachusetts*, Boston: Boston Daily Advertiser, 1853, p. 250.
③ Benjamin Hazard, *Report of the Committee on the Subject of an Extension of Suffrage to the General Assembly of Rhode Island*, Providence, 1829, p. 5.
④ *Providence Journal*, Aug. 21, 1841.

权利,但即使是这样,弗吉尼亚现任法律对选举权的限制也是不合适的。① 有的人干脆放弃了"自然权利"的话语。如弗吉尼亚制宪会议的一名代表在被对手攻击时解释说:"我说的'普选权',是指把选举所有公共官员的权利扩大到所有21岁以上的、履行了包括民兵义务和纳税义务等在内的所有个人职责的自由白人。"②

然而,更多的人是极力调和"自然权利"话语与限制妇女、儿童选举权之间的冲突。1829年,约翰·库克(John R. Cook)在弗吉尼亚制宪会议上解释说,妇女和儿童没有选举权是"人类普遍的常识",是"不言自明的真理",根本没必要拿出来讨论。"上帝为了让妇女更加适合她们自己的领域,所以把她们变得软弱和胆小,并且把她们置于男人的控制和保护之下。儿童,由于身体和思想的不成熟,也处于类似的控制和保护之下。……他们的本质决定了他们没有能力行使政治权力。"③ 当年约翰·昆西·亚当斯为了限制选举权而提出的"家庭契约"的观点,此时也被很多支持普选权的改革派用来为自己解围。1853年,马萨诸塞修宪会议上两名代表的话几乎是亚当斯的翻版。他们说,社会是由千千万万个家庭组成的,"为了保卫这些家庭的权利,每个家庭必须在社会中被代表"。但是,"有能力代表这个家庭的人只可能是男人",因为"所有的文明社会中都存在劳动分工,都要区分家里的劳动和家外的劳动。……上帝通过区分性别而告诉我们应该分别履行什么职责。只要人类保存着自己的本质,人类在职责和权利上的差别就会一直存在。它永远不会被改变,或者被废除。忽略或者践踏这种差别将会

---

① "The Memorial of the Non-Freeholders of the City of Richmond", in *Proceedings and Debates of the Virginia State Convention of* 1829-30, p. 29-30.

② Statement of Lucas P. Thompson, in *Proceedings and Debates of the Virginia State Convention of* 1829-30, p. 410.

③ Statement of John R. Cook, in *Proceedings and Debates of the Virginia State Convention of* 1829-30, p. 55-56.

第三章 "人民主权"的理论与实践

导致巨大的混乱和危害"。①

  罗得岛的激进派们也使用了同样的方法——试图通过强调儿童的"不成熟"和妇女的"不适合"来化解自己逻辑上的矛盾。在1834年2月22日普罗维登斯的集会中,激进派们刚刚高喊出"选举权是一种自然权利,不能被剥夺"之后,就急忙补充说:

> 对儿童的限制至少与自然权利并不冲突。……这个决定不是专断的,而是建立在对人类本质和特性的经验和公正观察的基础之上。在年轻人能够充分享有自然权利为自己谋利、维护公共的善之前,他们有必要了解一些关于自己、关于人类、关于政府的本质和运行的知识。……(妇女没有选举权)是因为公正地考虑到……性别本身的独特性。妇女同意让男人做她们天然的保护者,她们自己充分意识到,女性的尊严、纯洁和特质会很快被党派纷争玷污。②

  1844年,埃德蒙·伯克在众议院为罗得岛激进派辩护。就在刚刚论证完选举权的"自然权利"属性之后,他立刻就把妇女和儿童这两个群体排除了出去:

> 关于儿童,众所周知,他们依赖父母的保护和抚养。除了虚弱之外,他们的智力没有发育成熟,他们还没有理

---

① Statement of Abijah Marvin and George Boutwell, in *Official Report of the Debates and Proceedings in the State Convention*, assembled May 4th, 1853, *to Revise and Amend the Constitution of the Commonwealth of Massachusetts*, Boston: White & Potter, Printers to the Convention, 1853, Vol. 2, p. 598-599, 747-748.

② *An Address to the People of Rhode Island, from the Convention assembled at Providence, on the 22nd day of February, and again on the 12th day of March, 1834, to promote the Establishment of a State Constitution*, p. 26, 31, 32.

智和判断力来决定自己的利益和福祉。

关于妇女,答案是:妇女的利益和男人的利益密切地混合在一起,所以给妇女选举权是没有用的。上帝让女人成为人类中的弱者,就已经裁定了让她们依附于男人。因此,她们能够通过男性而表达其对社会的政治关切,她们的感情与男性紧紧相连,她们依赖男性而获得保护。将妇女排除出选举权符合自然的规律,也符合所有时代、所有国家的实践。……这是普遍承认的事实。如果这不是事实的话,那么,在投票中女性和男性观点的分歧将会导致家庭内部的不和谐,将会拉低整个社会的道德水平。①

总之,为了证明"妇女没有选举权"的正当性,进而化解自然权利话语在逻辑上的矛盾,改革派们反复强调男性和女性在性格、能力、责任、权利方面的差异。当代女性主义学者认为,这种他们称为"两分领域"(Separate Spheres)的观念——外面商业的、政治的公共世界属于男人,而家庭内的私人领域属于女人,主导了19世纪美国人对性别关系的认识,从而使男女之间不平等的权力关系顺理成章地合法化了。②

相较于妇女和儿童的选举权,黑人的选举权对于罗得岛激进派来说是更加棘手的问题。

自从1822年罗得岛议会修改选举法,规定"只有白人成年男性才被承认是自由民"之后,罗得岛的自由黑人实际上是没有选举权的。1824年被民众投票否决的那部宪法、1834年制宪会议的决议,以及1836年和1840年两次修改过的选举权条款,都一次又一

---

① Majority Report, in *Burke's Report*, p. 44-45.
② 关于"两分领域"的概念,可参考:Nancy F. Cott, *The Bonds of Womanhood*:*"Woman's Sphere" in New England*, 1780 - 1835, New Haven:Yale University Press, 1977。

次地强调了黑人在罗得岛政治中的无权地位。① 如前文所述，1841年，当罗得岛政府再次迫于压力而召开制宪会议时，有权选举会议代表的仍然只是那些"有资格选举议会代表的自由土地持有者"。除了没有达到土地资格的白人，黑人当然也是被排除在外的。狭隘的选举基础是改革派群起反对，进而决意绕过政府而自行立宪的直接诱因。当1841年8月选举"人民宪法会议"的代表时，改革派在自己营造的"自然权利"和"平等"的热烈氛围中，不仅取消了土地资格，而且还删去了"白人"一词。他们规定："每一个年满21岁的、本次选举前在本州居住满一年的美国男性公民"都有权投票选举"人民宪法会议"的代表。对于长期失去政治权力的罗得岛的自由黑人来说，这是一个绝好的机会。然而，接下来的一系列事件表明，改革派似乎并没有准备好以真正的行动，而不是响亮的口号来支持黑人的选举权。

在普罗维登斯市第五区选举"人民宪法会议"的代表时，一名黑人试图投票。黑人群体和废奴主义者们坚持说，选举"人民宪法会议"代表的决议中没有提到肤色，如果不接受这张选票，他们就抵制选举。该区负责选举的官员还愤而辞职，以示抗议。但是，这张选票最终还是被拒绝了。②

在"人民宪法会议"召开的五天四夜中，讨论黑人选举权问题耗费的时间最多。多尔在向全体大会提交草拟的选举权条款时承认，在是否应该在选举权条款中加入"白人"一词的问题上，委员会内部发生了很大的分歧：一开始大多数人反对加入，后来变成了大多数人赞同加入。③ 全体大会在讨论这个问题时产生了激烈的争论，以至于10月8日的会议一直持续到晚上。

---

① James Truslow Adams, "Disfranchisement of Negroes in New England", *The American Historical Review*, Vol. 30, No. 3, Apr. 1925, p. 546.

② *Providence Journal*, Aug. 30, 1841.

③ *Providence Journal*, Oct. 9, 1841.

当天，在全体大会进入讨论程序之前，多尔首先宣读了一份由克拉梅尔等 6 名普罗维登斯市黑人所起草的请愿书。该请愿书最令人印象深刻的一点，不是其对本市黑人群体贡献的列举或财产的统计，而是其运用自然权利话语进行的申诉。请愿书多处援引《独立宣言》，反复提到"人人生而平等自由"的原则，并把选举权视为一种超越肤色的、全人类共享的普遍权利之一。其中，有这样两段发人深省的质问：

> （用肤色来限定选举权的想法）与美国这片土地，及其共和原则和政体是格格不入的。倘若将其付诸实行，不仅将危害到我们的权利，更会危及全体人民的权利。这并不是我们夸大其词，先生们，请问，倘若你们任由以人类肤色这种偶然现象为基础所编造的卑劣之词来玷污纯洁而永恒的人类自由原则，那么，你们的自由，以及你们子孙的自由，又将如何得到保障和捍卫呢？
>
> 倘若未来某一天，有人以我们现在所未曾预想的某种差别为借口，援引我们黑人权利被剥夺的事实为先例，将你们最热爱和最珍惜的权利剥夺殆尽，就像你们今天对我们的权利毫不在意一样，到时你们又拿什么来抵御呢？①

该请愿书得到了本杰明·阿诺德、塞缪尔·威尔士等一些代表的积极回应。他们对于请愿书中的自然权利话语和平等原则深表赞同。阿诺德是第一个提议删掉"白人"一词的代表。他说，自己从来没有把选举权视为某种被授予的、只属于某些特定群体的权利，自己今天的所作所为，也不是为了维护黑人群体的利益，而是为了捍卫整个人类的权利。紧接着，威尔士站出来质问说："（我们）

---

① *Burke's Report*, p. 111–113.

有什么权利来制定一部宪法,让一部分同胞有选举权,让另一部分同胞没有呢?黑人来到这个世界不能够选择自己的容貌,他们……不应该被归为不值得拥有选举权的坏人。他们是人,是美国公民,这就够了。"另一位代表也表示,没有任何理由把选举权仅授予一部分公民,如果《人民宪法》的选举权条款要保留"白人"一词的话,那么他呼吁,《权利法案》也要改为"每个白人生而平等"。①

这些代表支持黑人选举权的另一个重要理由是:为了维护自己原则的完整性。阿诺德在发言中花了大量时间来朗读"选举权协会"成立时发布的决议,以及"罗得岛选举权协会执行委员会"的宣言。他说,在这些文件中,改革派都把选举权视为一种普遍性的自然权利,都宣称自己的目标是实现平等主义的原则,"如果这些文件有意义的话,那么本次大会就应该把自己曾经宣布的伟大原则付诸行动",如果本次大会"否认黑人为《人民宪法》投票的权利的话,就等于违背了自己的宣言",就等于"在自己的胸膛上刺了一剑"。约翰·库克(John R. Cook)、弗朗西斯·佩卡姆(Francis B. Peckham)等代表也认为,不能自食其言,《人民宪法》不能刚刚在前一个条款中宣布"人人生而自由平等",随后在下一个条款中就自己否认。他们担心,这样做会成为世人讽刺的笑柄。②

"人民宪法会议"中反对黑人选举权的主要有韦尔科姆·赛尔斯和詹姆斯·布朗(James A. Brown)等人。他们不是不知道这样做是有损原则的,但是,在有证据表明,"除了一个村镇以外,罗得岛其余所有村镇的代表都确凿地表示,自己的选民反对黑人有选举权"的情况下,他们此时显然更关心《人民宪法》是否能够被民众批准,而不是自己是不是应该固守原则。为了实现自己多年来的奋斗目标,他们宁愿在原则的纯洁性上做一些妥协,不能为了维

---

① *Providence Journal*, Oct. 11, 1841.
② *Providence Journal*, Oct. 11, 1841.

护极少数黑人的权利而使自己的事业功亏一篑。正如赛尔斯所说，自己"正在投身于一项重要的工作，应该使用一切方法来保证这项工作的成功。删掉'白人'一词将会威胁到整个计划，将会阻碍一部共和宪法在罗得岛被批准。这将威胁到 15000 名白人的权利"①。也就是说，在选举权条款中加上"白人"一词是权宜之计，是无奈之举。赛尔斯的一番话应当是说出了大多数与会代表的心声。在他发言期间，全场掌声不断。

多尔本人是一名积极热心的废奴主义者。除了选举权运动以外，废除奴隶制是多尔最关心的事业。自 19 世纪 30 年代起，多尔就与北方各州的废奴主义领导人保持着长期的密切关系，多尔本人还是"罗得岛反奴隶制协会执行委员会"的成员。然而，在"人民宪法会议"上，多尔除了宣读克拉梅尔等人的请愿书以外，并没有像阿诺德那样为黑人选举权而挺身而出。在大会对该问题的讨论即将结束之际，多尔终于表达了自己的想法。他用一贯的华丽辞藻总结了该问题涉及的伟大原则，赞扬了革命时期黑人士兵的英勇和爱国主义，最后，他承认，"从最广泛的意义上来说，这部宪法不是民主的。……本次制宪会议不符合我们之前的宣言，偏离了罗杰·威廉斯的伟大原则"，但他同时强调，"这是一个权宜之计的问题，必须要考虑到宪法能不能被批准"②。当 1841 年 11 月 16 日"人民宪法会议"重新开幕时，面对阿诺德等人提出的重新讨论选举权条款的要求，多尔表示，"自己的观点无疑是愿意把选举权授予本州所有人的，但是大会不能在一个已经讨论过的问题上再花时间了"③。

最终，"人民宪法会议"以 18 票赞成、46 票反对否决了删掉选举权条款中"白人"一词的提议。宪法会议结束之后，代表们向

---

① *Providence Journal*, Oct. 11, 1841.
② *Providence Journal*, Oct. 11, 1841.
③ *Newport Mercury*, Nov. 20, 1841.

全体罗得岛人民发布了一份宣言,其中对黑人有这样几句话:

> 我们不能在这部宪法中承认你们的投票权,……因为我们不敢和你们太多地混合在一起,这样会败坏我们的事业。我们不能让白人和黑人的权利归为一类,这样会威胁到前者。此时,我们不能宣称"人人生而自由平等",我们必须限定这种毫无意义的空洞的表述,必须表现出似乎只有白人才是生而平等和自由的。……但是你们仍然有机会。……我们给你们机会来摆脱肤色的制约。要记住,我们的宪法是很容易被修订的。①

代表们不愿意让黑人选举权的问题影响到《人民宪法》的批准。他们希望将其推迟到宪法批准之后,把这个"烫手的山芋"丢给全体人民来决定。因此,他们在《人民宪法》的结尾处加了这样一条:"在批准宪法之后的第一次会议中,议会应当向选民提出是否应该删去宪法第2条第1款第1行的'白人'一词这个问题。下一次议会选举时,选民应当就此问题表决。如果大多数选民投票决定应该删去这个词,那么它就应该从宪法中被删去,否则予以保留。"②

《人民宪法》一经颁布,就因为其限定性的选举权条款而遭到了四面八方的批评。多尔的反对者们最乐于看到对手陷入自食其言的尴尬境地,他们当然不会放过这个绝好的反击机会。资深保守派伊莱沙·波特在罗得岛议会中谈及此事时可谓极尽嘲讽:

> 主要由多尔先生制定的《人民宪法》,对自然权利做

---

① "An Address to the People of Rhode Island and Providence Plantations, by the Free Suffrage Convention", in *Providence Journal*, Oct. 11, 1841.

② Mowry, *The Dorr War*, Appendix B: "The People's Constitution", p. 346.

出了最华丽的宣示。……但是，他们是如何将其付诸实施的呢？他们指责特许状下的议会席位分配制度是专断的、不公正的，但是，在多尔先生的宪法中，议会两院的席位分配同样是专断的，根本没有以任何人口比例为基础，……并且，他们还把有色人种整体排除出了选民队伍！在华丽地宣扬自然平等之后，他们居然还能这样做，实在令人费解。作为一名废奴主义者，多尔先生本人也想将自己的原则付诸实施，承认黑人的投票权，但他的意见在人民宪法会议中被否决了。……（他们）……完全忘记了自己提出的第一条原则：人民在行使自然权利时，高于一切法律。①

除了那些一贯反对多尔的人以外，废奴主义者此时也改弦易辙，加入了反对派的队伍。"人民宪法会议"秘书约翰·哈里斯（John S. Harris）在国会"罗得岛问题特别委员会"做证时说，在公共报纸上所有反对批准《人民宪法》的文章和演说几乎都是出自废奴主义者之手。"罗得岛反奴隶制协会"11月11日在普罗维登斯召开了第六次年会，主要目的就是"揭露选举权党的虚伪和邪恶，谴责《人民宪法》，并用最迅速、最有效的措施来阻止该宪法获得批准"。随后，该协会在锡楚埃特召开的另一次会议中说：这个"白人的宪法""比旧的特许状更加有害于自由的原则。任何真正的共和主义者和基督徒都不能支持它"。② 12月，该协会还派弗里德里克·道格拉斯（Frederick Douglass）和其他5名代表去罗得岛，号召人民反对宪法，并带着抗议书出席1月的"人民宪法

---

① Speech of Mr. Potter of Rhode Island, on the Memorial of the Democratic Members of the Legislature of Rhode Island, Delivered in the House of Reresentatives, March 7.9, and 12, 1844, Washington: Printed at the Globe Office, 1844, p.8.

② Testimony of John S. Harris, in *Burke's Report*, p.114-116.

会议"。① 一直以来支持多尔等人的《解放者》杂志（Liberator）此时的态度也来了个180度大转弯。从1841年底开始，谴责多尔等人的文章就不断地、越来越多地出现在该杂志中。在废奴主义者看来，多尔等人"侵犯了权利的基本原则"，"背弃了我们（废奴主义）的事业"；他们虚伪至极，"一边口口声声宣称平等，一边傲慢而专断地剥夺罗得岛有色人种公民行使选举权"；他们是"没有原则的人"，"是暴民的领袖"，"是一群自私自利的人"，"是一群野心家，冷酷，且缺乏人道主义精神"。②

当然，也有个别废奴主义者对多尔的态度表示理解。马萨诸塞的一位废奴主义者写信给多尔说，在刚看到《人民宪法》的选举权条款时很失望，因为它没有捍卫自由黑人的平等权利，但当看到政府组织制定的《自由民宪法》把自由黑人投票的最后一丝可能性都堵上的时候，自己确信，激进派已经在环境所能允许的范围内尽了自己的最大努力。③ 这番话，与其说代表了废奴运动中的一种不同声音，倒不如说它揭示了这一时期美国整个废奴主义群体的困境。

像多尔这样曾经积极的废奴主义者，如今却不得不同意在自己制定的新宪法中剥夺黑人的选举权，并为此而忍受来自各方的谴责、讥讽和嘲笑。他们这样做，如他们自己所说，实在是出于无奈，因为罗得岛选举权运动的群众基础是城市工人、技工和手工业者等，而这些人恰恰是黑人政治权利的最坚定的反对者。

---

① Frederick Douglass, *Life and Times of Frederick Douglass*, Hartford：Park Publishing Co.，1882，p. 221.

② "Resolutions of the Boston Liberty Association", in *Liberator*, Dec. 10, 1841; "Rhode Island Affairs", "The Civil War in Rhode Island", in *Liberator*, Aug. 19, 1842; *Liberator*, Aug. 26, 1842.

③ April 16th 1842, Louis Lapham to Thomas Wilson Dorr, http：//library.providence. edu/dps/projects/dorr/，2015年4月17日访问。这里所说的"《自由民宪法》把自由黑人投票的最后一丝可能性都堵上"，指的是《自由民宪法》的选举权条款不仅保留了"白人"一词的限定，而且也没有像《人民宪法》那样把"是否删掉该词"留待全民表决。

多尔战争：美国的政治变革与论争（1790—1840）

托克维尔观察19世纪30年代的美国，感觉到"种族偏见在已经废除奴隶制的州，反而比在尚保存奴隶制的州更为强烈"①。的确如此，这一时期是北方各州政治民主化的"黄金期"——白人普选权在各州普遍得到了确立，也是各州内部种族对立逐渐尖锐、黑人的政治权利不断遭到蚕食和剥夺的时期。在独立之初允许黑人投票的州，如新泽西、马里兰和康涅狄格，在1820年之前就剥夺了黑人的选举权。纽约在1821年宪法中废除了白人男性选举权的财产资格，但却把黑人男性的选举权资格提高到了250美元。1838年宾夕法尼亚的新宪法否认黑人是"人民"，并宣称："宾夕法尼亚是一个只属于白人的政治共同体。非洲血统的有色人种不在宪法规定的'公民'之内。他们不能，也从来没有过任何宪政权利。"② 到19世纪40年代，北方自由黑人人口中的93%都被剥夺了选举权。③

造成这种平等主义和种族主义并存现象的根源，在于自由黑人与白人劳工之间的竞争关系。两者都是工业化进程制造出的没有选举权的人，都是在工业化中谋生的劳动力大军。这种经济、政治和就业上的竞争加剧了种族之间的对立。可以说，在工业化、城市化程度越高的地方，种族对立的情绪就越强烈；选举权运动越蓬勃发展的地方，对黑人的敌视就越严重。④ 罗得岛的自由黑人数量很少。

---

① Alexis De Tocqueville, *Democracy in America*, New York: Alfred A. Knopf, 1976, Vol. I, p. 359-360.

② *The Opinion of the Honorable John Fox Against the Exercise of Negro Suffrage in Pennsylvania*, Harrisburg: Packer, Barrett and Parke, 1838, p. 8.

③ Leon F. Litwack, *North of Slavery: The Negro in the Free States*, 1790-1860, Chicago: The University of Chicago Press, 1961, p. 74-75.

④ 关于这一时期北方各州的种族主义和黑人选举权问题，可参考：Leon F. Litwack, *North of Slavery*, Chapter 3; Emil Olbrich, *The Development of Sentiment on Negro Suffrage to* 1860, Negro Universities Press, 1969, Chapter 2; Christopher Malone, *Between Freedom and Bandage: Racial Voting Restrictions in the Antebellum North*, Ph. D. Dissertation, The City University of New York, 2002; Charles Wesley, "Negro Suffrage in the Period of Constitution-Making, 1787-1865", *Journal of Negro History*, Vol. 32, no. 2, 1947, p. 143-168。

根据美国人口普查的数据，1840年罗得岛全部人口有108837人，其中只有3238名黑人，普罗维登斯一地的白人有18054人，而黑人只有1223人，而其中，21岁以上的黑人男性只有668人。① 无论多尔本人多么愿意为黑人争取权利，他都无法否认这样一个事实：在罗得岛立宪运动的参与者中，白人劳工的数量绝对占优势，因而他不得不屈从于种族主义的压力。道格拉斯在罗得岛的使命——号召民众反对《人民宪法》，最后以失败告终。他的总结是："人民中的大多数绝对是站在新宪法一边的。宪法中的'白人'一词正好迎合了人民对有色人种的歧视，从而使这场运动成为一场真正的民众运动。"②

如果说，多尔等一些参加"人民宪法会议"的激进派对于自己的屈服还流露出些许无奈和遗憾的话，那么，对于有些激进派来说，在白人种族主义面前放弃平等原则则是一件稀松平常，甚至理直气壮的行为。威廉·古德尔（William Goodell）是激进派中的活跃分子，在其1842年出版的小册子中，他对激进派的所有行为进行了逐一辩护。在谈到黑人选举权问题时，他公然打出维护白人劳工利益的旗号，并反驳废奴主义者说，他们根本没有资格责备激进派不为黑人争取权利，因为"他们对于穷苦白人的利益也漠不关心"，"如果废奴主义者能够坐视罗得岛白人的自由被摧毁，而没有任何同情之心，那么，反对废奴主义的力量将会更加强大。一个只为黑人谋福利的'自由的政党'，与一个只为白人谋福利的'民主的政党'一样，都是荒谬的"。③

至此，我们可以对罗得岛选举权问题的争论进行一番概括。在

---

① Julian Rammelkamp, "The Providence Negro Community, 1820 – 1842", *Rhode Island History*, Vol. 7, Jan., 1948, p. 21; J. Stanley Lemons and Michael A. McKenna, "Re-enfranchisement of Rhode Island Negroes", *Rhode Island History*, Vol. 30, Feb. 1971, p. 3.

② Douglass, *Life and Times of Frederick Douglass*, p. 221.

③ William Goodell, *The Rights and Wrongs of Rhode Island*, 1842, p. 4-5.

这场争论中，反对普选权的人一直坚持认为，政治领域中的"人民"不同于自然属性的"人民"，它的范围是受到严格限定的。无论是用财产，用对社会的贡献，还是用性别或种族，选举权必须有一定的资格限制。而以多尔为首的激进派一方面诉诸自然权利话语，宣称选举权是一种自然权利，共同体中的每一个成员都应该平等地拥有选举权，实际上就等于抹杀了政治意义上的"人民"的界线；另一方面，他们在现实政治生活中却不得不限定"人民"的范围，承认"人民"之间不平等。在黑人选举权的问题上，激进派这种矛盾和尴尬的境地尤为明显。为了迎合种族情绪强烈的白人支持者，他们极力撇清自己与废奴主义的关系，为此不惜背弃自己曾经宣称的原则。

1844年，约翰·哈里斯在国会做证时说：

> 我可以自信地承诺：《人民宪法》的支持者们从来没有意图或计划去帮助废奴运动，我们所从事的是一场争取批准宪法的运动，而不是一场废奴运动。参与到这场政治改革事业中的人们一直以来都很清楚这样一个事实：人类不同种族之间是有差别的。他们非常清楚，在这个国家的公民政府中，"人民"这个词的政治含义是什么。他们从来没有主张，也绝不会主张，"人民"包括外国人、印第安人或奴隶。①

从这番话中我们很难想象，不久之前，这些人还是把"自然权利"与"政治平等"时常挂在嘴边的激进派。《人民宪法》的批准是罗得岛选举权运动的巅峰，但也极大地动摇了整个选举权运动赖以生存的思想根基。罗得岛激进派用自己的武器伤害了自己。

---

① Testimony of John S. Harris, in *Burke's Report*, p. 116–117.

三、"人民"的统治:"多数人的权力"与"少数人的权利"

把"人民主权"的理论贯彻到实践中,使"人民"的统治能够在现实政治中变得可行,"多数原则"毫无疑问是唯一的方法。因此,民主制中似乎天然地存在一种对"多数人"的尊崇,认为"多数人"的意愿一定是合理的,"多数人"的统治一定是正当的。

在以多尔为首的激进派看来,"多数"是神圣的。正是因为罗得岛政府对选举权的限制,以及代表制的不平等,使"多数"处于政治上无权的地位,他们才义无反顾地投身于立宪运动。他们的目标在于,通过废除选举权的土地资格以及重新分配议会席位,让所有成年白人男性都参与到政治决策中来,让人民的政治影响力与其人数成正比,从而在罗得岛真正实现"多数统治"。这个目标在《人民宪法》中得到了实现。改革派对《人民宪法》收到的13944张赞成票进行了仔细分析:这些票中,有4960张来自现存法律下合乎资格的选民,而在现存法律下罗得岛所有合乎资格的选民总人数是9590人;另外8984张赞成票来自原本没有选举权的人,而这部分罗得岛的总人数是13084人(见表3-1)。所以,他们相信《人民宪法》得到了"两个大多数"的支持——大多数原本没有选举权的人,以及大多数原本就拥有选举权的人。[1] 多尔据此自信地宣称:自己"不是为了任何一个党派和地区的利益",更不是自私地"只为维护自己的权利",而是"为了保卫所有人的福祉"。[2] 而对手的《自由民宪法》被否决的事实,让他们更加相信,"多数人"是站在自己一边的,所以,没有得到合法的授权丝毫不影响自己事业的正当性和神圣性。

---

[1] "Resolutions of the People's Convention, Declaring the Adoption of the People's Constitution", in *Burke's Report*, p. 438-439; Majority Report, in *Burke's Report*, p. 18.

[2] "Address to the People of Rhode Island, August 10, 1843", in *Burke's Report*, p. 758.

表3-1 《人民宪法》在各村镇所获赞成票的构成情况

单位：张

村镇	自由民票数	非自由民票数	总数
普罗维登斯	1059	2497	3556
史密斯菲尔德	382	956	1338
锡楚埃特	208	316	524
格罗斯特	195	207	402
坎伯兰	294	598	892
克兰斯敦	167	237	404
约翰斯敦	141	206	347
北普罗维登斯	214	469	683
福斯特	124	114	238
布瑞尔维尔	149	134	283
纽波特	319	883	1202
朴次茅斯	71	55	126
新肖勒姆	102	13	31
詹姆斯顿	18	13	31
米德尔顿	8	22	30
蒂弗顿	102	172	274
小康普顿	19	25	44
沃里克	309	591	900
东格林维奇	50	85	135
西格林维奇	17	45	62
考文垂	157	249	406
布里斯托尔	152	214	366
沃伦	103	107	210
巴林顿	28	24	52
威斯特里	107	144	251
北金斯顿	84	169	253

续表

村镇	自由民票数	非自由民票数	总数
南金斯顿	138	137	275
查尔斯顿	64	36	100
埃克塞特	52	82	134
里士满	44	88	132
霍普金顿	83	79	162
罗得岛	4960	8984	13944

资料来源:"People's Convention", in *Burke's Report*, p. 203-204。

多尔完全沉浸在对"多数"的自信中。当皮尔斯、安东尼等人最早提出要争取外界支持的时候,他表示反对,其理由是:"人民的意见是唯一重要的,只要有大多数人民的支持,就足以证明《人民宪法》的合法性了。"1841年5月,在"人民政府"面临被罗得岛政府军和联邦军队联合绞杀的危急时刻,多尔四处奔走,以"人民"的名义,或者以"人民"的代表自居,向缅因、新罕布什尔、马萨诸塞和纽约等州请求军事或政治援助。① 他甚至觉得,即使联邦军队武力干涉,全国"人民"也都将站在他这一边。到时,罗得岛政府和联邦军队将陷入"人民"反抗的海洋,"这场斗争将成为全国性的战争"。② 虽然最后武力夺权的惨淡收场使这些"豪言壮语"显得苍白而可笑,但依然无法动摇他对"多数"的信念。1844年,当多尔接受"叛国罪"的审判时,他的辩护律师特纳曾经三次请求向陪审团提交《人民宪法》的投票名单,理由是"该证据被允许提交给陪审团,对于我方的主要观点是必不可少的"。③

---

① Dennison, *The Dorr War*, p. 51; Mowry, *The Dorr War*, p. 172, 173.
② Mowry, *The Dorr War*, p. 174-175.
③ "Report of the Trial of Thomas W. Dorr, Governor of the State of Rhode Island under the People's Constitution, on the Charge of Treason, State of Rhode Island, vs. Thomas W. Dorr——for Treason, at Newport, R. I., April 26, 1844", in *Burke's Report*, p. 919.

多尔本人甚至还请求法庭召集每一位选民前来对质,让他们亲口证明自己的选票。① 可见,直至最后一刻,多尔仍然认为,"多数"的支持比一切制度规定或者法律条文更能证明自己的正当性。

然而,多尔最崇拜、最有自信的这一点恰恰成为反对派攻击的焦点,连他认为最有说服力的证据——《人民宪法》得到的13944张赞成票,在反对派看来也是不可信的。根据《人民宪法》的规定,每一个年满21岁的、在本州居住满一年的美国男性公民都有资格参加投票。投票总共进行6天。前3天,每个选民要亲自投票,登记名字,表明是赞成还是反对宪法;后3天,因为生病或其他原因没有投票的选民,可以让别人代替他投票,只要把自己的名字写在选票正面,把替自己投票的人的名字写在选票背面就可以了。② 反对派指责,这种被称为"代理投票"(proxy-voting)的制度对选民身份和资格缺乏最起码的审查,根本无法保证选票的真实性。

雅各布·弗里兹(Jacob Frieze)曾投票支持过《人民宪法》,但不久即改变了立场。后来他在国会做证时回忆说:

> 在我参加的普罗维登斯市第三区的投票中,投票者只需要表示是赞成还是反对,根本不需要出示任何证据来证明自己是否有资格投票,即使是外国人、陌生人等,也不需要任何能够证明其归化和公民权的文件。在后3天,我听选举协调人和书记员说,他们接受了大量海员等人的"代理票",他们在投票前很长时间根本不在本地居住。③

弗里兹估计这些人的数量大约有200—300人之多。《奈尔斯国民纪事》(Niles' National Register)对纽波特的选票进行了分析审

---

① "Report of the Trial of Thomas W. Dorr", in *Burke's Report*, p. 918.
② Mowry, *The Dorr War*, Appendix B: "The People's Constitution", p. 343.
③ *Burke's Report*, p. 664.

查，得到的结果令人震惊：

> 在1202张支持《人民宪法》的票中，有231张是来自未归化的外国人，有52张来自没有满足居住时间资格的人，有5张来自没有满足年龄资格的人，还有20张或是非本州居民，或是在他们登记投票的时间根本不在纽波特。不仅如此，还有11人被发现投了两次票，还有些人在名单上显示是投票了，但他们自己却宣称根本没投过票。这仅仅是一个村镇的情况！①

虽然无法准确计算出《人民宪法》的全部13944张支持票中到底有多少票是可信的，但是据反对派的统计，前3天只收到9000张支持票，后3天的"代理票"有将近5000张，这些票的真实性都是非常值得怀疑的。②

在反对派眼中，这样一个有致命缺陷的投票制度显然是多尔等人故意设计的，目的就是确保得到多数票，因为"在后3天，任何已经投过票的人可以自由地投任何数量的票"，"如果前3天没有达到足够票数的话，为了实现多数，他们会尽可能多地带朋友来凑数"。③"人民宪法会议"秘书约翰·哈里斯在投票时担任普罗维登斯市第六区投票点的协调人。他后来在国会做证时承认："当时接受这些选票的原因是，……如果不接受，我们就会输给对手。"④

---

① *Niles' National Register*, Jan. 7, 1843.
② *The Merits of Thomas W. Dorr and George Bancroft, as They are Politically Connected*, By a Citizen of Massachusetts, Boston：1844, p. 18; *Speech of Mr. Potter, of Rhode Island, on the Memorial of the Democratic Members of the Legislature of Rhode Island, Delivered in the House of Representatives*, March 7, 9, and 12, 1844, p. 9.
③ *The Merits of Thomas W. Dorr and George Bancroft*, p. 18; *Speech of Mr. Potter, of Rhode Island, on the Memorial of the Democratic Members of the Legislature of Rhode Island, Delivered in the House of Representatives*, March 7, 9, and 12, 1844, p. 9.
④ Testimony of John S. Harris, in *Burke's Report*, p. 104.

因此，反对派相信，《人民宪法》获得"多数"选民的支持，根本就是投票舞弊的结果。这也就可以解释，既然得到了"人民"压倒性多数的支持，那么为什么当多尔领导武力夺权的时候，只有区区 200 名追随者？为什么刚一开打，这些人就四处逃散？为什么 6 月当多尔策划再次组织武力进攻时，却几乎无人响应？这些事实使得反对派指控说，多尔等人的行为，根本不是如其所说的那样是"为了公众福利"，他们"打着'人民'的旗号"，用尽一切"蛊惑和欺骗的技巧"来煽动民众，为的只是满足自己的政治野心。① 在这场"政治阴谋"中，"人民"完全被"蒙蔽"、被"玩弄"了，一旦民众醒悟过来，他们就马上抛弃了多尔。"所以，所谓的'多数的支持'实际是不存在的，整个问题是一个伪问题。"②

激进派承认"代理票"中存在舞弊现象。但是他们坚持说，"代理票"很少，即使把有问题的选票排除也不会影响《人民宪法》的投票结果。赛尔斯后来在国会作证时表示："投票是本着最虔诚的信仰来进行的，决心不接受任何根据相关条款规定没有能力投票的人的选票……据我对此次投票及以往历次投票的了解，我很肯定地说，这次投票中的非法选票的数量在本州多年来历次批准宪法投票中是最少的。"③

激进派的另一个证据是：当《人民宪法》的投票结果出来之后，激进派曾经请求特许状议会调查选票的真实性，但是被拒绝了。虽然议会给出的理由是"侮辱了荣誉，且不是职责范围"，但是在激进派看来，议会纯粹是因为不敢调查，因为"要是能对这个事实提出合理的质疑的话，他们肯定会非常愿意去做"。所以，"议会拒绝调查就等于默认《人民宪法》得到的多数票是真实的——他

---

① *The Close of the Late Rebellion in Rhode Island, An Extract from a Letter by a Massachusetts Man Resident in Providence*, Providence: B. Cranston & Co. 1842, p. 13.

② Francis Wayland, *The Affairs of Rhode Island: A Discourse Delivered in the Meeting-House of the First Baptist Church*, Providence, May 22, 1842, p. 6, 11-22.

③ *Burke's Report*, p. 253-254.

们自己确认了这个事实"。① 但是，激进派始终无法像其对手那样给出确定的数据。有人说是 3762 张，还有人说不超过 200 张。②

反对派进一步指出，即使投票结果是真实的，《人民宪法》确实被大多数人民批准了，但是因为缺乏对少数人权利的保护，它无法真正代表"人民"，而只会成为"多数暴政"的工具。

在共和制度下如何实现"多数人统治"，以及如何协调"多数人"和"少数人"的关系是美国早期国家构建中的核心问题。在当时很多建国精英们看来，造成邦联经济和社会不稳定的主要原因在于"过度民主"而导致的"多数暴政"。③ 邦联时期，很多州议会中的多数派试图以发行纸币的方法来缓解债务人的负担。他们不惜牺牲作为少数派的债权人的权利，强迫债权人接受贬值越来越严重的纸币，否则就强行解除债务，其实等于多数派凭借政治上的优势来剥夺少数人的财产。他们还无视《邦联条例》的规定，拖欠甚至拒绝缴纳税款，公开违反邦联签订的外交条约，导致邦联政府积贫积弱、内外交困。各州的行政和立法机构的虚弱和依附地位也无法对议会中的多数派形成有效制约。

基于邦联的教训，当建国精英们重新设计美国政治制度时，他们最大的担忧莫过于以派别形式出现的多数派压制少数派的权利。

---

① Goodell, *The Rights and Wrongs of Rhode Island*, p. 21; *Might and Right*, p. 157-158.

② Goodell, *The Rights and Wrongs of Rhode Island*, p. 18; Testimony of John S. Harris, in *Burke's Report*, p. 104.

③ 这只是精英们的看法。一些学者指出，当时还有很多美国人认为，造成邦联时期各种政治弊端的原因是"民主不足"，州议会的代表们没有听命于大多数选民的意愿。这些人也主张邦联政府需要改革，但改革的方向是"推进民主"，而不是"抑制民主"。1787 年政治秩序的确立，是精英们在美国早期政治构建中主导地位的体现，也是由于持"推进民主"主张的改革派内部成分多样、缺乏团结、彼此对立，以及在具体如何改革的方案上无法达成一致。此类观点可参考：Woody Holton, "An 'Excess of Democracy', Or a Shortage: The Federalists' Earliest Adversaries", *Journal of Early Republic*, Vol. 25, No. 3 (Fall, 2005), p. 339-382。

麦迪逊对此有深刻的反思。他指出："我们的政府太不稳定，在敌对派别的冲突中不顾公益，决定措施过于频繁，不是根据公正的准则和小党派的权利，而是根据有利害关系的占压倒多数的超级势力"，因而"目前最被误用，因此最需要澄清的观念是多数的利益就是对与错的政治标准"。在他眼中，一个共和政府不应该成为某一个派别或阶级的政府，而应该是全体"人民"的政府，既要保护多数派，也要保护少数派，"在不同利益和派别之间保持中立，控制社会的一部分不侵犯另一部分的权利"①。

以麦迪逊为首的联邦主义者们正是从防止"多数暴政"这一点来论证他们"大共和国"的理论的——"社会愈小，组成不同派别和利益集团的可能性就愈少；不同派别和利益集团愈少，发现同一派别占有多数的情况就愈多；组成多数的人数愈少，他们所处的范围就愈小，他们就更容易结合起来，执行他们的压迫人民的计划。把范围扩大，就可包括种类更多的派别和利益集团；全体中的多数有侵犯其他公民权利的共同动机的可能性也就少了"。大共和国胜于小共和国之处，在于"其派别的种类较多，能更好地防止一个派别在数量上超过其他派别而且压迫它们。……给不讲正义和图谋私利的多数人以更大的障碍"②。具有讽刺意味的是，作为联邦中领土最小的州，罗得岛在联邦主义者心目中不幸地被归为"多数人便于结成压迫他人的集团"的危险之地。③

---

① Federalist No. 10, in Alexander Hamilton, James Madison and John Jay, *The Federalist Papers*, Toronto, New York: Bantam Books, 1982, 译文参考［美］汉密尔顿、杰伊、麦迪逊:《联邦党人文集》，程逢如、在汉、舒逊译，商务印书馆1980年版，第45页; Madison to James Monroe, October 5, 1786; Madison to Jefferson, October 17, 1788; "Vices of the Political System of the United States", April 1787, in Gaillard Hunt ed., *The Writings of James Madison*, New York: G. P. Putnam's Sons, 1900, Vol. 2, p. 183; Vol. 5, p. 272; Vol. 2, p. 241。

② Federalist No. 10, in *The Federalist Papers*.

③ Federalist No. 51, in *The Federalist Papers*, 译文参考［美］汉密尔顿等:《联邦党人文集》，第264、265页。

除了扩大共和国的范围之外，联邦主义者们还以"代表制"为基础，设计出一种复杂而精密的分权制衡机制，目的是让代表"人民"行使权力的各个政府部门之间能够相互制约，防止权力集中到任何一个部门手中。鉴于邦联时期州议会下院的"多数暴政"，联邦主义者强调"有必要让其他政府部门有符合共和原则的、防御的权力"。① 具体说来，"其他政府部门"首先指的是一个人数更少、更精英化、任职年限更长的联邦参议院。根据麦迪逊的最初设想，参议员最合适的任职年限应当是9年，因为只有这样，参议院才具备"足够的持久性和稳定性"，才能够"承担起保护少数人的权利免受多数人的侵害的责任"。此外，联邦主义者认为，一个强有力的行政首脑也是十分必要的。在联邦制宪会议上，宾州代表古维诺尔·莫里斯（Gouverneur Morris）说，既然发行纸币、减轻债务等不公正的政策将会借助民众激情的不可阻挡之势席卷国会，那么，总统就需要权力来制止这种情况的发生。麦迪逊不仅赞同一个强有力的行政首脑，而且力主授予总统否决国会法案的大权，因为他认为，这"对于保护少数人——无论富人、债权人还是宗教异端人士——的安全，帮助他们抵御来自多数人不公正、有偏见的压迫是至关重要的"。②

反联邦主义者们也承认"多数暴政"的可能性以及防止这种暴政的必要性，这一点与联邦主义者是一致的。不同之处在于，他们的方法不是"大共和国"和复杂的政府结构，而是把保护每个人的自由和权利写入宪法。这是他们坚持《权利法案》的原因。"阿格里帕"说，《权利法案》的目的在于"服务于保障少数人免受多数人的篡权和专制"，在一个共和政府中，它是"保护少数人，防止

---

① Federalist No. 51, in *The Federalist Papers*; Farrand, ed., *Records of the Federal Convention*, Vol. Ⅱ, p.74.

② Farrand, ed., Records of the Federal Convention, Vol.1, p.108, 431; Vol.2, p.76, 78, 110, 299.

多数人的篡权和暴政所必需的"。① 马里兰的"自耕农"进一步强调了这个观点:"千真万确,个人权利常常和多数人的明显利益相冲突——因此,在政府形式中,政治自由的比例越重,权利法案的必要性就越突出———个人的自然权利常常会和民主政府中大多数人的利益或者狂热激情相冲突;如果这些权利没有加以清楚和明确地肯定,个人很可能会落入下风。"②

可以说,革命时期的建国精英群体中存在一个普遍共识,那就是:"多数统治"是民治政府的运行规则,是"民主"和"平等"精神的最好体现,但如果没有与保护少数人的权利结合起来,它将成为断送共和国性命的毒药。而在一个以"多数人"为天然统治者的民主制中,少数人的权利只有通过一系列相应的制度、程序和法律才能得到切实的保障。

和当年的建国精英一样,多尔的反对者们也始终把"如何在一个多数人的统治中保护少数人的权利"当作首要的关切。在他们看来,"多数暴政"正在这个缺乏制度和法律依据的"人民宪法会议"中上演,所以,即使《人民宪法》获得了多数的支持,也是没有正当性的。

他们以"人民宪法会议"代表的选举过程为例。代表们是先由各镇的选举权党分支机构提名,再经选民投票批准而产生的。代表名额的分配严重倾向于人口稠密,也是激进派大本营的北部工业地区,仅普罗维登斯一市就拥有 18 个代表名额,而南部农业地区 3 个镇甚至连一个名额也没有。虽然选民的条件相当宽泛——居住在本州一年以上或居住在本镇半年以上的所有成年男性都有权投票——但是投票率却相当低,全州只有 7512 人参加投票。反对者们估算,其中只有大约 2500 人是自由民,仅仅是全州合法选民人数的 1/4,而非自由民的人数也不到全州的一半。也就是说,无论

---

① Agrippa, in Storing, ed., *The Complete Anti-Federalist*, Vol. 4, p. 111.
② A Farmer, in Storing, ed., *The Complete Anti-Federalist*, Vol. 5, p. 15.

是在全州的自由民,还是在非自由民中,会议代表都没有获得多数批准。一个连会议代表都没有获得多数同意的制宪会议,制定出的宪法怎么能号称代表"人民"呢?

他们进一步指责,这场所谓的"人民宪法会议"完全是"选举权党"自导自演的政治表演。他们利用"人数"的优势,自己提名代表,自己召开会议,自己制定宪法,最终又以"人数"的优势为自己披上神圣、合法的外衣。少数派在选举代表时没有发言权,在制定宪法时被排除在外,在批准宪法时发出的微弱抗议也很快被"多数"的海洋所淹没。所以,这个所谓的《人民宪法》,打着"人民"的幌子,实际上只是"多数暴政"的工具,"它要做的第一件事就是侵犯或者忽视与多数人的需求不相符的少数人的某些重要权利,以及对个人自由的保护"。[1] 一位马萨诸塞人在其小册子中说:一个制宪会议正当与否,不能仅仅看在数字上是否得到了多数支持,更重要的是看少数派的声音是否得到了表达,否则,"无论这个'多数'的数目有多么巨大,即使他们在全体人民中占了百分之九十九,都不重要。只要少数人的利益和意愿在其中没有得到代表,这个制宪会议都是不正当的"。[2]

那么,如何才能防范和制止这种"多数暴政"呢?

反对派认为,最有效的办法就是强调议会在制宪过程中的作用。从罗得岛特许状的规定,以及几十年来修订特许状的惯例来看,议会在制宪过程中的作用主要体现在以下三个环节:首先,需要由议会来确定"人民"是否有立宪的意愿,这主要是通过议会投票而非全民表决来实现。其次,需要由议会来组织"人民"选举制宪会议的代表,具体来说包括确定选民和候选人的资格、确定选举的方式、日期和地点,以及监督选举的公正性等。最后,还需要议会将制定出的宪法提交"人民"批准,清点并公布选票。总之,议

---

[1] *The Merits of Thomas W. Dorr and George Bancroft*, p. 12.
[2] *The Merits of Thomas W. Dorr and George Bancroft*, p. 14.

多尔战争：美国的政治变革与论争（1790—1840）

会在制宪过程中扮演发起者、组织者和监督者的角色。

必须要说明的是，随着制宪会议在性质上逐渐被确立为一个独立于议会的、直接表达人民意愿的机构，在程序上，它与议会的关系也越来越疏离，与人民的关系也越来越密切。具体体现在：制宪会议召开之前，要通过全民表决先确认"人民"是否有修宪立宪的意愿；宪法修订或新宪法制定出来之后，要提交全体"人民"批准。然而，这种程序上的变化是在美国革命之后几十年的历史中逐渐完成的，且各州完成的时间各有先后。1820年马萨诸塞、1821年纽约、1829年弗吉尼亚和1835年北卡罗来纳的宪法会议在召开之前经过了全民表决；而1844年新泽西，以及罗得岛此次以及之前1824年和1834年的制宪会议都没有经过全民表决。① 没有事先经过全民表决，是因为这些州仍然把议会作为唯一能够代表全体"人民"意愿的机构。正如罗得岛的反对派们所解释的，之所以议会能够抗衡制宪过程中的"多数人暴政"，是因为议会是"由全体人民建立、能够代替全体人民行动、表达全体人民意志的共同机构"②，"既代表州内的多数人，也能代表少数人"③。所以，当制宪会议被"多数人"意见所控制的时候，议会可以成为少数人伸张权利的舞台。

为了彻底瓦解"多数"的神圣性，反对派们特别强调"多数人"不等于"全体人"，强调宪法、法律和议会等作为"全体人民"意愿的体现，其权威高于"多数人的意愿"。他们指出，从政府的本质来看，政府是由"人民"共同的同意而建立的，变更或者

---

① Walter F. Dodd, *The Revision and Amendment of State Constitutions*, p. 46 – 47; Roger Sheman Hoar, *Constitutional Conventions: Their Nature, Powers, and Limitations*, p. 66.

② John M. S. Causin, *Minority Report of Congress Appointed to Inquire into the Interference of the President in the Affairs of Rhode Island in 1842*, Washington D. C., 1844, p. 19.

③ *The Merits of Thomas W. Dorr and George Bancroft*, p. 14.

废除它自然也需要"人民"共同的同意,而这个共同的同意,只能由全体"人民"自己,或者由一个能够代表全体"人民"意愿和权力的机构——议会或者政府才能给予。①

奥雷斯蒂斯·布朗森从词源学的角度考察说,"Demos"的含义是"普通人","Democracy"表示的是一个区别于世袭贵族制的、属于全体普通人,并由全体普通人治理的政府,而不是属于多数人,由多数人治理"。多数的权力"只有在宪法规定的范围内才具有正当性",否则,"即使是 100 个人中 99 个人共同行动,都不能算是'人民'的行动,而只是暴民的行为"。布朗森指出,如果把"多数人统治"绝对化、神圣化的话,"不仅会摧毁道德的所有基础,和少数人自由的所有可能性,而且还会带来最毁灭性的后果":

> 它将创造出一群煽动家,他们表面上宣称热爱人民,赞扬人民的美德和主权,实质上是为了助长人民的愚昧和轻信;它将使人民在道德上懈怠,从而为大规模的贪污腐败铺垫了道路;它将养成一种不诉诸真理、公正、智慧和美德,转而仅仅诉诸人数力量的习惯;它将摧毁所有男子汉的气概,摧毁所有思想和行动的独立,让一个人变得虚弱、懦弱、优柔寡断、趋炎附势;它将让我们在考察一个职位的候选人时,不是去想谁是最诚实、最能干的,而是想谁将控制最多选票;它将让我们在考察一个政策时,不是想哪一个政策公正、智慧、对公共福利是必须的,而是去想哪一个政策会得到大多数人的支持。②

---

① Causin, *Minority Report*, p. 19, 21.
② O. A. Brownson, "Democracy and Liberty", in *The United States Magazine and Democratic Review*, Vol. XII, 1843, p. 384-385;"Origin and Ground of Government", in *The United States Magazine and Democratic Review*, Vol. XIII, 1843, p. 247, 249.

虽然是多尔最猛烈的批评者之一，但其实布朗森一直是一位坚定的改革派。早年他在新英格兰地区创立了《波士顿改革者》(*Boston Reformer*)、《波士顿每季评论》等多份报刊，均以谴责保守派、促进政治改革为己任。但1840年大选以及紧接着发生的"多尔战争"，改变了他对"民主"的思考。① 他认为这些事件充分暴露了"过度民主"可能带来的危险。他开始不信任普通民众的美德、智慧和自我统治的能力，批评当时美国社会流行的所谓"赞美和听从民众的智慧和品位"是"一种很危险的倾向"，将"使整个社会的思想水平降低到民众那种狭隘、粗鲁和盲目的程度，让整个美国思想界变得浅薄而空虚"。② 对普通民众的这种蔑视情绪，让布朗森很自然地成为精英政治的辩护人。他提醒美国人说：

> （在谈论人民应当统治时）别忘了，每个人不是在所有事情上都是平等的。人们在才能和天赋上有巨大的差异。一个人会做出漂亮的鞋子，但无论怎样的训练都不能让他雕出一个维纳斯或一个阿波罗。另一个人可能成为一个优秀的银行出纳，但无论怎样训练，他都不能成为一个优秀的议员，或者让他理解文明社会的基本原则。必须存在领袖，也总是存在领袖。有些人有天分成为政治领袖，有些人能在哲学、神学、科学或文学中独领风骚。③

所以，当布朗森提出"我们真正的口号不应当是'多数人的统治'，而应当是'宪法的统治'"的时候，他不仅仅是出于保护少数人自由的考虑，也是为了用制度框架来规制民主，从而维护精英

---

① 关于布朗森的转变，可参考：Arthur M. Schlesinger, Jr., *A Pilgrim's Progress: Orestes A. Brownson*, Boston: Little Brown and Company, 1939, p. 109-111。
② Brownson, "Origin and Ground of Government", p. 130.
③ Brownson, "Origin and Ground of Government", p. 131-132.

统治的政治秩序。①

反对者们承认多数人统治的权力，但是，就像"人民主权"一样，当"多数人统治"原则在实践中运行时同样必须解决一些具体问题：什么是大多数？多数人的统治能到什么程度？能多绝对？对此，他们的回答是："多数人统治"绝不能仅仅以数字为依据，它必须限定在"在特定的问题上"，"在宪法规定的范围内"。②

在"多尔战争"刚刚平息，激进主义仍未偃旗息鼓之际，前总统约翰·昆西·亚当斯站出来表示："有人告诉我们，民主是全体人民的政府，普选权是其唯一的规则，即'人数'的民主构成了主权，而且主权必须由多数来掌握。但是，民主不是，也不能仅仅是一个'人数'的政府。"③ 1844 年，当多尔在法庭上企图用"人数"来为自己辩护时，首席法官德非用最明确的语言否定了"多数统治"的绝对性：

> 一个以遵循法律、执行法律为己任的法庭，不会去关注任何没有获得合法授权的非法行为。因此，大多数人是否为所谓的《人民宪法》投了票，或者哪些人投了票，这些被告力图证明的问题并不重要。数字不算什么。我们必须考察行为的合法性。没有合法授权的形式，任何行为都是无效的。④

可以看出，从革命建国时期，一直到 19 世纪三四十年代，美国早期构建民主政治中有一条始终坚持的原则，那就是：否认"多数统治"的绝对性，强调用宪法和制度的力量来制约"多数的权

---

① Brownson, "Origin and Ground of Government", p. 252.
② "The Recent Contest in Rhode Island", *North American Review*, Vol. 58, No. 2, p. 414.
③ John Quincy Adams, *The Social Compact*, p. 18.
④ "Report of the Trial of Thomas W. Dorr", in *Burke's Report*, p. 918.

力",保护"少数人的权利"。它后来也成为现代各种民主理论和实践中的一条共识。当代精英民主理论家萨托利归纳的"有限多数原则",参与民主理论家卡尔·科恩从保护每个人公平执政的权利出发而强调的"变动多数裁定"的规则,以及法学家德沃金为了反击"多数至上主义的民主"而提出的新概念"合宪性的民主",都是旨在确认和强调这个原则。①

除了在选票的真实性上受到攻击,以及被指控为"多数暴政"以外,多尔等激进派还不得不面对另一个尴尬:"多尔战争"结束之后,罗得岛政府组织制定的新宪法也得到了多数人的批准。既然多尔信奉"多数统治",那么他就无法否认这一部宪法的正当性,而且必须承认:它比《人民宪法》更有权威,因为"这是大多数人意愿的最新表达"。② 所以,多尔宁愿选择坐牢也不愿意宣誓效忠新政府,这件事即使是在改革派看来也是不合逻辑的。

多尔的朋友理查德·伦道夫(Richard K. Randolph)曾经也是激进派的一员,但是他不需要经过什么思想上的激烈转变就轻松接受了罗得岛新政府。他还亲自前往监狱去规劝多尔效忠。他说,他不是要求多尔抛弃自己的信仰,也不是要求他否认多数人支持《人民宪法》的事实。他只是来提醒多尔:"最新的事实证明,本州大多数人民如今是支持现任政府的。如果你宣称多数有权力统治的

---

① [美]乔万尼·萨托利:《民主新论》,冯克利、阎克文译,上海人民出版社2009年版,第45页;"变动多数裁定"的规则,指的是一种方法,目的在于"让社会上相等百分比的两部分人可以作为多数轮流执政,并且组成这些百分比的成员也将随着问题的不同与实践的不同而处于不断变化之中",从而防止一个绝对的、固定的、封闭的"多数人的集团"垄断权力,见:[美]科恩:《论民主》,聂崇信、朱秀贤译,商务印书馆1988年版,第74—77页;"合宪性的民主",指的是"由一个在结构、组成和实践上对社会所有成员都视予以同等关注和尊敬的政治机构所做出的集体决定",见:[美]罗纳德·德沃金:《自由的法:对美国宪法的道德解读》,刘丽君译,林燕平校,上海人民出版社2001年版,第20—21页。

② *Brownson's Quarterly Review*, Oct. 1, 1844.

话，那么宣誓效忠现任政府就不会违背你的任何原则。"① 像伦道夫这样的人不在少数。对于一个既满足了自己改革目标，又不违背自己的原则，还得到了多数人民批准的宪法，大多数改革派确实是难以拒绝的。多尔等激进派试图用"多数统治"来证明自己的正当性，结果反而否定了自己的正当性；他们越信奉这个原则，就越难以为自己辩解。

小　结

自革命以来，美国人对"人民主权"存在两种不同的认识。一种是认为"人民主权"的理论和实践存在落差，"人民主权"的原则不能解释为现实生活中每个单独的个体，或者泛指自然属性的所有人都拥有最高权力，也不意味着多数人的统治是绝对正义的。政治领域的"人民"一词是有特定含义和特定范围的，在现实生活中"人民"的权力必须受到限制。基于这种考虑，建国精英们精心设计了一种代表制，在保证政体共和性质的前提下，在"人民"与政治权力的运作中间设立一个"隔离层"。另一种是不愿意限制"人民"的权力，不接受"人民主权"的原则在现实中"打折扣"，不满意美国代表制民主之下精英统治的政治秩序。这两种"人民主权"观念之间的对立和竞争，在美国政治生活中制造了一系列的持续冲突。

"多尔战争"正是这种持续冲突的体现。以多尔为首的激进派宣扬"人民"变更政府的权力不能受到任何制度和法律的制约，强调"多数"赋予自己的神圣性，并试图用"自然权利"的话语抹掉"人民"的界限。而反对多尔的人成为美国政治制度和政治秩序的坚决维护者。他们把"进步"分为两种：一种是激进的，通过破坏来追求进步；另一种是保守的，通过服从既定制度来追求进步。

---

① Testimony of Richard K. Randolph, in *Niles' National Register*, Nov. 23, 1844.

前者"在人民主权问题上持放纵的激进主义观点,蛊惑人心地吹嘘人民的美德和智慧",在他们看来"恰恰阻碍了自己目标的实现"。他们和当年的建国精英们怀有同样的信念:美国的代表制民主是一种"得到很好调控的民主",它能够最大限度地表达全体"人民"的意愿,能够最有效地制约任何一种权力的滥用,能够最公平地保护所有人的权利。因此,他们相信,后一种保守的方法——"在秩序之中和通过秩序来追求自由",是实现自由的更有效的途径。[1]

正是出于对美国代表制民主的这种坚定信念,让丹尼尔·韦伯斯特能够用这样一种态度来看待"罗得岛问题"的影响:

> 它给我们带来的不是伤害,而是好处。它会洗涤政治空气中一些有毒的迷雾,并且我相信它会清除人们思想中那些没有根据的观念和谬误。我相信它会让人们去审视民治政府的光荣的代表制给我们带来的秩序。民治政府的原则将会经得起危机的考验,正如它们能经得起其他的考验和折磨一样。[2]

---

[1] Brownson, "Democracy and Liberty", p. 386-387.
[2] "The Rhode Island Government", in *The Works of Daniel Webster*, Vol. 6, p. 241-242.

第四章
民主与"革命"的权利

"多尔战争"引发的另一个政治争议是关于"革命"与"革命权"的正当性。在西方近代政治话语中,"革命权"虽然被确认为人民的自然权利之一,神圣不可剥夺,但它的行使却有着严格的限定;"革命"一词虽然有正面含义,但在法国革命中越来越强烈地打上了暴力的印记。美国代表制民主的建立,改变了这两个词在美国政治文化中的内涵和价值。一方面,作为一种理论原则的"革命权"走向了"激进化",几乎成了一种不受任何约束、可供民众自由行使的最高权力;另一方面,作为一种现实政治的"革命"走向了"非暴力化",进而形成了一种独特的"和平革命观",即认为美国民主政体的一系列制度安排为政治变革提供了和平的途径,政治目标不仅应该,而且完全能够通过和平的方式实现。在"多尔战争"引发的政治论争中,激进派和反对派们围绕着后革命时代中的"人民"是否还拥有"革命权",如何行使"革命权",以及"革命"是否还有必要等问题展开了激烈的争论。这是对"革命"与"革命权"的内涵和价值的一次重新讨论,也是对美国民主政体的性质和职能的一次重新认识。

一、"革命权"的激进化

人们能否推翻自己的统治者,能否反抗现任政府和现有政治秩序？这种反抗在什么情况下是正当的？西方人对这些问题的探讨可以追溯到古希腊时期。古希腊哲学的一个重要命题就是人与自然的关系。在思考这一问题的过程中，古希腊人逐渐确立了一种自然正义的思想，以及自然法和人定法对立的二元法律思维框架，进而形成了一整套关于道德、国家和公民服从之间关系的政治学说，并以此为依据对现实社会的法律、规则和秩序进行评判和选择。他们强调，自然中内含着一种永恒正义，任何与之相违背的法律、政策、伦理规范、行为准则和风俗习惯等都应当变更和废弃，任何违背了自然正义的统治都是没有正当性的。后代学者普遍认为，古希腊人的这种自然正义思想，为西方政治和法律观念中最具持久性的一种信念——自然法传统奠定了基础。①

中世纪的神学家们给自然法观念注入了宗教的元素。他们继承了具有超越性、永恒性的古代自然法思想，但对其作出了神性的解释。基督教哲学的集大成者托马斯·阿奎那把法分为永恒法、自然法、神法和人法四个不同的层次。其中，永恒法是指上帝统治整个宇宙体系的最高的、最普遍的法，代表了上帝的理性和智慧，是万物无法摆脱的秩序和生存规则，是其他一切法的基础和源泉。因此，阿奎那提出，一个违背了上帝旨意的法律，一个有损于人类的共同福利，或者旨在满足立法者自己的贪婪和虚荣心的法律，或者在制定过程中立法者逾越了职权范围的法律都是不正当的，不应该被遵守。就统治的正当性而言，人们应该效忠被上帝选为统治者的

---

① 意大利著名自然法学家亚历山德罗·登特列夫把自然法观念简单概括为：人们相信在人为制定的法律和现实的法律关系之上，存在着一种永恒、普适性的公道和正义；它是"对与错的终极标准"，是"用以评价、指导和规范现实政治关系的模范"，也是"人类自我反省的一个有力激素和现存制度的一块试金石"。Alessandro P. d'Entreves, *Natural Law: An Historical Survey*, New York: Harper & Row, 1965, p.7.

人,但是人们不应该效忠反抗上帝旨意的人。① 因此,可以说,中世纪世俗统治者的权力从来就不是绝对的,和古代世界的统治者一样,他们受到一种更为强大、更具普适性、代表着永恒正义的力量的制约。所以,研究中世纪政治思想的学者基尔克(Otto Gierke)说:"中世纪基督教哲学确认了反抗的原则,甚至可以说,确认了用武力来反抗强制实施非正义的、专制法律的原则。"②

近代以来的自然法,在格劳秀斯、霍布斯、洛克、孟德斯鸠和卢梭等人的推动下,形成了一套具有崭新政治法律内涵的法哲学体系。这种体系的显著特征,即它与古代和中世纪自然法观念的重要区别在于,近代自然法观念从"义务本位"转为"权利本位",它把自然的永恒正义的原则具体化为每个人与生俱来的、不可剥夺的"自然权利"。列奥·施特劳斯在谈到这一点时指出:

> 前现代的自然法学说教导的是人的义务;倘若说它们多少还关注一下人的权利的话,它们也是把权利看作本质上是由义务派生出来的。而在17世纪和18世纪的过程中有了一种前所未有的对于权利的极大重视和强调。可以说,重点由自然义务转向了自然权利……无条件的自然权利成为一切自然义务的基础。③

近代自然法学家们在论述自然法的过程中,普遍把"自然权利"作为自然法的根本内容。格劳秀斯认定的"自然权利"包括

---

① J. M. Kelly, *A Short History of Western Legal Theory*, Oxford: Charendon Press, 1992, p. 136—137;刘素民:《托马斯·阿奎那自然法思想研究》,人民出版社 2007 年版,第 93—107 页。

② Otto F. Gierke, *Political Theories of the Middle Age*, Cambridge: Beacon Press, 1958, p. 35.

③ [美]列奥·施特劳斯:《自然权利与历史》,彭刚译,生活·读书·新知三联书店 2003 年版,第 186 页。

生命权、财产权、遵守契约的权利以及个人有使用自己权利的自由。霍布斯认为,"自然权利"的核心是自我保全生命的自由,即每个人都有权利使用自己的力量做任何事情,以保存自己的生命。

对近代自然权利体系阐述得最为系统的是洛克。他以自然状态为逻辑起点,以社会契约为理论框架,把"自然权利"概括为生命权、自由权和财产权,把维护和促进人们的"自然权利"作为政府的目标,以及判断政府一切活动和国家一切法律的终极标准,从而也确立了"反抗暴政的权利"。洛克把"暴政"定义为:统治者"运用他所掌握的权力,不是为了处在这个权力之下的人们谋福利,而是为了获取他自己私人的单独利益","不以法律而以他的意志为准则","不以保护人民的财产而以满足他自己的野心、私愤、贪欲和任何其他不正当的欲望为目的"。在这种情况下,统治者就"背弃了人民的委托","使自己与人民处于战争状态",因此也就丧失了人民对他的服从,以及曾授予他的权力。"这一权力便重新归属人民,人民便恢复了他们原来的自由权利,并通过建立他们认为合适的新立法机关以谋求他们的安全和保障。"①

洛克非常清楚"反抗权"的威慑力和潜在的破坏力。他在论证"反抗权"的同时,也对这种权利的行使限定了条件:"反抗权"只能"被用于反抗非正义的和非法的力量,凡是在其他任何场合进行任何反抗的人,会使自己受到上帝和人类的正当的谴责"。而且,"反抗权""只应该在一个人受到阻碍而无法诉诸法律时才能被使用",当人们在暴政下受到的压迫和伤害"可以通过诉诸法律而得到赔偿和纠正的时候",用武力来反抗政府是没有理由的。洛克强烈地谴责反抗合法政府的行为。他说:

---

① John Locke, *Two Treatises of Government*: *In the former, the false principles and foundation of Sir Robert Filmer and his followers are detected and overthrown; the latter, is an essay concerning the true original, extent, and end of civil government.* London, 1728, p. 276, 278, 290-291, 译文参考:[英]洛克:《政府论》(下篇),叶启芳、瞿菊农译,商务印书馆1981年版,第121—122、134页。

第四章　民主与"革命"的权利

　　我相信，不论是统治者或臣民，只要用武力……种下了推翻合法政府的组织和结构的祸根，他就严重地犯了我认为一个人所能犯的最大的罪行，他应该对于由于政府的瓦解使一个国家遭受流血、掠夺和残破等一切祸害负责。谁做了这样的事，谁就应该被认为是人类的公敌大害，而且应该受到相应的对待。①

　　为了凸显这两种"反抗"在性质上的根本区别，洛克把"人民反抗统治者的暴政"称为"revolution"，而把"反对以政府的宪法和法律为依据的权威"称为"rebellion"，把"以武力来破坏法律并以武力为自己的违法行为辩护的人"称为"rebels"。②

　　在这里有必要追溯一下"revolution"一词的含义演变。该词原为拉丁文，指的是一个移动的物体完成一个循环运动之后回到起始点。在中世纪的大部分时间里，该词主要是用于天体物理学领域，用来描述行星的周期性运转。1543 年出版的哥白尼的天文学著作《天体运行论》，其拉丁书名为 *De Revolutionibus Orbium Coelestium*，英文即 *On the Revolutions of the Heavenly Spheres*。虽然是一个物理学词汇，但由于柏拉图、亚里士多德、波利比阿等经典作家提出的政体循环思想对于当时欧洲人来说早已耳熟能详，所以"revolution"一词顺理成章地进入了政治学领域，被用于描述一种政治上的周期运动或者变化，是一个中性词。17 世纪中叶开始发生在英国的一系列政治变动使"revolution"一词在政治话语中变得活跃起来。詹姆斯·哈林顿（James Harrington）、马修·雷恩（Matthew Wren）等英国作家常常用该词来描述当时英国政局的变

---

①　Locke, *Two Treatises of Government*, p. 279, 281, 297, 译文参考：《政府论》（下篇），第 124、126、139—140 页。

②　Locke, *Two Treatises of Government*, p. 293-294, 译文参考：《政府论》（下篇），第 136—137 页。

动。1688年驱逐詹姆斯二世的事件，被视为持续了几十年的一个政治变动周期的完结，因而被支持者称为"Great Revolution"或"Glorious Revolution"。①

从这段历史的追溯中，我们不难看出，洛克对于两种"反抗"的区分，在一定程度上改变了"revolution"一词的内涵。它原先只是一个中性的、描述性的词汇，而在洛克笔下则被赋予了正面色彩，成了"在某些条件下"能够正当行使的一种自然权利。

洛克关于"反抗"和"革命"的认识在17—18世纪英国政治思想中非常有代表性。约翰·弥尔顿（John Milton）、阿尔杰农·西德尼（Algernon Sidney）等英国革命时期思想家，以及约翰·特伦查德（John Trenchard）、托马斯·戈登（Thomas Gordon）、本杰明·霍德利（Benjamin Hoadly）等18世纪英国辉格党政治家们对"革命权"的界定和洛克基本类似。他们一方面确认"革命权"是人民的自然权利，神圣不可剥夺，另一方面对于"革命权"的行使施加了严格限定：第一，它不能用于反抗"统治者偶尔的失误"；第二，它不能为个人或少数人所用，只能被多数人用来反抗暴政；第三，它只能在所有其他方法都尝试失败之后才能使用。② 这一时期流行的多部英语字典也清晰地展现了"revolution"与"rebellion"在词义上逐渐分离的趋势——前者指的是"政府的变化或事件的巨大转折"，而后者指的则是"蓄意违背法律"或"公开用武力反抗

---

① 关于"revolution"的词源和演变，可参考：Raymond Williams, Keywords: A Vocabulary of Culture and Society, New York: Oxford University Press, 1983, p. 270-273; Felix Gilbert, "Revolution", in Philip P. Wiener ed., Dictionary of the History of Ideas, New York: Charles Scribner's Sons, 1973, Vol. IV, p. 153-155; ［英］戴维·米勒、韦农·波格丹诺主编：《布莱克维尔政治学百科全书》，邓正来译，中国政法大学出版社2002年版，第705—706页。

② Pauline Maier, From Resistance to Revolution: Colonial Radicals and the Development of American Opposition to Britain, 1765-1776, Vintage Books: A Division of Random House, 1972, Chapter 2.

合法政府的叛逆行为"。①

从古希腊到 18 世纪的欧洲,自然法观念从一种朴素的伦理要求,演变为一种抽象的哲学体系,并以此为基础,在近代衍生出西方政治的一整套组织和运行原则,以及人民与政府之间一系列的权利和义务关系。北美殖民地与母国的政治辩论正是发生在以权利本位为特征的近代自然法的语境之中。殖民地人深受母国政治思想的影响。他们为自己的反抗和独立辩护,使用的正是 17 世纪以来英国的"革命权"理论。

历史学家波琳·迈耶(Pauline Maier)在考察北美殖民地的反英活动时指出,1770 年之前殖民地人的反印花税法斗争、"自由之子社"、抵制英货运动等,实际上是一种"有序的反抗"(ordered resistance),殖民地人遵循了"正当反抗"的传统标准,目标旨在废除不公正的法律,纠正政治弊端,而非全面否定母国权威。1770 年之后,随着与母国矛盾的不断加深,以及曾经对英国议会、英王以及英国人民所寄予的希望全部破灭,殖民地人才开始重新定位反抗运动的目标和方向。② 然而即使此时,他们也不忘恪守"革命权"的边界。

1775 年 12 月 6 日,针对英国议会指控殖民地"阻碍法律的实施和预谋发动叛乱",大陆会议通过了一份决议来作为回应,把"暴政"的存在作为证明自己"革命"正当性的依据。决议强调,殖民地人不是"反抗国王的正义权力",也不是"反抗国王合法地

---

① See N. Bailey, *An Universal Etymological English Dictionary*, London, 1675; John Kersey, *Dictionarium Anglo-Britannicum*: *or*, *A General English Dictionary*, London, 1708; Thomas Dyche, and William Pardon, *A New General English Dictionary*, London, 1760; Samuel Johnson, *A Dictionary of the English Language*, Dublin: Printed by W. G. Jones, 1768.

② Pauline Maier, *From Resistance to Revolution*: *Colonial Radicals and the Development of American Opposition to Britain*, 1765-1776, Vintage Books: A Division of Random House, 1972.

行使权力",而是"反抗国王和议会宣称和行使不合法的权力"。大陆会议代表们相信,英国实行暴政在先,这充分证明"我们是在明确规定有权利反抗的情形下才反抗的"。①

1776年7月4日的《独立宣言》更是传统"革命权"理论的一次精彩展现。《独立宣言》宣称,殖民地"不得不改变政府制度的原因",在于英国政府"屡屡伤害和掠夺殖民地","要在各州之上建立一个独裁暴政"。为了更有力地证明自己革命的正当性,《独立宣言》不惜用超过一半的篇幅来一一列举英国国王实行"暴政"的"罪状",总共列了26条,然后指出:"一个君主,当他的每一个行动都证明其是一个暴君时,他就不配统治自由的人民。"最后,《独立宣言》还不忘强调,即使是在这样的情形下,殖民地人在行使"革命权"时也是慎之又慎的:"在遭受这些压迫的每一阶段,我们都曾以最谦卑的言辞吁请予以纠正,但屡次请求所得到的答复是屡次遭受伤害。……我们曾恳求(英国弟兄们)天生的正义感和雅量,乞求他们念在同种同宗的份儿上,弃绝这些掠夺行为,……可他们对这种正义的、血肉之亲的呼吁也同样充耳不闻。因此,我们不得不宣布和他们脱离。"②

从反抗走向革命,美国人最大限度地调动了"革命权"的理论能量,也严格恪守了"革命权"的边界:"革命"虽然是人们与生俱来、不可剥夺的权利,但它只是反抗暴政的最后一条途径。然而,战争打响之后,很多美国人对于"革命权"的界定也逐渐突破了原先的边界——"人民"不是只能在反抗暴政时和走投无路时才有权革命,而是能够在自己认为合适、有必要、对自己福祉有利的任何时候发动革命,变更或推翻政府。在他们看来,"革命权"几

---

① *Journals of the Continental Congress*, Washington, 1823, Vol. Ⅲ, p. 410.

② "Declaration of Independence", in Henry. S. Commager, ed., *Documents of American History*, 7th edition, New York: Meredith Publishing Company, 1963, Vol. 1, p. 100-103,译文参考:[美] J. 艾捷尔编:《美国赖以立国的文本》,赵一凡、郭国良主译,海南出版社2000年版,第29页。

乎成了一种不受任何约束、可供人民自由行使的最高权力。

"革命权"的激进化倾向最集中地体现在革命时期制定的第一批州宪法中。在弗吉尼亚、宾夕法尼亚、马里兰、马萨诸塞、特拉华和新罕布什尔等州宪法的《权利法案》中都包含有"变更或推翻政府"的条款。其中，只有马里兰和新罕布什尔宪法沿袭了传统的"革命权"的边界，而1776年弗吉尼亚宪法和宾夕法尼亚宪法、1780年马萨诸塞宪法以及1792年特拉华宪法则取消了这些限定，把何时、以何种方式变更或推翻政府的决定权完全交给了"人民"自己，规定"人民"有权在自己"安全、繁荣和幸福需要的任何时候"，"以自己认为最有利于公共福利的方式"，或者"有权根据情势所需，不时地改革、变更或废除政府"。①

有学者认为，《联邦宪法》也是"革命权"激进化的体现。虽然《联邦宪法》没有用《权利法案》来确立"人民"的"革命权"，但是，联邦制宪会议违背了其"修改邦联条例"的原定目的，在合法性受到质疑的情况下，废弃了一个政府，建立了另一个宪法和政府，这一行为本身就是"人民"自由行使"革命权"的结果。此外，《联邦宪法》序言中说，制定本宪法的原因在于"建立更完善的联邦"，没有说是因为邦联政府违背了自己的目标，长期滥用权力和施行暴政。与十几年前的《独立宣言》相比，《联邦宪法》表达出的"革命的逻辑"显然是激进了许多。② 这种激进的"革命权"虽然没有出现在宪法的文本里，但在当时很多人看来，它已经深深融入宪法的精神之中，甚至是美国宪法及美国共和制区

---

① The Constitution of Maryland, 1776; The Constitution of New Hampshire, 1784; The Constitution of Virginia, 1776; The Constitution of Pennsylvania, 1776; The Constitution of Massachusetts, 1780; The Constitution of Delaware, 1792; in Thorpe, ed., *The Federal and State Constitutions Colonial Charters*.

② 持此观点的有：Harris George Mirkin, *The Revolutionary Republic: The Right of Revolution and the American Constitutional System*, Ph. D. Dissertation, Princeton University, 1967, p. 11-14; Fritz, *American Sovereigns*, p. 28。

别于旧世界的根本所在。1788 年,詹姆斯·艾尔德尔(James Iredell)在北卡罗来纳批准宪法大会上发言说:

> 在其他国家,政府的起源是模糊的,政府的构成和我们的不一样,政府被认为是统治者和人民之间的契约。结果是,这个契约只能通过双方的同意才能废止。因此,除非统治者变得专制和压迫,否则人民没有权利重新组成政府。这是欧洲一些君主制政府秉持的原则。而我们的政府建立在更加高尚的原则之上,美国人很清楚地知道是自己创立了政府。"人民"能够在自己认为合适的任何时候重新组成自己的政府,而不仅仅是在"人民"的仆人和代理人压迫性地滥用了权力的时候。人民能够仅仅因为"他们认为另一个形式的政府会更有利于自己的福祉"这个简单的原因而变更政府。这是我们目前正在考察的宪法的根本原则。①

可见,经过美国革命之后,传统的作为反抗暴政的工具的"革命权"出现了激进化的倾向。在很多人看来,"革命权"不仅是"人民"与生俱来的、毋庸置疑的、不可剥夺的权利,而且是可以任意行使、不受制约的。"人民"有完全的自由来决定何时,以及以何种方式变更或推翻政府。这种激进的"革命权"的表述不仅体现在美国联邦和各州的宪法文本中,也常常出现在美国早期许多精英人物的文字和话语中,包括杰斐逊、麦迪逊、汉密尔顿、潘恩、联邦最高法院法官约翰·杰伊、詹姆斯·威尔逊、约翰·马歇尔、威廉·帕特森、约瑟夫·斯托里等。这些文本和言论被"罗得岛问题"中的激进派们反复援引,成为他们证明自己正当性的历史

---

① Statement of James Iredell, in Elliot, ed., *The Debates in the Several States Convention on the Adoption of the Federal Constitution*, Vol. IV, p. 9.

依据。

二、"革命"的非暴力化

关于"革命"一词的确切定义,虽然当代政治学者们仍有诸多争议,但大多普遍同意,"革命"是发生于政治领域的一场全面而深刻的变动,它具备激进性、突发性、暴力性的共同要素。而这些要素之所以被注入"革命"一词的内涵,显然不是归功于 17 世纪中后期的英国革命,而是 18 世纪末的法国革命。可以说,是法国革命真正塑造了"革命"一词的现代含义。①

法国革命爆发之初,在其尚未展现出强烈的暴力性时,几乎得到了美国人的普遍支持。当时移居费城的英国著名激进派领袖威廉·科贝特(William Cobbett,化名为 Peter Porcupine)观察道:"法国革命初始,所有怀着共和思想的美国人无不对该事件表现出极大的兴趣,所有人都急切地期盼它的彻底胜利。……每一个真正的美国人都怀着喜悦的心情阅读每一篇报道其进展的文章,对于自由取得对专制的每一场胜利都心怀感激。"之所以普遍支持,是因为美国人认为,是美国革命的原则激发了法国革命,法国人就像当年的自己一样,是在为自由而战。与其说他们是在赞扬法国革命,不如说是在展示自己的骄傲。

早在法国革命还未爆发之前的 1788 年,时任驻法大使的杰斐逊就告诉华盛顿说,法国"被我们的革命唤醒了"。古维诺尔·莫里斯也赞同杰斐逊的说法:"法国革命的很多领导人在美国汲取了原则,所有人都受到了我们榜样力量的激励。"潘恩对法国革命的态度最为热情,他把巴士底狱的攻陷描述为"美国原则传播到欧洲的第一个成熟的果实",并向华盛顿表示:"毫无疑问,是美国革命

---

① Felix Gilbert, "Revolution", in Philip P. Wiener ed., *Dictionary of the History of Ideas*, New York: Charles Scribner's Sons, 1973, Vol. IV, p. 157–159.

的原则打开了巴士底的大门。"① 报纸上也频繁出现此类文章。如1789年9月7日《波士顿公报》说:"自由女神的帽子上将会增加另一根羽毛","一种美丽的传染病从英国跨越了大西洋来到美国,如今又传播到了法国"。②

然而,1792年底尤其是1793年以后,随着法国国内暴力活动不断升级,很多美国人的态度发生了改变。③ 他们把所有暴行的罪魁祸首指向雅各宾主义,说"它曾经是一种以理智和正义为基础的神圣的反抗精神",但后来却"逐渐超越了理智的界线",如今,它已经成为一种"疯狂的暴力",而且更为可怕的是,它"正在这个国家(法国)以一种传染病的方式蔓延——这种残酷的、毁灭性的疾病比天花、瘟疫甚至黄热病都更加有害"。④ 在相当一部分美国人,尤其是当权的联邦主义者们看来,更加可怕的是,这种疾病已经传染到了美国。汉密尔顿说:"(雅各宾主义)在美国过于流行的现象很令人担忧。由于它的影响,美国出现了一批人,试图追求和法国同样的事业……引诱我们的政府认可并推进法国的有害原则。"⑤ 亚当斯也忧虑地表示:"在我们自己的国家也有雅各宾分

---

① Jefferson to George Washington, 4 Nov. 1788; Gouverneur Morris to George Washington, 29 April 1789; Thomas Paine to George Washington, 1 May 1790, in Daniel Sisson, *The American Revolution of 1800*, New York: Alfred A. Knopf, 1974, p. 169 - 171.

② *Boston Gazette*, Sept. 7, 1789.

③ 关于美国人对法国革命的态度,可参考: Lance Banning, *The Jeffersonian Persuasion: Evolution of a Party Ideology*, Ithaca, N. Y.: Cornell University Press, 1978, Chapter 8; James Roger Sharp, *American Politics in the Early Republic: The New Nation in Crisis*, New Haven: Yale University Press, 1993, p. 69 - 91; Rachel Hope Cleves, *The Reign of Terror in America: Visions of Violence from Anti-Jacobinism to Antislavery*, New York: Cambridge University Press, 2009, p. 58 - 103; Charles D. Hazen, *Contemporary American Opinion of the French Revolution*, Baltimore, 1897, p. 139-277.

④ "Jacobinism", *Aurora General Advertiser*, Nov. 12, 1799; "Prevent the infection of Jacobinism", *Herald of Liberty*, Nov. 26, 1798; *Philadelphia Gazette*, Dec. 21, 1796.

⑤ Conor Cruise O'Brien, *The Long Affair: Thomas Jefferson and the French Revolution*, 1785-1800, The University of Chicago Press, 1996, p. 192-193.

第四章　民主与"革命"的权利

子,他们和法国的雅各宾分子用同样不当的手段,追求同样邪恶的目标。"①

他们口中的"国内的雅各宾分子"主要是指:18世纪90年代以"威士忌反叛"为代表的一系列民众暴力和反叛运动;民众自发成立的、以反对现任政府和政治秩序、无条件支持法国革命为原则的"民主共和团体",以及以杰斐逊为首的、为法国革命和美国各种民众暴力行为做辩护的"共和党人"。在他们看来,"雅各宾主义"不仅限于"雅各宾派"当权的那段期间,也不仅限于法国。所有试图,或者赞同以暴力的手段寻求政治表达和政治变革的,甚至,即使是没有政治意图的纯粹的暴力,如小酒店里几个醉汉打架斗殴,也被他们称为"真正的雅各宾主义"。②

因此,随着法国革命不断走向激进,随着"革命"一词越来越强烈地打上"暴力"的印记,越来越多的美国人意识到了自己革命的独特性。他们在对比美法革命的过程中,开始重新审视美国语境下"革命"的价值和内涵,进而形成了自己独特的"和平革命观"。

最早认识到美国革命独特性的是它的亲历者们。在回顾自古以来旧世界的政局变迁的同时,他们不断地赞扬美国革命和立宪过程

---

① Letter from John Adams to Abigail Adams, Dec. 7, 1792, *Adams Family Papers*: *An Electronic Archive*, Massachusetts Historical Society, http://www.masshist.org/digitaladams/.

② 1798年10月29日晚上,在康涅狄格州萨菲尔德(Suffield)镇的一个小酒店里,有四个人喝醉酒后寻衅滋事。他们辱骂、恐吓店主和其他顾客,最后发展为严重的打架斗殴,造成一人重伤。当地报纸在报道此事时,警告说:"这是真正的'雅各宾主义'!……如果它在世界上建立起邪恶统治的话,那么社会将会变得多么可怕啊!"接下来的几天里,康涅狄格、罗得岛、佛蒙特、纽约、马萨诸塞、新罕布什尔等州共有9份报纸纷纷转载了这篇报道。*The Monitor*, Nov. 14, 1798; *Connecticut Journal*, Nov. 15, 1798; *Salem Gazette*, Nov. 16, 1798; *Albany Gazette*, Nov. 19, 1798; *Worcester Gazette*, Nov. 21, 1798; *Courier of New Hampshire*, Nov. 24, 1798; *Federal Galaxy*, Nov. 27, 1798; *Northern Centinel*, Nov. 27, 1798; *The Courier*, Nov. 28, 1798.

中的理性、谨慎和非暴力的精神。他们总结说,"政府的革命,总体来说是一个暴君取代另一个暴君的混乱交替,或者是在一片废墟上崛起少数野心勃勃的贵族","欧洲的政局变动都曾经导致血流成河,此刻,最难控制和驾驭的激情也正在欧洲上演"。然而,他们指出,美国的经历却完全不同。"我们对英国取得的胜利建立在完全不同的基础之上,我们没有处在幻想和激情的环境中,没有被狂热的情绪激怒,没有被野心家煽动,没有用另外一个人来取代退位的君主。"世界上"从来没有哪一个国家允许人民用集体的智慧来和平地商议并决定哪一种政府形式最切合人民的意愿,允许人民坦率地审查并商议批准或否决宪法"。他们认为,美国人"是通过最冷静、最谨慎的宪政手段来实现政府变更的",美国的革命"是理性的结果","是通过理性而实现的"。①

法国革命极大地强化了美国人对于自己革命性质的认知。在1789年以后的十几年里,关于法国革命的报道和评论大量充斥在美国的报纸、期刊、宗教文学、政治演说和小册子、个人信件,乃至小说、诗歌之中。他们在赞扬、质疑、反思或者批判法国革命的同时,也在不断思考着美国革命的性质。他们普遍认为,美国革命"呈现出的是一种防守性的温和",正是这种温和,"使得美国革命区别于历史上所有其他的革命","使得美国人能够永远避免革命的所有恶果";而法国革命则"缺乏美国人在争取自由时那种温和的节制精神",它表现出的是一种"空前的、攻击性的暴力和无法抑制的愤怒",结果,"不幸很快降临了法国"。汉密尔顿提出,法国革命和美国革命根本没有可比性,因为法国的自由精神和美国的不

---

① Simeon Baldwin, *An Oration Pronounced Before the Citizens of New Haven*, July 4th, 1788, p. 10-11; William Pierce, *An Oration*, delivered at Christ Church, Savannah, on the 4th of July, 1788, p. 7-8; Enos Hitchcock, *An Oration*, delivered July 4th, 1788, p. 11-12; [Daniel Leonard] "Massachusettensis", *The Origin of the American Contest with Great - Britain*, New York, 1775, p. 40; David Ramsay, *The History of American Revolution*, Philadelphia: Printed and sold by R. Aitken, 1789, Vol. 1, p. 350.

同,"它缺乏人道、礼仪、庄重、秩序、尊严和神圣性"。一位神父则用了更加形象的语言:"自由的火苗,在美国是温和的、良性的,但在法国就变成了火山的烈焰。……自由在法国革命中贬值了。"①

美国革命的非暴力性和温和性,是人们强调的重点。联邦主义者的主要舆论阵地之一《合众国公报》 (Gazette of the United States) 上的一篇文章指出:"美国革命不像法国革命那样,它不是通过屠杀、谋杀或剥夺人权来实现的","在美国,没有发生残忍的暴行——没有出现人的头颅被穿在杆子上,妇女的身体被糟蹋得残缺不全,并被游街示众,罪犯遭到冷酷的屠杀,以及神职人员被任意骚扰、谋杀或者掠夺的现象。"② 一篇在波士顿发表的国庆日布道词中也出现了类似的话:"从内部来说,美国没有发生野蛮、狂热的革命。我们没有发生旺代战争 (Vendean War),人民的手上没有沾上兄弟的血。我们的革命法庭没有充满……无辜受害者的血污。"③

有的人即使承认美国在争取独立的过程中"付出了很多鲜血和财富的代价",甚至"也有全面混乱的危险","险些重演古希腊共和国的意见纷争和嫉妒、利益化的政治,以及野蛮的无政府主义",但他们强调,真正奠定美国政治秩序的宪法,却完全是以和平的方

---

① Friedrich Von Gentz, *The Origin and Principles of the American Revolution*, Philadelphia, Maxwell for Dickins, 1800, p. 49, 58, 61; Joseph Dana, *A Sermon, Delivered Feb.* 19, 1795: *Being a Day of General Thanksgiving, Throughout the United States of America*, Newburyport, Mass., 1795, p. 14 – 15; statement of Hamilton, in Rachel Hope Cleves, *The Reign of Terror in America: Visions of Violence from Anti-Jacobinism to Antislavery*, New York: Cambridge University Press, 2009, p. 79; Elisha Lee, *An Oration Delivered at Lenox, the 4th July, 1793, the Anniversary of American Independence*, Stockbridge, Mass., 1793, p. 12.

② *Gazette of the United States*, Jan. 16, 1793.

③ John Lowell, *An Oration, Pronounced July* 4, 1799, *at the Request of the Inhabitants of the Town of Boston in Commemoration of the Anniversary of American Independence*, Boson, Mass., 1799, p. 11.

式确立的,"是自由辩论和成熟商议的结果,是通过理智和论证而实现的"。这部宪法,如同"黑夜中迸发出的一道光亮",把美国从混乱的深渊中挽救了回来。①

联邦主义者们批判法国革命,也就是在批评18世纪90年代美国国内各种试图或者赞同以暴力手段寻求政治表达和政治变革的人,即所谓的"国内的雅各宾分子"。通过对比美法两国革命的不同经历和结果,联邦主义者们把美国塑造为"和平革命"的典范,实际上是想用美国的经验告诉这些人:"革命"并不必然与暴力相连;暴力是有害的,是不可取的,他们追求的政治目标应该通过和平的方式实现。

除了对自己革命的认知以外,促使"和平革命观"形成的另一个关键因素,是美国人对自己政治制度的认知。他们相信,美国民主政体的一系列制度安排为政治变革提供了和平的途径,政治目标不仅应该,而且完全能够通过和平的方式实现,暴力是完全没有必要的。

选举制,被视为"和平革命"的最有力的保障。选举是一个民治政府"民主性"的最直接的体现。在美国的代表制民主中,政府的所有官员都是人民直接或间接选举产生的,都是人民的代表。如果政府施行了暴政,就是违背了人民的委托,那么人民只需要在下次选举中重新选择代表就可以轻松地予以纠正。选举,用汉密尔顿的话说,是"一个民主政体或代表制政体中天然的纠正施政不善的

---

① Elisha Lee, *An Oration Delivered at Lenox, the 4th July, 1793, the Anniversary of American Independence*, Stockbridge, Mass., 1793, p. 13; David Osgood, *A Discourse, Delivered February 19, 1795: The Day Set Apart by the President for a General Thanksgiving through the United States*, Boston, 1795, p. 12.

办法"①,用北卡罗来纳国会议员纳撒尼尔·梅肯(Nathaniah Macon)的话说,是"我们安全的主要基石",是对弊端的"一种和平的纠正",是"阻止权力滥用的一剂解药"。② 而且,在美国,"每个人都是自己的主人,几乎每个人都是自由土地持有者,都有选举的权利",所以,人们更应该用选票,而不是用武力来纠正政治弊端,实现政治变革。③

民主政体的建立改变了美国人进行政治变革的方式。如果说美国人宣称 18 世纪六七十年代殖民地人诉诸"法外行为"来进行政治动员和组织,用武力来寻求独立,是因为他们在英国议会没有得到有效代表,没有和平变革的途径的话,那么,独立以后,在一个普遍的、公正的选举制的保障下,革命时期的那些"不得已而为之"的政治手段就没有存在的必要了。他们相信,民主制下的选举,完全可以成为革命的功能性替代物。这也是在以后的美国历史中,效仿革命时期的政治手段,用"法外的"或暴力途径寻求政治变革的运动都遭到谴责的主要理由。

革命时期著名的激进派牧师赫尔曼·赫斯本德(Herman Husband)在 18 世纪 60 年代卡罗来纳"监管者战争"期间曾不遗余力地参与并捍卫农民的"法外行为",然而他却并不认为这是长久之计。1782 年,当赫斯本德畅想未来的共和国政体时,他预测说,如果这个政体让农民能够通过选举解决所有不满情绪的话,那么像 18

---

① Federalist No. 21, in *The Federalist Papers*, 译文参考:《联邦党人文集》,第 103 页。在第 44 篇中,麦迪逊也说,如果国会错误地解释宪法,或者颁布违宪的法令的话,虽然第一条防线是行政和司法机构,但是,"最后一个纠正的方法来自人民,人民能够通过选举更忠诚的代表来宣布国会的法令无效"。

② Speech of Nathanial Macon, *Annals of the Congress of the United States*, 7th Cong., 1 Sess. (Feb. 1802), p. 717, 720.

③ Statement of John Steel, in Jonathan Elliot, ed., *The Debates in the Several States Convention on the Adoption of the Federal Constitution*, Washington, 1836, Vol. IV, p. 71-72.

世纪 60 年代这种暴民和反叛活动就再也不会重演了。①

同赫斯本德一样,革命时期另一位著名的激进派领导人塞缪尔·亚当斯(Samuel Adams)对待民众反抗活动的态度也经历了 180 度大转弯。亚当斯是 18 世纪六七十年代马萨诸塞反英运动的核心人物。他领导了波士顿民众反对印花税法和汤森税法的斗争,组织成立了波士顿通信委员会,被学者们视为"民众暴力的煽动家"②。正是这位在革命时期最积极支持民众反抗运动的人,当谈论到 18 世纪 80 年代马萨诸塞西部农民为了抗议高税收,敦促政治改革而自发召开的"法外的"民众大会和委员会时却说:

> 我们现在拥有宪政政府,我们所有掌权的人都是由人民每年一次的自由选举决定的,即使没有(这些民众大会和委员会),我们也是安全的。至少可以说,它们现在变得没有用了。……如果公共事务的处理不当,如果不诚实的、没有能力的人溜进了政府,让我们高兴的是,在我们美国宪法之下,纠正这些弊端的权力属于人民。下一次选举中的审慎和智慧将会拨乱反正,人民自己成立的会议和团体完全是没有必要的。③

他指出,此类行为与当年殖民地的反英运动根本没有可比性,因为"我们的法律是由我们自己选举出的议会制定的,政府是依照

---

① Herman Husband, *Proposals to Amend and Perfect the Policy of the Government of the United States of America, or, The Fulfilling of the Prophecies in the Latter Days, Commenced by the Independence of America*, Philadelphia, 1782, p. 6.

② 史学界对塞缪尔·亚当斯的评价,可参考:James M. O'Toole, "The Historical Interpretations of Samuel Adams", *New England Quarterly*, Vol. 49 (March 1976), p. 82-96。

③ Samuel Adams to Noah Webster, 30 April 1784, in Harry A. Cushing, ed., *The Writings of Samuel Adams*, New York: G. P. Putnam's Sons, 1904, Vol. 4, p. 305.

我们自己同意的方式建立的,税收是由我们自己选举的代表征收的",所以,当年反抗英国的那些政治手段如今丧失了合法性。亚当斯建议州长使用军事力量镇压叛乱,并从重处罚。①

与此同时,一名波士顿人匿名写信给马萨诸塞州长,他反对"谢斯反叛"的理由与塞缪尔·亚当斯几乎一模一样:

> 在这个共和政体内,所有官员,无论职位高低,他们的权威无不来自人民,他们的行为无不受制于法庭的约束。……如果本州公民所承受的冤屈可通过议会行动而得到救济,那么我们认为,在这一情形内,他们的权利就不可能再做扩展,因为本州议会是人民一年一度选出来的;虽然在一年任期内,我们的控诉不会得到倾听,但是在下一次选举中,我们可以将那些会回应我们合理期待的人送上权力的舞台。……公民同胞们……现在,我恳请你们努力行动,仅以合宪且有序的方式纠正我们的冤屈。②

对于18世纪90年代的"威士忌反叛",塞缪尔·亚当斯同样持谴责态度。他重申了自己之前的说法:

> 联邦政府以及各州政府的法令,从本质上说是人民的法令,我们的宪法提供了一个安全和容易的途径来纠正任

---

① *Massachusetts Centinel*, Sep. 13, 1786. 塞缪尔·亚当斯对"谢斯反叛"的态度,可参考: Pauline Maier: "Coming to Terms with Samuel Adams", *American Historical Review*, Vol. 81, No. 1, Feb., 1976, p. 12-37; Pauline Maier, *The Old Revolutiona-ries: Political Lives in the Age of Samuel Adams*, New York: Alfred A. Knopf, 1980, Chapter 1; William Pencak, "Samuel Adams and Shays's Rebellion", *The New England Quarterly*, Vol. 62, No. 1, March, 1989, p. 63-74。

② Bruce Ackerman, *We The People: Transformations*, Cambridge: Harvard University Press, 1998, p. 45.

何现实的弊端。我们的宪法是根据我们自愿缔结的契约而建立的，由我们经过频繁选举而任命的人来实施，我们生活在这样的宪法之下，没有人比我们更自由。（既然如此，）有什么借口用武力反抗法律呢？如果法律在实施的时候是压迫性的话，一个经自由选举而产生的代表在未来的审议中能够对此做出宪法上的纠正。①

1794年9月，宾州西部一些反对"威士忌反叛"的人召开了民众大会。他们反对的理由和亚当斯也是一样的："用武力来反抗压迫只有在人民无法用法律的、宪法的途径纠正弊端，以及压迫所造成的邪恶过于泛滥而必须不得不反抗时，才是合法的。"这正是美国革命有正当性的原因。而宾州西部的情形却不一样，选民们在议会中得到了代表，"共和政府中的每一种纠正弊端的途径"都是可用的。因此，在这种情况下，暴力反抗反而变成了"少数人试图否决……和压迫大多数人民"。②

其实，就这场反叛运动的参与者来说，虽然对现实政治都有着强烈的不满和改革的意愿，但他们对于用什么手段来实现变革却有着截然不同的看法。以宾州华盛顿县副总检察长戴维·布拉福德（David Bradford）为首的一批激进分子，对州和联邦政治的腐败和贵族倾向感到十分绝望。他们认为，改变现状的唯一办法就是将宾州西部地区分离出去，建立一个新的、真正以普通民众意愿为基础的政府，为此使用武力也在所不惜。这种想法让以芬德利为首的温和派很恐慌。作为资深国会议员的芬德利虽然极力为这次反叛辩护，但他从不认为武力是解决问题的合适办法。他认为，美利坚共和国的任何政治变革都能够通过现有的政治制度来完成，民众不应

---

① Samuel Adams to the Legislature of Massachusetts, 16 January 1795, in Cushing, ed., *The Writings of Samuel Adams*, Vol. 4, p. 373.

② Sharp, *American Politics in the Early Republic*, p. 99-100.

当试图对抗或者推翻政府,而是要充分利用制度内的渠道去严密"监管"政府。而这种制度内的渠道,芬德利认为,非选举制莫属。他劝告宾州西部的农民,要利用选票箱来同联邦主义者角逐权力,"暴力反抗从来不能迫使统治者……改变政策",它只会使政府的立场更顽固,并且导致"敌对和流血冲突"。当华盛顿总统召集民兵动员时,两种看法的分野立刻公开化了。在8月28日举行的内部会议上,有超过半数的代表选择站在芬德利一边,布拉福德派沦为了少数。①

18世纪90年代,另一次试图用"法外"途径寻求政治变革的运动——"民主共和团体"也遭到了同样的批评。批评者说,这类组织也许在法国是有必要的,因为在法国"是专制统治,民意无法战胜它,人民没有渠道得到代表",也许"在需要推翻政府时,(它)作为一种革命手段是非常棒的",但是"在自由、幸福的美国却没有立足之地"。因为"美国的大量官员是由人民直接选举,或是由选举人根据宪法规定的模式选举产生的,包括议员、委员会、州长、法庭、陪审团成员和警察等",可以说,"整个国家到处都是组织良好的、代表人民意愿的机构"。②

学者罗伯特·丘吉尔(Robert H. Churchill)研究了18世纪90年代中后期共和党人政治态度的变化。他指出,在如何应对亚当斯政府"暴政"的问题上,共和党人内部的态度一直存在分歧。温和派主张用选举、请愿等制度内的手段推动政治变革,而激进派认为"人民"有权自己行动,判断议会法律是否违宪以及是否应当继续对政府保持效忠。1799年发生在宾州的一场武力抗税斗争——弗莱斯反叛(Fries's Rebellion)结束了共和党内部的分歧。在看到

---

① Alfred F. Young, Gary B. Nash and Ray Raphael eds., *Revolutionary Founders: Rebels, Radicals, and Reformers in the Making of the Nation*, New York: Vintage Books, 2012, p. 248, 246.

② Sharp, *American Politics in the Early Republic*, p. 101; Sean Wilentz, *The Rise of American Democracy*, p. 70.

"人民"自行其是所带来的暴力和混乱之后,共和党人在对抗"暴政"问题上的态度逐渐趋于一致。《纽约阿格斯报》(*New York Argus*)告诫读者说,公民拥有的"不是反抗行政机构的权利,而是抗议的权利和用每一种合宪手段来纠正弊政的权利"。纽瓦克的《自由哨兵报》(*Sentinel of Freedom*)也敦促其读者"通过合宪的方式"来废除《惩治煽动叛乱法》,并指出,所谓"合宪的方式"指的是"在村镇会议或县会议通过抗议的方式向自己的代表提出要求"。当时著名的科学家、政治家托马斯·库伯(Thomas Cooper)因强烈谴责《惩治煽动叛乱法》和攻击亚当斯总统而被判刑,但他仍然在演说中表示,希望"用在自由政府中唯一有正当性的反对方式"来反对联邦主义者的措施,这种方式就是积极参与公开的政治讨论,"如果其他所有途径都不成功的话,就最后通过一次合乎宪法的选举来改变政府人员的组成"。① 连曾经热情赞颂过谢斯反叛的杰斐逊此时也说:"在这个国家,……武力之类的东西会阻碍公众舆论的进步,把民众推向政府一边。这种抗议的方式是美国人民所不允许的。远离所有武力,美国民众也能够通过请愿、选举等合宪的方式来击败政府的邪恶倾向。"②

考虑到弗莱斯反叛期间共和党人对于"反抗权"态度的变化,或许有必要重新审视《弗吉尼亚—肯塔基决议》的意义。由麦迪逊和杰斐逊起草的《弗吉尼亚—肯塔基决议》是美国州权主义发展的关键性文件。决议以北美殖民地的历史传统、联邦制宪会议的组织方式、表决方式和批准方式等为依据,得出结论:联邦政府不是由"人民"建立的,而是由州建立的;州通过订立契约,将某些特定

---

① Robert H. Churchill,"Popular Nullification, Fries' Rebellion, and the Waning of Radical Republicanism, 1798 – 1801", *Pennsylvania History*, Vol. 67, No. 1, 2000, p. 129, 112.

② Thomas Jefferson to Edmund Pendleton, February 14, 1799, in Paul Leicester Ford, ed., *The Writings of Thomas Jefferson*, New York: G. P. Putnam's Sons, 1896, Vol. 7, p. 356.

第四章 民主与"革命"的权利

权力授予联邦政府,并将包括反抗权在内的若干不可剥夺的自然权利保留在自己手中。像亚当斯政府这样颁布《惩治煽动叛乱法》来侵犯人民信仰、言论、出版、集会和结社自由的行为,是"故意地、危险地行使了契约没有授予的其他权力",因此,各州"有权利,也有义务去阻止邪恶的蔓延"。①

《弗吉尼亚—肯塔基决议》把州塑造为"人民"的集合体和契约订立者的角色,一方面意在否定联邦和"人民"之间的关系,从而削弱联邦政府的权威并确立州高于联邦的地位,另一方面,也有用州的否决权取代了民众的反抗权的考虑。后来,约翰·泰勒(John Taylor)在弗吉尼亚州议会讨论决议时,非常明确地表达了这一点。他说:州的否决权是介于"懦弱"和"内战"之间唯一正确的选择,"人民通过有组织的、依赖于自己意愿的机构(即州议会)来表达意愿,比用骚乱的群众会议要好得多,它使得和平和良好秩序的维系更有保障"②。因此,罗伯特·丘吉尔认为,18世纪90年代初期共和党在反抗权问题上的激进主义立场,到了18世纪90年代末已经全然消退了,这一观点不无道理。

放到18世纪90年代中后期共和党人激进主义消退的语境中,1800年总统大选的意义就更加显而易见了。

1800年,杰斐逊当选总统,是美国人第一次运用民主制下的自由选举而实现政治格局的重大变革,是美国人第一次以和平、合法的方式实现的"革命"。一位当事者观察后说:"我亲眼见到一

---

① "Virginia Resolutions of 1798", "Kentucky Resolutions of 1798 and 1799", in Jonathan Elliot, ed., *The Virginia and Kentucky Resolutions of 1798 and 99*, Washington, 1832, p. 2, 15.

② Speech of John Taylor to the Virginia House of Delegates, December 20, 1798, *The Virginia Report of 1799-1800, Touching the Alien and Sedition Laws; Together with the Virginia Resolutions of December 21, 1798, The Debate and Proceedings Thereon in the House of Delegates of Virginia, and Several Other Documents Illustrative of the Report and Resolutions*, Richmond: J. W. Randolph, 121 Main Street, 1850, p. 120-121.

个自由的民族历来所能见到的最有趣的一幕。执政当局的更迭在任何政府和任何时代,大多会成为混乱、罪恶和流血的时期,而在我们这个幸福的国家里却进行得绝无任何骚动和紊乱。"① 杰斐逊本人也完全认同选举制对于"和平革命"的意义。他在就职演说中强调说,人民要小心看管自己的选举权,因为它能够"温和、安全地治愈弊政。在没有提供和平途径的地方,这些弊政只能通过革命的武器来割除"②。十几年后,当杰斐逊回忆起这场选举时,他再次表示:"在我们政府的原则方面,1800年选举与1776年一样是真正的革命。它不是通过刀剑实现的,而是通过改革的理性、和平的工具——人民的选举权而实现的。"③ 后来成为美国总统的马丁·范布伦对于这次具有划时代意义的选举印象深刻。他将其称为"1800年的公民革命",并解释说,之所以如何称呼是基于这样的考虑:"尽管武器不同,但我们秉持的原则和取得成功所依赖的精神同那些以武力为特征的革命是类似的。"④

选举制对于"和平革命"的意义,因为政党的建立和不断成熟而更加突出。杰斐逊的当选很大程度上应归功于共和党人出色的组织能力。为了筹备竞选,共和党在各州建立了州—县—村镇或区的三级委员会体系。全州各县委员会通过彼此间的通信联系连成了一个体系,负责指挥共和党在该州的所有活动。在纽约、弗吉尼亚、新泽西等州,州议会的共和党议员和各地方的共和党领袖们还组成了一个州"核心会议",负责全州范围的组织工作,并对各县和地

---

① Gordon Wood, *Empire of Liberty*: *A History of the Early Republic*, 1789 – 1815, Oxford, N. Y.: Oxford University Press, 2009, p. 285 – 286.

② "Jefferson's Inaugural Address", March 4, 1801, in Paul Leicester Ford, ed., *The Works of Thomas Jefferson*, New York: G. P. Putnam's Sons, 1904 – 1905, Vol. 4, p. 198.

③ "Thomas Jefferson to Judge Spencer Roane", Sep. 6, 1819, in Ford, ed., *The Works of Thomas Jefferson*, Vol. 7, p. 136.

④ Martin Van Buren, *Inquiry into the Origin and Course of Political Parties in the United States*, New York: Hurd and Houghton, 1867, p. 246.

方委员会进行指导。在地方党组织发展的经验基础上,共和党人接着在国会中也成立了"核心会议",由国会中的共和党议员秘密开会,推选总统和副总统候选人。这个组织相当于共和党的全国性机构,各地大大小小的委员会在 1800 年之后也很快演变为共和党正式的地方党组织。①

与联邦党相比,共和党的党组织更加成熟,调动民众政治热情的能力更强,表达和整合民众利益要求的能力也更强,所以在选举中获胜的可能性更大。因此,1800 年杰斐逊的当选不仅表明,民主制下的选举为政治变革提供了和平的途径,而且证明,以政党形式组织起来的选举,更能发挥人民手中的选票的作用,更有利于人民以和平的方式实现政治变革。正因如此,美国人对于政党的态度也开始发生了改观——从长期以来的无法容忍,力图彻底消灭,或者控制其影响,逐渐转变为将其视为民治政府的"外部的良知","一位永不退缩的斗士,一位永不打盹儿的警备员",逐渐接受了其作为一种组织起来的反对派力量在民主政体中的合法地位。②

除了选举制之外,以和平方式实现政治变革的另一条途径是修订宪法。美国人在创立制宪会议制度之初就相信,这个由人民选举产生的、独立于议会的机构是一种能够代替革命,同时彻底纠正政治弊端的制度力量。

马萨诸塞州列克星敦的民众反对 1778 年州宪法初稿的理由之一,就在于该宪法缺少修宪程度。他们表示,这一程序"是极其重

---

① 关于 1800 年选举中共和党的组织情况和政治策略,可参考:Noble E. Cunningham, Jr., *The Jeffersonian Republicans: The Formation of Party Organization, 1789-1801*, Chapel Hill: The University of North Carolina Press, 1957, Chapter Ⅶ, Ⅷ; Daniel Sisson, *The American Revolution of 1800*, New York: Alfred A. Knopf, 1974, Chapter Ⅷ, Ⅸ。

② Fisher Ames to Theodore Dwight; Diary and Letters of Gouverneur Morris, in Richard Hofstadter, *The Idea of a Party System: The Rise of Legitimate Opposition in the United States, 1780-1840*, University of California Press, 1969, p. 144-145, 146.

要的。它为人民在该问题上的行动敞开了一扇门,为人民合法地、合宪地在未来寻求宪法变更明确地指明了道路,……它将成为避免民众骚乱、乌合之众、流血与内战的幸运手段"①。埃塞克斯县民众也表达了同样的反对意见,说:"宪法应当包含修订条款,应当每隔一小段时间就诉诸原则,以纠正随着局势变化或时间流逝而缓慢累积起来的错误。一个政府,如果缺乏固定原则以及定期诉诸这些原则的机制,那么将导致州的解体。"②

除了 1778 年马萨诸塞宪法以外,1776 年的弗吉尼亚宪法也因缺乏修宪条款而遭到了批评。杰斐逊在《弗吉尼亚纪事》中对该宪法进行了仔细的分析,并指出其最大弊端在于,行政和司法机构对于立法机构缺乏有效制衡,很可能导致后者滥用权力、变得为所欲为。他提醒弗吉尼亚人说,要纠正这一弊端,则必须在宪法中加入修订条款,使得人民在自己权利遭到立法机构侵犯时不必诉诸暴力手段。③

在 1787 年联邦制宪会议中,修宪条款的必要性问题并没有引起太多争议。"弗吉尼亚方案"第 13 条对该问题给予了高度确认——"当联盟条例(Articles of Union)有必要修订时,应当为此制定条款",并得到了绝大多数代表的支持。④ 马萨诸塞代表埃尔布里奇·格里(Elbridge Gerry)在 6 月 5 日的辩论中就高度赞扬道:"(我们正在进行的)试验的创造性和艰苦性要求(我们制

---

① Robert J. Taylor, ed., *Massachusetts, Colony to Commonwealth: Documents on the Formation of Its Constitution*, 1775–1780, Chapel Hill: University of North Carolina Press, 1961, p. 67–68.

② "Essex Result", in Charles S. Hyneman and Donald S. Lutz, ed., *American Political Writing during the Founding Era*: 1760–1805, Vol. 1, Indianapolis: Liberty Fund, 1983, p. 499–500.

③ Thomas Jefferson, *Notes on the State of Virginia*, New York: Harper & Row, 1964, p. 123–124.

④ Farrand, *The Records of the Federal Convention*, vol. 1, p. 22.

定)一个定期修宪的条款,这一条款将会给政府带来稳定。"① 面对个别代表的疑虑,乔治·梅森在6月11日的辩论中再次阐述了修宪条款对于替代革命的意义:"我们要起草的计划肯定是有缺陷的,正如邦联条例一样。所以修订是有必要的,而且为修订提供一种简单的、常规的、符合宪法的途径要胜于相信机遇和暴力。"②

如果说"弗吉尼亚方案"第13条的顺利通过表达了代表们赞成将修宪条款加入宪法的普遍情绪的话,那么,联邦宪法对于具体的修宪方式的规定则更能体现出其设计者用和平变革取代暴力革命的意图。

在联邦制宪会议中,修宪条款的最早方案出现在8月6日《详情委员会报告》(Report of the Committee of Detail)的第19条:"联邦内2/3多数州要求修订宪法,合众国议会应当为此目的而召开制宪会议。"③ 在9月10日制宪会议重新讨论该条款时,麦迪逊提出了一个新方案:"国会在两院2/3议员认为有必要时,应提出本宪法的修正案,或根据各州2/3州议会的请求,召开制宪会议提出修正案。不论哪种方式提出修正案,经各州3/4议会或3/4州制宪会议的批准,即实际成为本宪法的一部分而发生效力;采用哪种批准方式,得由国会提出建议。"④ 在略做修改之后,该方案顺利获得通过,成为联邦宪法第5条。⑤ 同详情委员会的方案相比,麦

---

① Farrand, *The Records of the Federal Convention*, vol. 1, p. 122.
② Farrand, *The Records of the Federal Convention*, vol. 1, p. 202-203.
③ Farrand, *The Records of the Federal Convention*, vol. 2, p. 188.
④ Farrand, *The Records of the Federal Convention*, vol. 2, p. 559.
⑤ 这些修改主要是由约翰·拉特利奇(John Rutledge)、罗杰·谢尔曼(Rodge Sherman)等代表提出的,内容是增加以下两点:"在1808年以前制定的修正案,不得以任何方式影响本宪法第1条第九款第一项和第四项;任何一州,不经其同意,不得被剥夺它在参议院的平等投票权。"关于麦迪逊修宪方案在制宪会议中的讨论情况,可参考:Farrand, *The Records of the Federal Convention*, vol. 2, p. 559-564, 629-633;联邦宪法第五条的文本可参考:"The Constitution of the United States, Article V", in Farrand, *The Records of the Federal Convention*, vol. 2, p. 662,译文参考:王希:《原则与妥协》,北京大学出版社2000年版,附录一《美利坚合众国宪法》,第493页。

迪逊的方案显然意在抬高修宪的门槛。在他看来，一个好的修宪条款，不仅要能够为政治弊端提供一种制度内的纠正渠道，更要能够"防止宪法极其容易地变化无常"，所以他认为，这种要求 3/4 州批准的修宪方式"在各方面都是最恰当的"。①

为了进一步阐述自己的观点，麦迪逊还批评了两种他认为"不恰当"的修宪方式。一种是杰斐逊的方式。1783 年 6 月 17 日，杰斐逊在给麦迪逊的一封私人信件中表达了自己对弗吉尼亚州宪法缺乏修宪机制的不满，并建议增加这样一个条款："每当政府三个分支中的任何两支各由其总人数 2/3 同意，认为必须开会修正案发或纠正违宪情况时，就得为此召开会议。"麦迪逊批评说，这种方式的缺陷在于门槛太低，使得修宪变得太容易。因为修宪是"求助于人民"的一种方式，是以牺牲政治稳定作为代价的，所以，如果"太过频繁地求助人民，就会在很大程度上使政府失去……尊敬，而没有尊敬的话，即使最英明、最自由的政府也不能够维系稳定"。②

另一种被麦迪逊认为"不恰当"的修宪方式是宾夕法尼亚的审查委员会制度。该制度是 1776 年宾夕法尼亚宪法的创举。委员会的成员由民众每七年选举产生，主要职责是维护宪法不受侵犯。委员会的 2/3 多数票有权废止违宪法律，还有权召开修宪会议。③ 按照麦迪逊的理解，每 7 年 1 次的修宪显然过于频繁了。在《联邦党人文集》第 50 篇中，麦迪逊详细分析了 1783 年审查委员会制度的运作情况，以此来证明频繁修宪并没有能够有效纠正宾州的政治弊

---

① Federalist No. 43, in *The Federalist Papers*，译文参考：《联邦党人文集》，第 226 页。

② Federalist No. 49, in *The Federalist Papers*，译文参考：《联邦党人文集》，第 257—258 页。

③ Constitution of Pennsylvania, 1776, in Thorpe, ed., *The Federal and State Constitutions*, Vol. V.

端,反而加剧了党派对立的纷争。①

与很多其他问题相比,修宪条款自始至终都没有成为制宪会议争论的焦点,这无疑是因为,当时美国大多数的政治精英在修宪的必要性和方式问题上是有相当程度共识的。正因为如此,修宪条款在各州批准宪法的辩论中也很少遭到反对。不仅如此,它还被联邦主义者称颂为美国制度的优越性所在,成为他们说服反对者的理由。

在北卡罗来纳批准宪法大会上,詹姆斯·艾尔德尔(James Iredell)把联邦宪法第5条说成"我们制度的最大的好处之一",因为"在我曾经听说的任何一个其他政府的宪法中,都没有为必要的修订制定这样的条款"。"如果没有这个修订条款的话,这部宪法将会变得更容易反对,其起草者也不会这么值得称颂",人民要么"将不得不忍受压迫",要么将被迫"用一场内战来发起修订"。所以他认为,"最好的一种情况,就是让一个制度本身包含纠正自己缺陷的方法,可以依照人民的普遍感受而顺利地进行修正"。②

在马萨诸塞批准宪法大会上,鲁弗斯·金(Rufus King)说,"人们在反对这部宪法的时候恐怕没有想到宪法还包含了这样的修正条款",而这一点正是宪法的优越性所在。他呼吁反对者"举出一个例子来,看看其他任何国家宪法中,人民能否有如此公平的机会去纠正自己政府在未来施政中可能发生的任何弊端"。这番话立即得到另一位代表查尔斯·贾维斯(Charles Jarvis)的支持。后者毫不掩饰对宪法第5条的溢美之词。他说,"无论对于宪法的其他条款我的个人意见如何,……对于这一条我是完全满意的。只要在考察宪法其他条款时出现疑惑,这一条总是能够使我获得最充分的

---

① Federalist No. 50, in The *Federalist Papers*, 译文参考:《联邦党人文集》,第260—263页。

② Elliot, ed., *The Debates in the Several State Convention on the Adoption of the Federal Constitution*, Vol. Ⅳ, p. 176-177.

安全感"。同艾尔德尔和金一样,贾维斯也把宪法第 5 条视为美国政治制度引以为豪之处。他充满感情地说:

> 其他任何国家都没有像美国这样,用如此智慧的措施来确保人民能够用和平手段修订宪法的权利。……其他国家的革命史都是用鲜血写就的,而我们政治形势的伟大或重要的变迁,其实现却不需要经历骚乱。当我们批准呈现在我们面前的这部宪法时,这一条款将会使我们拥有足够的手段来实现所有的政治改革。在宪法实施的过程中,如果政府变得过于残酷,那么这一条款就是我们减轻或纠正残酷的途径。另外,如果政府在运行中变得过于倦怠,那么我们也有途径把一种新的健康和精神注入宪法之中。①

具有强烈国家主义倾向的詹姆斯·威尔逊其实对联邦宪法并不是十分满意。在制宪会议上,他提出的总统绝对否决权、总统和参议员直选等方案均遭到否决。但是,这并不影响他对联邦宪法的信心。在其 1787 年 10 月 6 日的著名演说中,他把未来的联邦政府称作"世界上有史以来最好的政府形式",原因在于,"其本身就孕育了改革的种子——无论何时,联邦国会只要有 2/3 的多数票同意就能够对宪法提出变更或修正"。② 在随后举行的宾州批准联邦宪法大会上,威尔逊用更加明确的语言概括了第 5 条修宪条款对于"和平革命"的意义。他说,这个制度提供了一种强大的,但是非暴力的革命手段,既让政治弊端能得到根本性治愈,又能避免社会

---

① Elliot, ed., *The Debates in the Several State Convention on the Adoption of the Federal Constitution*, Vol. II, p. 116-117.

② "James Wilson's Speech at a Public Meeting, Philadelphia, October 6, 1787", in Bernard Bailyn, ed., *The Debate on the Constitution*, Vol. I, p. 69.

出现混乱和暴力。"在世界的其他地方,革命的思想总是悲哀地、不可避免地与战争以及战争带来的伤害联系在一起。"但是,1787年美国制宪会议的经验"告诉我们要用另一个角度来看待革命"——革命是"从一个宪法向另一个宪法温和的、和平的、自愿的和审慎的转变"。①

杰斐逊也在不同的时间和场合多次强调修订宪法的重要性。他把1787年制宪会议称为"第二次革命"。他说,真正热爱宪法,希望宪法能够不朽的人,"要通过修订而让宪法同这个时代科学和经验的发展保持同步"。如果苦难的呼声"不能够通过修订法律而得到正视的话,那么,它将会用武力来寻求解决,我们将会和其他国家目前的状况一样,永远陷入压迫、反叛、改革、再压迫、再反叛、再改革这个无止境的循环"。②

而事实证明,修宪机制的存在,的确让对宪法心存不满的人看到了在制度内用和平手段实现自己政治目标的希望。

反联邦主义者综合了当时美国社会各个群体对联邦宪法的各种质疑和不满,可以说是联邦政府遇到的"第一个反对派"。研究反联邦主义者的学者们指出,从1787年反对批准宪法,到1788—1789年积极参加联邦国会选举和总统大选,再到1791年《权利法案》被加进宪法,反联邦主义者逐渐从"制度外"走到了"制度内"。在宪法被批准以后,他们没有选择用"法外"的方式,更没有用武力来进行反抗,相反,他们主动选择利用宪法规定的修宪程

---

① Elliot, ed. , *The Debates in the Several State Convention on the Adoption of the Federal Constitution*, Vol. Ⅱ, p. 433.
② "To Samuel Kercheval", July 12, 1816; "To Robert J. Garnett", Feb. 14, 1824; "To Dr. Joseph Priestly", Mar. 21, 18011, in Ford, ed. , *The Works of Thomas Jefferson*, Vol. 10, p. 42-43; Vol. 12, p. 342-343; Vol. 9, p. 218-219.

序来争取和平地实现政治变革。①

以宾州为例。宾州的反联邦主义者们之所以没有拒绝宪法,是因为他们把希望寄托在选举和修宪上。拒绝将会使宾州失去在新政府中的发言权,陷入孤立,这对他们追求的政治目标没有任何好处;而批准宪法、加入联邦的话,至少还有机会重新整顿力量,争取在第一届国会选举中尽量多得到些席位,从而对政府施加更大的压力,促成对宪法的修订。一位署名为"自由和联邦之友"的作者恐怕说出了宾州反联邦主义者的心声:"所有良好公民的责任始于宪法,把希望寄托在宪法修正上比用武力推翻或用非常规方式反对政府要更加合法。"宾州反联邦主义者领导人之一查尔斯·佩蒂特(Charles Pettit)承认,批准宪法就等于承认了它的合法性,但是他认为,反联邦主义者重新赢得选民支持的唯一办法,就是让自己适应人民情绪的改变,同时为修订宪法做出最后的努力。因此,他建议反联邦主义者公开宣布支持新政府。1788年9月3日,宾州的反联邦主义者在哈里斯堡召开了会议,来"考察和设计一个最有希望促成修订新宪法的计划"。会议建议宾州人民"默认"新政府的成立,并号召迅速召开一个广泛的大会来"修订宪法"。同时,会议还在竞选国会下院的反联邦主义者的提名问题上达成了一致。佩蒂特参加了哈里斯堡会议,并接受了提名。②

反联邦主义者选择在美国民主政体的框架内行动,选择用选举和修宪的方式来实现政治变革,把自己的身份从宪法的反对者变成

---

① 相关研究可参考:Steven R. Boyd, *The Politics of Opposition: The Antifederalists and the Acceptance of the Constitution*, Millwood, N. Y.: KTO Press, 1979; Steven R. Boyd, "Anti-Federalists and the Acceptance of the Constitution", *Publius*, Vol. 9, No. 2, p. 123-137; Saul Cornell, *The Other Founders*, p. 136-171; Saul Cornell, "The Changing Historical Fortunes of the Anti-Federalists", *Northwestern University Law Review*, Vol. 84, No. 1, p. 39-73。

② Boyd, "Anti-Federalists and the Acceptance of the Constitution", *Publius*, Vol. 9, No. 2, p. 133-134.

了制度内的合法反对派。他们进行政治斗争的方式和策略,对于刚刚诞生的联邦宪法和政府能否建立起权威,以及美国社会能否维系稳定具有深远意义,对于以后美国历史中的政治反对派也有一种示范的作用。《权利法案》被写入宪法是反联邦主义者们不懈努力的结果,同时也证明他们的政治判断和选择是正确的:在美国民主政体建立起来以后,政治变革和政治诉求完全可以通过制度内的途径和平地解决。

多尔等罗得岛激进派在利用"革命权"话语来为自己辩解时,常常援引1796年华盛顿《告别演说》中的一句话:"我们政府体制的基础,是人民有权制定和变更他们政府的宪法。"① 但是,这句话是激进派特意裁剪的。还原这句话的上下文,我们可以清楚地看出,华盛顿当时说这番话的用意恰恰与激进派的意图相反——不是鼓励民众发动革命、推翻政府,而是呼吁民众,在一个拥有自由选举和修宪机制的政体中,应当服从政府和法律权威、用合法手段寻求政治变革:

> 这个政府(联邦政府)是我们自己选择的,不曾受人影响,不曾受人威胁,是经过全盘研究和缜密考量而建立的,它的原则和它的权力分配是完全自由的,它把安全和力量结合起来,而其本身则包含着修正其自身的规定。这样一个政府有充分理由要求你们的信任和支持。尊重它的权力,服从它的法律,遵守它的措施,这些都是真正自由的基本准则所构成的义务。我们政府体制的基础,乃是人民有权制定和变更他们的政府的宪法。可是宪法在经全民

---

① 关于激进派援引《告别演说》的情况,可参考:Majority Report, in *Burke's Report*, p. 27-28; Dorr, Inaugural Address, in *Burke's Report*, p. 727; *The Right of the People to Establish Forms of Government*: *Mr. Hallett's Argument in the Rhode Island Causes*, p. 36。

采取明确和正式的行动加以修改以前,任何人对之都负有神圣的义务。人民有建立政府的权力与权利,这一观念乃是以每人有责任服从所建立的政府为前提的。

如果民意认为,宪法上的权限之分配或修改,在某方面是不对的,我们应当依照宪法所规定的办法予以修改,但我们不可用篡权的方式予以更改,因为这种方式可能在某一件事上是有效的手段,但自由政府常常会被这种手段摧毁。所以使用这种方法,有时虽然可以得到局部或一时的好处,但此例一开,一定抵不过它所引起的永久性伤害。①

当时一些支持司法审查制度的美国人,也是出于替代革命的考虑。18世纪八九十年代处于早期发展阶段的司法审查观念,与我们今天所熟知的司法审查观念之间存在细微但重要的区别。当时的人们支持最高法院的司法否决权,并不是因为他们认为法院在宪法解释上拥有特殊的、专属的责任,而是因为他们把法院视为人民的代表,认为其有责任代替人民来监督和纠正政府其他机构,尤其是立法机构的行为。他们不是站在法律的角度,而是站在政治的角度来思考问题。他们把最高法院否决违宪法律看作人民的一种政治行动,是介于默默忍受专制法律和用暴力手段推翻专制之间的一条中间道路。用学者西尔维娅·斯诺维斯(Sylvia Snowiss)的话来说,司法审查观念的出场其实是共和政体中人们解决社会危机的一种合理的形式,是用以代替革命的一种和平的方式,它符合权力的平衡、审慎、互相制约的原理,也是基于对权力的自我局限性的明确

---

① "Farewell Address to the people of the United States", September 17, 1796, in Jared Sparks, ed., *The Writings of George Washington*, Boston: American Stationers' Company, 1837, Vol. XII, p. 222, 译文可参考:[美] J. 艾捷尔编:《美国赖以立国的文本》,赵一凡、郭国良主译,海南出版社 2000 年版,第 363—372 页。

意识。用另一位学者爱德华·考文（Edward S. Corwin）的话说，司法审查是精心设计用以替代革命的，是"由政治智慧提供的，用以取代毁灭性的革命权"。①

最早为司法审查的权力进行辩护的，是后来成为联邦法院法官的艾尔德尔。1786年，在北卡罗来纳法院尚待裁决的一个案子中，艾尔德尔的当事人的财产未经陪审团的审判即被充公。他以"一位选民"的身份匿名发表了一篇文章，详细论证了法院有否决违宪立法的权力。他首先列举了纠正议会违宪的两种办法："要么谦卑地请求议会撤销法律，要么人民起来普遍反抗。"接着指出，这两种办法都是不充分的。前一种办法的前提是假定"人民的所有权利全仰仗其代表的恩赐"，这对人民是一种侮辱；后一种办法——"人民的反抗"虽然是合适的，但却既有不便，也有缺陷，因为"我们都很清楚地知道，要激起全体人民的反抗是多么困难……在普遍的反抗出现之前，人民可能早已伤痕累累"。所以，艾尔德尔认为，法院的否决权是对付议会违宪的最好的办法——"这并非篡权或滥权，而是宪法赋予其职位的必然权力；他们做法官是为了全体人民的福利，而不仅是做议会的仆役"②。

在联邦制宪会议上，虽然并未制定出宪法条款来明确将否决议会法律的权力授予司法机构，但是，很多代表都不止一次地表达出支持的态度。根据爱德华·考文的统计，这些人包括有马萨诸塞的埃尔布里奇·格里（Elbridge Gerry）和鲁弗斯·金（Rufus King）、宾州的詹姆斯·威尔逊和古维诺尔·莫里斯、马里兰的路德·马丁（Luther Martin）、弗吉尼亚的麦迪逊、埃德蒙·伦道夫

---

① Sylvia Snowiss, *Judicial Review and the Law of the Constitution*, New Haven: Yale University Press, 1990, p. 2, 3; Edward S. Corwin, *The Doctrine of Judicial Review: Its Legal and Historical Basis and Other Essays*, Princeton: Princeton University Press, 1914, p. 46, 59.

② "To the Public", in Griffiith J. McRee, *Life and Correspondence of James Iredell*, New York: D. Appleton and Company, 1857, Vol. 2, p. 145-149.

(Edmund Randolph)和乔治·梅森、特拉华的约翰·迪金森(John Dickinson)、纽约的汉密尔顿和罗伯特·叶慈(Robert Yates)、南卡的约翰·拉特里奇(John Rutledge)、查尔斯·平克尼(Charles Pinckney)、北卡的威廉·戴维(William Davie)、休·威廉森(Hugh Williamson)、康涅狄格的罗杰·舍曼(Roger Sherman)和奥利弗·埃尔斯沃思(Oliver Ellsworth)等。考文指出,虽然这些人只占全部代表人数的 1/3 不到,但他们却是制宪会议中发言最积极、最有影响力的人。在起草宪法草案的详情委员会的 5 名成员中,他们占据了 4 席,在修订宪法最终文本的风格委员会(Committee of Style)的 5 名成员中,他们也占据了 4 席。① 而他们支持司法审查的主要动机在于,让司法机构成为"人民"的代表机构,来监督议会立法,纠正政治弊端。对于这一点,汉密尔顿后来在《联邦党人文集》第 78 篇中做了清晰阐述。他说,立法机关是"人民"的"奴仆",它不能成为自己权力的裁决者,这一裁决权应当在"人民"自己手中,而"人民"通过订立宪法,把法院树立为"人民"与立法机关的中间机构,并把这一裁决权授予了法院,使其监督立法机关得以在其权力范围内行事。②

约翰·马歇尔对于司法机构在美国代表制政体中的性质和功能看得十分清楚。在弗吉尼亚批准联邦宪法大会上,他明确指出,司法机构的目的就是使"人民"能够"以一种和平的、有秩序的、不流血、不制造冲突、不使用武力的方式"来维护和争取自己的权利。他动情地说:联邦法庭不会同联邦政府沆瀣一气,它会站在"人民"一边,否决所有侵害"人民"权利的政府法令,为遭到不公待遇的人主持正义、提供救济。从这个角度考虑,司法审查权的

---

① Edward S. Corwin, *The Doctrine of Judicial Review: Its Legal and Historical Basis and Other Essays*, p. 10–12.

② Federalist No. 78, in *The Federalist Papers*,译文参考:《联邦党人文集》,第 392 页。

重要性不言而喻,"如果你不把这种权力授予司法机构的话,那么,当你的权利遭到侵害时你向何处寻求保护呢?除了司法机构以外,没有任何一个机构能够提供这种保护"①。

在北卡罗来纳批准联邦宪法大会上,约翰·斯蒂尔(John Steele)将司法审查视为民众抗争的一种辅助机制。他说:"如果国会制定了不符合宪法的法律,独立的法官不会维护它们,人民也不会服从它们。一种普遍性的抗争将随之出现。在有些国家,统治者的暴政将颠覆人民的自由;而在我们这样的国度,……人民不会驯顺地接受对宪法的违反。"② 坚定支持司法审查权的艾尔德尔也再次表示,如果司法机构拥有能够抗衡其他政府机构的权力的话,人民就根本没有必要诉诸革命了。"在英国,国王做错了可以不受惩罚,没有法庭能够审判国王的罪行,也没有任何宪法途径来剥夺他的王位,人民只有通过大规模的反抗活动才能纠正政治弊端。而我们美国人则幸福得多,因为在美国,总统如果做错了将受到弹劾、将会被免职,如果他犯了罪还将被送上法庭。"③ 在他们看来,违宪立法可以被法院否决,这一制度设置为纠正政治弊端提供了一条和平的途径——法官们不是在解释法律,而是在代表"人民"行使权力,是在为"人民"进行政治反抗。

18世纪末对于司法审查权论述最多、态度最热情的,除了艾尔德尔以外,当属詹姆斯·威尔逊。在宾州批准联邦宪法大会和18世纪90年代在费城学院的一系列法律演讲中,威尔逊都用了大量篇幅来支持和宣扬司法审查权。他反复重申,对"人民"权利的最大威胁来自立法机构的专权,因为它"最令人恐惧,且最难以更

---

① Elliot, ed., *The Debates in the Several State Convention on the Adoption of the Federal Constitution*, Vol. III, p. 554.

② Elliot, ed., *The Debates in the Several State Convention on the Adoption of the Federal Constitution*, Vol. IV, p. 71.

③ Elliot, ed., *The Debates in the Several State Convention on the Adoption of the Federal Constitution*, Vol. IV, p. 109.

改",而要有效制约立法机构专权,一要靠立法机构自身内部的权力分立,二要靠人民的选举,三要靠司法机构的主动介入。对于第三点,他具体阐述说:

> 立法机构在立法时可能僭越为其划定的权力范围,而依照通常的模式,即便立法机构越权,一项法案也可能获得通过;但是,当法官们对这一法案进行讨论时……宣告该法案无效就是他们义不容辞的责任。法官们是独立的,其任职的延续并非由各届国会决定,因此他们可以无所畏惧地行事,对违反宪法的法案拒绝给予司法上的承认。

威尔逊把前两种制约手段说成是"消极的"(passive),把最后一种来自司法机构的制约视为"积极的"(active),并解释说,司法机构之所以能够具有这种"积极的权力",是因为它是"人民""设立和奠定"的,它的权力是"人民""授予"的。[①] 虽然不像艾尔德尔表达得那样直接,但不难看出,威尔逊同样也是把司法审查权看作"人民"的一种政治行动。

三、罗得岛的"和平革命"

可见,经过选举、修宪、司法审查等制度手段的"驯化"之后,"革命"一词在后革命时代美国政治话语中的内涵也明显发生了变化。美国民主制度的建立,使得以暴力为特征的"革命"不再具有正当性了。取而代之受到称颂的是另一种"革命"———一种以和平、合法的方式在美国民主制框架内进行的重大的政治变革,即"和平革命"。

---

① Elliot, ed., *The Debates in the Several State Convention on the Adoption of the Federal Constitution*, Vol. Ⅱ, p. 445 - 446; Kermit L. Hall and Mark D. Hall, eds., Collected works of James Wilson, vol. 1, Indianapolis: Liberty Fund, 2007, p. 742-743.

"革命"含义的变迁当然逃不过罗得岛反对派的眼睛。1843年5月,反对派代表人物之一的威廉·戈达德(William Goddard)在罗得岛议会发言指出:"认为一个自由州的大多数人民有革命的权利,这是非常荒谬的。无论他们承受了什么痛苦,都可以通过选举来纠正,因此,就排除了革命的必要性。"① 1844年6月,《伯克报告》被提交到国会众议院之后,新泽西议员埃尔默反驳说,《联邦宪法》确保了政府处于人民的控制之下,而且包含了在必要的时候能够进行自我修正的条款,所以,当美国人批准《联邦宪法》的时候,就意味着他们"自愿服从宪法的程序和规则",就等于自愿"交出了""革命"的权利。② 1848年,约翰·惠普尔在最高法院为博登辩护时,也表达了相同的意思:《联邦宪法》建立了一个共和政府,消除了以暴力进行政治变革的可能性,从而"根除了革命的权利"。③

和革命以及建国时期的大多数政治精英们一样,罗得岛的反对派们也坚信,基于美国的历史经验和制度设置,"和平革命"是完全行得通和有保障的。丹尼尔·韦伯斯特相信美国政治制度的优越性:"美国的整个制度不会出现需要通过其他途径,或者在法律和宪法之外来修订政府框架的情况。每个州都是共和政府,在形式上都是代表制。每个州的民治政府,这个人民每年一次的创造物,将会为宪法变更提供适当的便利和必要的帮助。"④ 弗朗西斯·韦兰(Francis Wayland)依赖司法机构的力量:"成为这个州和这个国家的公民之后,我们就不得不把每一个有关权利的问题首先提交给我

---

① Goddard, *Address to People of Rhode Island, Delivered in Newport, on Wednesday, May* 3, 1843, p. 44.

② Remarks of Lucius Q. C. Elmer, Jan. 2 and Feb. 28, 1845, in *Congressional Globe*, 28th Cong., 2d Sess, Vol. 14, No. 6, p. 81–82.

③ Daniel Webster and John Whipple, *The Rhode Island Question*, Providence: Charles Burnett, 1848, p. 35.

④ "The Rhode Island Question", in *The Works of Daniel Webster*, Vol. 6, p. 231.

们所在的州法庭判决,最终提交给我国最高法院判决。我们必须服从它们的判决。"①

《少数派报告》的起草人科森相信自由选举的力量:

> 最高权力由被选举出的一定数量的、能代表全体人民的人来行使。如果他们行为不端的话,能够被同样的力量替换下去,其他人会被选举出来取而代之,之前代表的错误的行为可以通过这种途径得到纠正。共和的形式和原则没有给"叛乱"留下任何空间,因为它规定并建立了自我更新替代的正确途径。正是在这一点上,体现了我们政府的真正原则。在这个国家中,纠正弊端不在于用群体的暴力,而在于投票箱的和平改革。

此外,科森还补充说,在美国共和政体中,"统治者的权力不仅受到选举制监督的制约,而且他们贯彻自己的意志还要受到司法审查和控制的制约"。有了如此多的制度途径,多尔仍选择"用革命来纠正政府的弊端,实在是很难理解的"。②

包括罗得岛政府的高层以及泰勒总统在内的很多人,十分看好修宪对于"驯化"革命的作用。1842 年 4—5 月正是罗得岛事态急剧升温之际,而此时,从罗得岛政府高层和泰勒总统之间密切的书信往来中,我们却能够常常感受到一种乐观、自信的情绪。在 4 月 11 日给罗得岛州长金的回信中,泰勒总统虽然暗示将在反叛真正发生时给予军事援助,但他内心却并不认为事态会发展到这个地步。他在信的结尾乐观地说:"我毫不怀疑,一种和解的精神将战胜鲁莽的决策,现任政府将会迅速纠正所有实际存在的弊端。不通

---

① Francis Wayland, *A Discourse on the Day of Public Thanksgiving*, July 21, 1842, Providence: H. H. Brown, 1842, p. 16-17.

② Causin, *Minority Report*, p. 22.

过革命来实现变革，不使用暴力来纠正弊端——这种伟大的案例在北美共和国业已普遍存在，我毫不怀疑罗得岛事件最终也将如此得到解决。"① 5月9日，泰勒总统给多尔写了一封密信，劝其放弃武力。他的理由是：武力只能在走投无路的情况下作为最后的手段，而罗得岛事态远远没有达到这么糟糕的程度。他向多尔透露说，罗得岛政府"将会采取一系列和解措施来平息事态"，只要你放弃武力，州政府将"赦免你并原谅你所有的过往言行"，还将"立即在自由原则的基础上召开新的宪法会议"。泰勒总统把最后一条——召开新的宪法会议，作为能够"让所有困难立刻迎刃而解"的"灵丹妙药"，并真诚地劝多尔说："为什么不这样做呢？……试试看吧，如果失败的话，那么你使用武力就有了充足的正当性。"在得知泰勒总统的密信内容之后，金和伊莱沙·波特等罗得岛政府高层立即表示"完全赞同"。尤其是召开宪法会议的提议，被他们赞誉为"瓦解反叛的最好措施"。②

虽然多尔最终并没有如他们所愿放弃武力，但这并没有动摇他们对于修宪机制的信心。在平息了"多尔战争"之后，罗得岛政府再次将修宪问题提上日程。泰勒总统对此大加赞赏：

> 多尔军队的解散解决了所有困难。很快就将召开一次宪法会议，用法律程序来修订宪法，一部新宪法很快就将起草并获得人民的批准，与之前那部被废除的宪法（指激进派制定的《人民宪法》）相比，这部新宪法将建立在更加自由的基础之上。伟大的美国式试验——不是通过武力，而是通过舆论而实现政府变革，将再次获得成功。用人民自己批准修宪的这种方式，既能够让人民不再害怕未

---

① *Burke's Report*, p. 658–659.
② *Burke's Report*, p. 676–677.

来任何必要的变革,又能够避免内部暴力和外部干涉。①

在罗得岛反对派们看来,以暴力为特征的"革命"与美国"和平革命"之间的区别,正是自己与多尔等激进派之间的区别。或许,所谓的"和平革命"根本不应该称为"革命",因为它与改革的界限变得越来越模糊。杰斐逊把"1800年革命"看作"改革"的成果,威尔逊把"革命"理解为宪法的和平改革,并且在1790年重申:"革命原则……不是冲突、仇恨或者战争的原则,而是改良、满足与和平的原则。"② 革命以及建国时期的大多数政治精英,以及后来反对"多尔战争"的这些人,他们心中真正称颂的,其实是在美国民主制框架内进行的政治改革。

1844年,"一名马萨诸塞人"在一篇小册子中把变更政府分为两种形式,一种是"革命",另一种是"修正"。他指出,虽然两者在理论上都源于人民变更政府的权利,但实践起来"却是两个完全不同的过程"。前者是指"在整体上推翻旧政府,政府和人民之间的所有纽带和关系突然被剧烈地打破"。后者是指在制度和法律框架下,用新宪法取代旧宪法的过程,在过程中不需要使用暴力来颠覆现存的社会秩序。③ 可以说,这名作者透过了"革命"的复杂话语而抓住了问题的要害:在"多尔战争"问题上,激进派和反对派们虽然都在原则上拥护"革命权",但在实践中,一方是在发动真正的"革命",另一方其实是在追求改革。戈达德在罗得岛事件平息后的一番讲话或许更能体现所谓的"和平革命"在反对派心中的真正含义:人民只能通过宪法规定的模式,或者通过人民的代理机构——议会来变更政府,"除此之外,任何模式的改变都不能逃

---

① *Burke's Report*, p. 655.

② Mirkin, *The Revolutionary Republic*, p. 149; Dennison, "The Constitutional Issues of the Dorr War: A Study in the Evolution of American Constitutionalism, 1776–1849", p. 44.

③ *The Merits of Thomas W. Dorr and George Bancroft*, p. 9.

脱其革命的本质"①。

在反对派看来，多尔等人置制度内的诸多和平途径于不顾，自己制定宪法、成立政府，甚至发动暴力夺权的行为是不折不扣的"革命"。它带来的必将是政府丧失权威，法律如同废纸，持续不断地混乱动荡，以及一场全面的内战。"没有一个社会能够经受得住这种难以忍受的状态"，"迟早有一天，人们厌烦了混乱变化和不安全感，会愿意奔向专制主义的怀抱来寻求宁静和安全。"② 这让反对派们回忆起几十年前的"谢斯反叛"和"威士忌反叛"，三者"在性质、原则和手段上都极其相似"，③ 更让他们联想到几十年来一直陷入"革命—动荡—专制"旋涡中的法国。他们谴责多尔等人是"无法无天的""残忍的""屠杀自己同胞的暴徒"，"正在企图把法国革命的恐怖带到罗得岛"，把多尔比作"用华丽言辞来掩盖自己暴力和篡权行为的马拉和罗伯斯庇尔"，把其主张称为"雅各宾的原则"。④

其实，激进派也很清楚"革命"的内涵和价值在美国政治语境

---

① Goddard, *Address to people of Rhode Island, Delivered in Newport, on Wednesday, May* 3, 1843, p. 41.

② *Speech of Mr. Potter, of Rhode Island, on the Memorial of the Democratic Members of the Legislature of Rhode Island, delivered in the House of Representatives, March* 7, 9, *and* 12, 1844, p. 9; Francis Wayland, *The Affairs of Rhode Island, a discourse delivered in the Meeting-House of the First Baptist Church,* Providence, May 22, 1842, Boston: William D. Ticknor, p. 8; "A Speech of the Hon. Henry Clay, delivered at Lexington, K. Y., in the Autumn of 1842", in *Niles' National Register,* July 9, 1842.

③ "The Recent Contest in Rhode Island", in *North American Review*, Vol. 58, No. 2, 1844.

④ *Charge of the Hon. Chief Justice Durfee, Delivered to the Grand Jury at the March Term of the Supreme Judicial Court,* March 1842, p. 15; *The Close of the Late Rebellion in Rhode Island, An Extract from a Letter by a Massachusetts Man Resident in Providence,* Providence: B. Cranston & Co. 1842, p. 15; "The Rhode Island Question, Closing Reply", in *The New World*, Aug. 24, 1844; *Congressional Globe*, 28th Cong., 2nd Sess., Jan. 6, 1845, Vol. 14, No. 6, p. 81.

中发生的变化。虽然高调宣扬"人民"有权利"以自己喜好的，或认为合适的任何方式"变更政府，但他们从来没有公开称颂过暴力，也毫不掩饰对"和平革命"的赞美和期待。《新时代和宪法导报》把"安静、和平、有秩序地实现革命"视为"公共事务中最伟大的成就"，并直接引用了威尔逊的定义，强调是美国宪政体制让"革命"变成了一个和平的概念。① 他们为自己的武力行为做辩护，竭尽全力地试图抹去或减轻自己身上的"暴力色彩"，把自己与纯粹的"暴力革命"区别开来。

他们认为，最有说服力的理由莫过于强调在罗得岛的政治现状下，"人民"无法通过正常的宪政渠道来和平地纠正政治弊端，是在所有和平途径都无效的情况下，"逼不得已"才选择了武力。就像激进派在普罗维登斯的一次集会中所说的那样："我们被迫在'没有法律'和'违背法律'的情况下行动，所以我们的非法性，不是我们的错，而是议会的错。"②

激进派解释说，几十年来自己一直保持了最大的耐心，不断地向议会请愿，用尽各种办法希望以和平的方式实现政治变革，但始终没有成效，导致这种局面的根本原因在于罗得岛政治制度存在着难以纠正的"顽疾"——罗得岛没有成文宪法，也没有任何法律规定制宪修宪的程序，结果是，"公民的最珍贵的权利没有任何屏障的保护，完全掌握在一个由少数人控制的议会的手中，可以被议会任意塑造，以实现少数人的野心或实现其党派的目标"。"在一个选举权很普遍的地方，一个滥用权力的议会可以在下次选举中感受到人民的力量"，然而，罗得岛的致命之处在于，其大多数"人民"

---

① *New Age*, Feb. 12, 1841.

② "An Address to the People of Rhode Island and Providence Plantations, by the Free Suffrage Convention, held at Providence on the 4th day of October, A. D. 1841", in *Providence Journal*, Oct. 11, 1841.

第四章 民主与"革命"的权利

"都被剥夺了选举权,他们不能通过选票箱来纠正制度的不公"。①也就是说,在激进派看来,罗得岛政局陷入了一个恶性循环:狭隘的选举权堵上了政治变革的和平之路,而政治改革一天不成功,选举权的扩大就一天没有希望实现。他们质问说:"如果 3/5 的人民没有这样(能够代表他们利益)的机构,或者根本没有得到代表;如果尽管他们耐心等待,50 多年中从来没有停止请愿,但是政府机构对他们的利益仍然不予关注的话,那么人民该怎么办呢?他们必须安心于奴隶的可悲境地吗?"② "大部分人民除了站在议会之外、徒劳无功地扣请议会大门以外,难道没有纠正(政治弊端)的办法吗?难道人民必须永远等待吗?"③ 他们相信,在这种情况下"人民"只能"依赖自己的力量,收回并行使自己的最初权力","才能守卫和保护自己不受专断权力的压迫"。④

此外,激进派还特别强调说,"人民宪法会议"的召开、"人民宪法"的制定和批准、"人民政府"的官员选举、议会和行政各个机构的权力行使,"都是和平的、安静的","从头到尾都没有任何公开或秘密的暴力行为。……州长多尔本人也没有伤害过任何人的人身和财产。这是一场和平的、没有流血的、光荣的政治革命"。要不是罗得岛政府顽固不化,非但不承认和尊重"人民宪法"的地位,还率先企图联合联邦军队来镇压"人民政府"的话,最后的武

---

① "Address of the State Suffrage Committee, Setting Forth the Principles of the Suffrage Movement", July 1841, in *Burke's Report*, p. 265-266. 激进派类似的抱怨,可参考:"Rhode Island Question——Sovereignty of the People", in *The United States Magazine, and Democratic Review*, March 1848; *The Right of the People to Establish Forms of Government: Mr. Hallett's Argument in the Rhode Island Causes, before the Supreme Court of the United States*, January, 1848, Boston: Printed By Beals & Greene, 1848, p. 27。

② *Might and Right*, p. 131.

③ "Report of the Trial of Thomas W. Dorr, Governor of the State of Rhode Island under the People's Constitution, on the Charge of Treason, State of Rhode Island, vs. Thomas W. Dorr——for Treason, at Newport, R. I., April 26, 1844", in *Burke's Report*, p. 945.

④ "Address of the State Suffrage Committee, Setting Forth the Principles of the Suffrage Movement", July 1841, in *Burke's Report*, p. 267.

力行动根本不会发生。①

激进派的逻辑完全颠倒了其对手的指控——他们把自己塑造为和平的拥护者、守卫者,反过来把暴力的罪名扣到政府和反对派的头上。对此,反对派回应说,多尔使用武力不是因为迫于议会对改革的呼声无动于衷,而是源于他自己的野心。罗得岛发生的一切都是多尔精心策划的。例如,1841年5月,阿特维尔曾提出一个法案来纠正议会代表席位分配的不公,扩大选举权。在他自己的提议下,该法案被推迟到议会在同年6月22日召开的会议中讨论。但是,"选举权协会"不愿意等待。他们在议会开会的4天之前发表宣言说,要在合适的时间自己召开制宪会议。反对派指出,这证明了激进派"从一开始就想在议会之外展开行动"。他们不是"耐心等待",而是"害怕等待",不是期待议会,而是"害怕议会做出让人民满意的政治改革,因为这会让他们的野心落空"。"尽管如此,他们仍然厚颜无耻地宣称,除非6月22日的会议证明所有的希望破灭,否则自己不采取'法外'行为。"②

反对派还试图证明,所谓罗得岛的"政治弊端"和"苦难",根本不足以证明"暴力革命"的必要性和合法性。多尔等人抱怨的"财产和政治权力分配的不平等",以及税收、银行和州债等问题在其他州同样存在。如果承认了"多尔战争"的正当性的话,"所有的州都会因为各种真实的或虚构的'小小的苦难'而被推翻"。③

---

① Goodell, *The Rights and Wrongs of Rhode Island*, p. 49 - 50; "Rhode Island Controversy", in *The New World*, Aug. 3, 1844.

② *Speech of Mr. Potter, of Rhode Island, on the Memorial of the Democratic Members of the Legislature of Rhode Island. Delivered in the House of Representatives*, March 7, 9, and 12, 1844, p. 7.

③ *Speech of Mr. Potter, of Rhode Island, on the Memorial of the Democratic Members of the Legislature of Rhode Island, Delivered in the House of Representatives*, March 7, 9, and 12, 1844, p. 9; *Charge of the Hon. Chief Justice Durfee, Delivered to the Grand Jury at the March Term of the Supreme Judicial Court, at Bristol, Rhode Island*, March 1842, p. 10, 11; "A Speech of the Hon. Henry Clay, Delivered at Lexington, K. Y., in the Autumn of 1842", in *Niles' National Register*, July 9, 1842.

第四章 民主与"革命"的权利

他们指出:

> 每一个反抗的正义与否,不仅仅取决于民众的怨恨程度,还取决于斗争可能付出的代价。……不是每一次侵犯公民或宪法的权利和自由,不是每一次违背诺言或宣誓,不是每一次滥用权力或玩忽职守,都可以证明反抗的正当性,除非这些行为在公众中引发的后果比社会混乱的恶果更加严重。①

这些话与《独立宣言》中的文字非常相似:"审慎地来说,成立多年的政府不应当由于无关紧要和一时的原因而予以变更。……当始终追求同一目标的一连串滥用职权和强取豪夺的行为表明,政府企图把人民置于专制暴政之下时,人民有权利也有义务去推翻这样的政府,并为其未来的安全建立新的保障。"② 其实,反对派是在守卫"革命权"的底线——只能作为反抗暴政的最后一条途径。《慈善家报》(*Philanthropist*) 上的一番话说得更明确:

> 在想通过武力来纠正弊端之前,所有的和平手段……都应该被完全耗尽。美国的制度毫无疑问承认革命的权利,允许因为自我防卫而使用暴力。但这是一种极端的权利,只能在所有其他途径失败之后才能尝试。把它作为常

---

① *Dr. Paley on the Right on Revolution*, in Elisha R. Potter, *Considerations on the Questions of the Adoption of a Constitution, and Extension of Suffrage in Rhode Island*, p. 50-51.

② "Declaration of Independence", in Henry. S. Commager, ed., *Documents of American History*, 7th edition, New York: Meredith Publishing Company, 1963, Vol. 1, p. 100-103, 译文参考:[美] J. 艾捷尔编:《美国赖以立国的文本》,赵一凡、郭国良主译,海南出版社2000年版,第26页。

规手段的人,在我们眼中是叛国者、谋杀者。①

他们认为,罗得岛政府不存在实行"暴政"的明确企图和行为,人民根本没有必要不惜代价地发动暴力革命。以此为基础,反对派否决了"多尔战争"与美国革命之间的任何相似性。布朗森在一篇长文中指出:

> 我们的父辈拿起武器来,是因为乔治三世是个暴君,违背了法律,侵犯了殖民地人民的宪政和特许状的权利。……但是选举权党不能说特许状政府违反了任何法律,或者有任何暴君的行为。他们仅仅宣称特许状政府没有满足他们对于政府最好形式的观念,没有保证他们所认为的人类的抽象权利。他们拿起武器,不是为了推翻暴君,而是为了建立一个新政府,一个更符合他们抽象正义和真理观念的政府。

所以,他愤慨地说:参与"多尔战争"的这些人,与萨拉托加和约克镇的英雄们根本不可同日而语,因为"前者反抗的是一个合法政府,而后者是反抗暴政,是重新确立被侵犯的法律的权威"。②

最后,也是最重要的,激进派声称"无法通过正常的宪政渠道来和平地纠正政治弊端",事实是否如此呢?

与"人民宪法会议"的召开几乎同时,罗得岛政府也组织召开了"自由民宪法会议"。这次宪法会议,因为其代表只能由满足资格的自由土地持有者选举产生,从一开始就遭到了激进派的谴责和抵制。然而,就结果来说,两个宪法会议制定出的宪法在内容上和措辞上有很多类似甚至一模一样的部分,如关于选举方式、任职资

---

① *Philanthropist*, July 23, 1842.
② *Brownson's Quarterly Review*, Oct. 1, 1844.

格，以及司法机构的条款等。两者的区别主要体现为以下两点：

第一，在议会席位的分配问题上，《人民宪法》仍然采用了"定额分配"的方法，普罗维登斯市的6个区总共有12个席位，纽波特和史密斯菲尔德分别有5个席位，沃里克有4个，其他各村镇3—1个不等；而《自由民宪法》则建立了比较灵活的分配方法。它规定每个村镇至少要有2个席位，人口数量达到4000人的村镇有3个席位，达到6500人的有4席，达到10000人的有5席，达到14000人的有6席，达到18000人的有7席，达到22000人的有8席，但最多不得超过8席。①

从这一点来看，两部宪法的差距并不大。按照《自由民宪法》的分配方法，改革派在未来议会的77个席位中能够占据32席，相比特许状已经有了极大"进步"，与改革派最初的目标——80个席位中的38席已经相差无几。②

第二，在最重要的选举权问题上，《人民宪法》规定"每一位年满21岁的、居住在本州满一年，并且于选举前在本村镇、城市或者地区居住满六个月的白人男性美国公民"都有选举权。《自由民宪法》的规定则相对复杂。它在"白人男性美国公民"中区分出"本地出生者"与"归化入籍者"两类。前者在选举公职人员和在"常规问题"上投票的资格，和《人民宪法》的规定一样，只需满足"年满21岁""本州居住一年""本地居住六个月"的要求；但在"涉及当地税收和财政开支"等"重大问题"上，除了以上要求以外，还必须"自由持有价值134美元的土地"，或者"拥有价值150美元的可纳税财产"。对于"归化入籍者"的选举权，《自由民宪法》的规定则较为苛刻：他们在罗得岛的居住时间

---

① Mowry, *The Dorr War*, Appendix B："The People's Constitution", Appendix C："The Freemen's Constitution".

② Coleman, *The Transformation of Rhode Island*, 1790–1860, p.280："Table 24：Legislative Apportionment and Ratio of Seats to Population under the Charter, the People's, and the Freemen's Constitutions, 1841".

要达到三年,而且必须自由持有价值 134 美元的土地。

要说明的是,《自由民宪法》对于"归化入籍者"的这种区别对待是精心设计的,主要是出于分化激进派的考虑。因为在激进派的组成中,劳工是最重要的力量,而劳工中占主体地位的是本土出生的白人清教徒。他们不仅与自由黑人,而且与当时大量涌入劳动力市场的外国移民,主要是爱尔兰籍天主教移民之间,都存在严重的竞争和对立关系。① 激进派的这种内在矛盾一直为其对手所利用。正如之前多尔的反对者们抓住《人民宪法》中对于黑人选举权的歧视性规定来谴责激进派原则的虚伪性一样,此时,他们也试图利用《自由民宪法》中对于"归化入籍者"的歧视性规定来唤起激进派中的本土主义情绪,从而进一步分化激进派阵营。

多尔的主要反对者之一、《普罗维登斯日报》的主编亨利·安东尼(Henry Anthony)在看到这一条后立即撰文写道,这是《自由民宪法》区别于《人民宪法》的最关键内容,并将其视为一举击败激进派的"制胜法宝"。② 的确,在《自由民宪法》进行全民表决的关键三天里(1842 年 3 月 21—23 日),多尔的反对者们正是在这一点上大做文章,来为自己争取选票的。当时的一份海报上这样写道:

> 如果《人民宪法》诉诸实施的话,大量已在本州境内的外国人将会立刻拥有选票,还会鼓励更多的外国人涌入本州,总数会变得越来越庞大。因此,我们本地工匠和劳工将会在劳动力市场上遭遇竞争的压力;政治权力将会不可避免地落入外国移民的手里,他们将直接或间接地控制

---

① 关于 19 世纪 40—50 年代美国北部各州的"本土主义"思潮和运动,可参考:Ray Allen Billington, *The Protestant Crusade, 1800 - 1860: A Study of the Origins of American Nativism*, Chicago: Quadrangle Books, 1964。

② *Providence Journal*, March 7, 1842.

第四章 民主与"革命"的权利

整个州。美国本地公民们,如果你们不愿意为外国人所控制的话,就请你们停下来,想一想,谨慎地做出决定!①

更有甚者,当时一份题为《美国本土公民!读一读,引以为戒吧!》的海报号召所有的"基督徒"在表决中投赞成票,并把这部《自由民宪法》塑造为捍卫罗得岛自由的堡垒:

> 拒绝这部(《自由民宪法》)宪法,而批准另一部(《人民宪法》),有什么合理性呢?后者将利用上千名归化的外国天主教徒为工具,把你们的政府、你们的民事和政治机构、你们的公立学校,以及你们的宗教权利置于罗马教皇的控制之下。……罗得岛人,你们想要任由一位大主教领着一群神父和一帮忠顺的仆从,在一部州宪法的授权之下来颠覆你们的制度吗?如果不想,那么就投票赞成目前摆在你们面前的宪法吧,它将精心保护你们免遭此厄运。②

激进派很快意识到了对手的策略。约书亚·拉思本(Joshua B. Rathbun)写信给多尔说,"他们着重强调排斥归化入籍者的条款,与其他内容相比,这一条最有利于反击我们。他们不是在呼吁公民去投票支持《自由民宪法》,而根本就是在呼吁公民投票反对爱尔兰人!"③

虽然《自由民宪法》在全民表决中以8013票赞成、8689票反对的微弱劣势未获批准,但是,政府的让步和反对派的分化策略收

---

① J. Stanley Lemons and Michael A. McKenna, "The Reenfranchisement of Rhode Island Negroes", *Rhode Island History*, Vol. 30, Feb. 1971, p. 10.
② J. Stanley Lemons and Michael A. McKenna, "The Reenfranchisement of Rhode Island Negroes", *Rhode Island History*, Vol. 30, Feb. 1971, p. 10.
③ Conley, *Democracy in Decline*, p. 321.

到了效果。支持多尔的阵营里出现了裂痕。一些对"归化入籍者"也心存芥蒂的激进派动摇了。约翰·布朗（John C. Brown）曾经是"选举权协会"的指挥机构——州委员会的 11 名成员之一，此时他写信给一位同为激进派的朋友，劝他接受《自由民宪法》，理由是："毕竟你也不希望看到罗得岛被天主教徒所控制。"① 联邦国会参议员威廉·斯普拉格（William Sprague）曾经是多尔的支持者，然而在看到《自由民宪法》的选举权条款之后，他改变了立场。在 1842 年 3 月 2 日给友人的信中，他说道：

> 《自由民宪法》几乎相同程度地实现了扩大选举权的目标，……改革派已经胜利了。我认为，胜利之后，他们接下来的主张就不再具有实质意义了——政府已经几乎全部按照他们的要求做出了让步。改革派主张的依据如今发生了变化。如果他们继续反抗的话，就会被指责是出于私利而非爱国之心，是为了自己的权欲而非为了让自己的同胞在政府施政中有平等的发言权。政府已经对他们做出了很大的让步，在我看来，如果他们此刻慷慨地接受这部宪法（《自由民宪法》）作为妥协，无论是对自己还是对整个州来说都是最好的选择。从他们这一方来说，他们得到了自己想要的，从政府这一方来说，改革也被纳入了法律的轨道。②

阿伦·怀特是多尔的忠实追随者和得力助手。虽然此时，他并没有像约翰·布朗和斯普拉格那样改弦易辙，但他后来在国会特别委员会中做证时也承认说："就选举权来说，我认为《自由民宪法》

---

① Conley, *Democracy in Decline*, p. 322.
② March 2, 1842, William Sprague to John Brown Francis, http：//library. providence. edu/dps/projects/dorr/，2015 年 4 月 17 日访问。

本身是可以接受的。我们普遍相信，接受了它将会在未来几年给整个州带来和平。"也就是说，他等于承认了，如果激进派的目标仅在于纠正政治弊端的话，那么它在《自由民宪法》中是可以"和平"实现的。①

1842年6月24日，当得知罗得岛议会准备重新组织召开制宪会议的消息之后，皮尔斯和其他"人民议会"的成员联名表示：

> 我们反对最近在本州发生的敌对运动……议会最近颁布的召集制宪会议的决议，其中的大多数条款得到了我们热切的赞许和支持。我们希望我们的政治朋友们也都给予支持。我们这些"人民议会"的成员，早就放弃了再次出席该议会的所有想法，我们中的有些人已经公开宣布了在该问题上的决心。我们认为，在目前的情况下，"人民"议会如果试图再次开幕的话，将是最愚蠢的事。②

与此同时，伯吉斯等另外十几位重要的改革派成员也表示："在我们看来，议会最近的法律包含了我们的本质观点，我们衷心地把这些条款推荐给我们所有的朋友。用武力来反对政府不能再被容忍了。……如今，（选举权）事业的成功之路在于法律和秩序。"③ 不仅如此，据报道，6月25日，有45名选举权党的成员联名写信给州长金，表示："（议会该法令中的）自由条款将会满足大多数人民的期待，因此我们真诚地建议我们所有的朋友支持它。"他们的态度还得到了来自沃里克的另外23名选举权党成员的赞同。④

---

① *Burke's Report*, p. 278.
② *Newport Mercury*, June 25, 1842.
③ *Providence Express*, June 27, 1842.
④ *Niles' National Register*, July 2, 1842.

事实也证明，这次制宪会议的召开的确成为压倒罗得岛激进派的最后一根稻草。与上次的"自由民宪法大会"不同，这次在代表的选举资格上做出了实质性让步。除了本州居住年限是三年，而不是一年，以及加上了"美国本土出生"这个条件以外，其余的资格——"年满21岁""选举前在本州居住满三年、在本村镇或城市居住满一年""男性公民"等，都与1841年的"人民宪法会议"没有什么差别。

与之前的《自由民宪法》一样，政府这部新宪法在最重要的选举权问题上维持了对"本地出生者"和"归化入籍者"的区分，但对于前者的资格限定则更加宽松："凡21岁以上的男性公民，选举前一年纳税达到1美元，选举前在本州居住2年，在参加选举的村镇或城市居住6个月的，以及那些在当年参加了民兵的或者履行了民兵义务的，都有权利选举所有公职人员，以及在所有涉及当地的问题中投票。"这与《人民宪法》的差别已经是微乎其微了。在议会席位的分配问题上，新宪法也沿用了《自由民宪法》的精神，建立了以人口为基础的灵活的分配制度。① 如果说当时议会制定出《自由民宪法》是在改革的百米跑道上前进了99米的话，那么现在的这个新宪法让议会走完了最后一步；如果说当时的《自由民宪法》对于约翰·布朗、斯普拉格等人来说都是"可以接受"的话，那么对于如今这个更加进步的宪法，改革派则更加没有理由拒绝了。

值得注意的是，此次议会组织召开的制宪会议，无论是对于会议代表的选举资格，还是对于选举权的资格，都没有做出肤色的限制，而是做出了"美国本土出生"的限制，也就是说，除了延续之

---

① 新宪法规定，下院共有72个席位，根据每次人口普查的数据在各村镇间按照人口分配。每增加1530人就增加一名代表，每个村镇至少有1名代表，最多不得超过下院全体代表人数的1/6。见 Mowry, *The Dorr War*, Appendix D: "Constitution of the State of Rhode Island and Providence Plantations"。

前《自由民宪法》的策略,利用本土主义大做文章以外,这部新宪法与《人民宪法》的最大区别,就是它旗帜鲜明地与自由黑人结为同盟。之所以做出如此选择,主要是出于对黑人群体的回报。《人民宪法》的歧视性选举权条款,把罗得岛的整个自由黑人群体推向了对手的怀抱。在激进派发动反叛活动期间,普罗维登斯市的黑人群体组织了两个将近200人的民兵连,帮助城市巡防、守卫重要据点、承担城市消防的重任,并因此赢得了反对派的信任。在新制宪会议进行选民登记时,伊莱沙·波特观察道:"允许黑人投票遭到的咒骂并不像预想的那么多,因为这些人宁愿让黑人投票也不愿让爱尔兰人投票。"① 在新制宪会议即将结束时,从选举权条款中删掉"白人"一词的提案终于以 45 票赞成、15 票反对获得通过,在新宪法进行全民表决时,罗得岛的自由黑人选民全体一致投了赞成票。②

在《人民宪法》的制定过程中,激进派早已放弃了对黑人权利的坚守,而从其对《自由民宪法》的态度来看,他们也无意捍卫外国移民的平等权利。那么,如今以多尔为首的一些激进分子为何仍然抗拒这部新宪法呢?反对派据此指控说,对手口口声声用"和平途径无效,逼不得已使用武力"来为自己辩解,只能证明他们是虚伪的政客,是谎话连篇的骗子;他们主动选择了暴力,是"宁愿革命,不要改革的人";他们口中的"和平"只是用来掩盖其阴谋和野心的华丽辞藻。③ 正如雅各布·弗里兹在联邦巡回法庭上作证时所指控的那样,选举权党人从一开始的目标就不是制定宪法:

---

① July 22, 1842, Elisha Potter, Jr. to John Brown Francis, http://library.providence.edu/dps/projects/dorr/, 2015 年 4 月 17 日访问。

② 关于普罗维登斯市黑人在多尔战争期间的活动,以及新制宪会议中讨论黑人选举权的情况,可参考: Robert James Cottrol, "*Black Providence 1800-1860: A Community Formation*", Ph. D. Dissertation of Yale University, 1978, p. 103-106。

③ "The Recent Contest in Rhode Island," *North American Review*, Vol. 58, No. 2, 1844, p. 431-434.

（他们）极其担心，一个合法的宪法会议能够制定出一部能够为人民所接受的宪法。他们宣布自己绝对不会为这部宪法投票，即使它同他们自己制定的那部一模一样，甚至更好。他们宣布，无论发生什么，他们都要把自己的宪法付诸实施，并以此为基础组建一个政府，如果必要的话，使用武力也在所不惜。我有理由相信，这些精神和想法在选举权党的成员里从一开始到现在都是普遍存在的。①

　　的确如此，激进派抗拒这个宪法的真正原因在于：他们不仅希望实现政治改革，更希望确认以一种"法外"和暴力方式变更政府的正当性，而后一个愿望，在政府组织制定的任何宪法中都是无法实现的。由此，我们可以把一般的改革派与以多尔为首的激进派区分开来。前者的全部目标在于"纠正制度的弊端"。在"逼不得已"的情况下，他们愿意为了实现目标而诉诸一场暴力革命，但他们无疑更希望看到的是一场不流血的"和平革命"。所以，当政府做出让步，抛出和平的橄榄枝的时候，他们会毫不犹豫地欣然接受。然而，罗得岛的立宪运动从一场普通的政治改革发展为一场武装反叛，主要体现了以多尔为首的激进派的政治抱负。随着罗得岛立宪运动一步步地走向激进，改革派与激进派逐渐分道扬镳。很多认同多尔的政治改革目标，而且也曾积极投身于政治改革运动的人，逐渐站到了多尔的对立面。

　　如上文曾经提到的，普罗维登斯的所有"人民议会"的议员在多尔发动武力攻击的次日全部宣布辞职，以划清与多尔的界限；还有皮尔斯、伯吉斯等诸多选举权党人和"人民政府"的高官，也公开赞扬政府召开制宪会议的法令，主动退出了多尔阵营。

　　再比如，"人民政府"在1842年4月选举时，最初提名的州长

---

① *Burke's Report*, p. 664.

候选人是卡朋特,副州长是威登(Wager Weeden),州务卿是史密斯(William H. Smith),总检察长是伯吉斯,财长是斯特恩(John Sterne),但是卡朋特和伯吉斯都拒绝了提名。经过调整之后的第二个名单中,州长候选人换成了威登,副州长换成了巴克(William C. Barker)、州务卿换成了伯吉斯,总检察长换成了诺尔斯(John P. Knowles)。但这次名单中又有人拒绝提名。改革派不得不第三次修订名单。①

还有,韦兰在一次演讲中表示:"对于选举权我没有任何疑问。我本人始终是支持扩大选举权的。"但是,对于改革派采取的激烈方式,他深恶痛绝。因为这已经不再是"一个选举权应该被扩大到什么程度的现实问题,而变成了一个抽象问题:在没有法律授权的情况下,大多数人民是否有权利推翻整个现存政府的制度,并且根据自己的喜好任意组织政府?"② 雅各布·弗里兹写了很多小册子来反对多尔,但他承认,自己在 1841 年 12 月时是投票支持《人民宪法》的,因为这是"一种民意的表达",但是他并不认为人民宪法具有约束力。③ 也就是说,他支持多尔等人政治改革的目标,但不赞成他们为了实现改革而采取的方式。

多份报刊也澄清说,自己的立场是反激进、反暴力,但不反改革。当时最有名的慈善刊物之一《约拿单兄弟》(*Brother Jonathan*)发文表示:"没有人比我们更加热切地盼望罗得岛人民能够和其他州人民一样享有权利,但是我们不会因此而同意,甚至原谅多尔及其同伙们的疯狂行径。"以谴责多尔著称的《共和先驱报》解释

---

① 多尔原本并不在候选人名单中。这是他本人的意思,想以此来显示自己"动机纯粹",直到第三次修改名单,多尔才接受州长的提名。见:Mowry, *The Dorr War*, p. 134-135.

② Wayland, *The Affairs of Rhode Island, a discourse delivered in the meeting-house of the first Baptist church*, Providence, May 22, 1842, p. 6, 16-17.

③ Frieze, *A Concise History of the Efforts to Obtain an Extension of Suffrage in Rhode Island, from the year* 1811 *to* 1842, *and the Dorr War*, p. 124.

说:"我们支持选举权党的运动。我们从一开始就相信,并且现在仍然相信——这是民主的事业。但我们从来不认为,民主原则的实施要以我们同胞的生命和鲜血为代价。"罗得岛反对派最主要的舆论阵地《普罗维登斯日报》则指出,阻碍罗得岛政治改革进程的不是他们,而恰恰是多尔的激进路线,"多尔的逃离,以及其追随者和选举权党的领导人放弃暴力和激进路线,将会移除通向自由扩大选举权道路上的唯一障碍"。①

这或许也可以解释"罗得岛事件"中一些看似相互矛盾、令人困惑的景象:在"选举权协会"组织的几次群众集会上,民众们谈起改革和立宪来是慷慨激昂、群情激奋的;在为《人民宪法》投票时,民众们踊跃参与,刷新了罗得岛历史上投票人数最多的纪录;在多尔来到纽约寻求军事援助时,所到之处都是民众的欢呼声和"朋友们"信誓旦旦的承诺。但是多尔满怀着胜利的希望发动真正的战斗时,却发现追随自己的人寥寥无几且人心涣散,就连原先忠于自己的选举权党人后来也站到了政府一边。究其原因,或许正如一份匿名的小册子所说:"当各方同意应该制定一部成文宪法来确保扩大选举权和议会席位的平等化分配的时候,当所有人都愿意和准备召开一个制宪会议来实现这些伟大目标的时候,还有任何良好的公民……愿意支持由多尔领导的革命性的残暴行为吗?"②

然而,当多尔怀着绝望的心情"以身殉道"时,他又赢得了民众的广泛同情。从多尔入狱之时起就兴起了一场以"解放多尔"为目标的民众运动。罗得岛解放多尔协会(Dorr Liberation Society of

---

① *Brother Jonathan*, May 21, 1842; *Republican Herald*, June 28, 1842, in Dexter Randell, *Democracy Vindicated and Dorrism Unveiled*, Providence: H. H. Brown, 1846, p. 34; *Providence Journal* 上的一篇文章,转引自 *Niles' National Register*, May 28, 1842。
② "*A Horrible Plot Discovered*!!", Providence, May 14, 1842。

Rhode Island)最先是由妇女创立的,① 后来由于很多前选举权党成员、民主党人和工人阶级的陆续加入,以及与全国改革联合会(National Reform Association)的密切合作而逐渐发展壮大,成为运动的领导机构。该协会在罗得岛境内各地进行了广泛的宣传,建立了各级分会,举行了多次大规模的民众集会,为了筹钱申请联邦最高法院复审"罗得岛诉多尔案"甚至还发行了"股票"(见图4-1)。

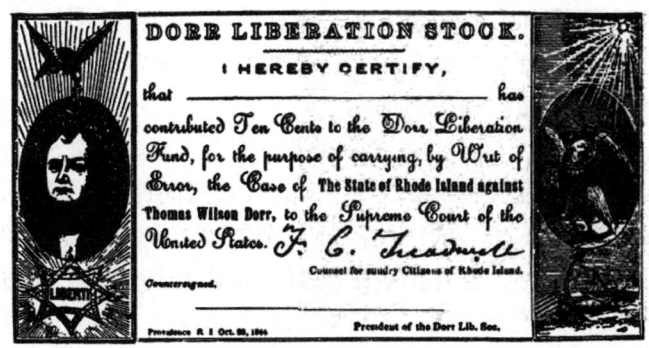

图4-1 为争取解放多尔而发行的股票

资料来源: DeSimone and Schofiled, compiled, *The Broadsides of the Dorr Rebellion*, p. 66。

虽然这场运动声势浩大,但必须要指出的是,它并不是激进主义的延续。相反,它恰恰体现了激进主义在当时意识形态氛围中的逐渐散去。罗得岛解放多尔协会在其成立宣言中开宗明义地提出,自己的首要目标是"用合法、合宪、和平的途径来促成多尔获释",即向联邦最高法院申请复审"罗得岛诉多尔案"。在这一点上,它

---

① 关于"解放多尔协会"的创立情况,见: Francis C. Treadwell, *The Conspiracy to Defeat the Liberation of Dorr*, New York: Printed and Published by John Windt, 1845, p. 10, 16; 关于妇女在解放多尔运动,以及在整个罗得岛立宪运动过程中的作用,可参考: Susan H. Graham, "*Call Me a Female Politician, I Glory in the Name!*": *Women Dorrites and Rhode Island's 1842 Suffrage Crisis*, Ph. D. dissertation, University of Minnesota, 2006; Ronald P. Formisano, "The Role of Women in the Dorr Rebellion", *Rhode Island History*, vol. 51, 1993, p. 89-104。

与全国改革联合会的想法是一致的,在后者看来,"这是唯一的方法,既能保证对各方都公正,保证永久性地解决该争端中提出的所有问题,又能避免诉诸暴力"。两者的合作正是以这种共识为基础的。①

整个"解放多尔"的运动严格贯彻了和平的精神,没有制造任何骚乱和动荡。当时的一份期刊观察道:"当多尔刚被宣判终身监禁时,我们非常担心他那些忠实和激动的朋友们会试图用暴力来使其获释。感谢上帝这并没有发生。虽然上千人常常聚集在监狱外来表达他们的真诚想法和深刻信念,但是之后他们还是和平地返回各自家中。"该刊认为,"正是这种和平,制造了越来越强烈的道德激情,最终打开了监狱的大门"。② 一位名叫弗朗西斯·特雷德韦尔(Francis C. Treadwell)的纽约律师被全国改革联合会派到罗得岛,负责申请复审事宜。普罗维登斯的劳工杂志赞扬他说:"他的行为完全符合我们对法律和秩序这两个词的理解。"而他也对投身于"解放多尔"运动的劳工大加赞赏,说自己在普罗维登斯"看到的所有人都是法律和秩序的真正信徒"。③

既然领导和参与"解放多尔"运动的很多人并不认同多尔的激进路线和激进思想,那么他们为什么要为多尔争取自由呢?不可否认,人道主义因素起到了关键作用。当时很多报刊乐于描述多尔在狱中的恶劣待遇,其中不乏极富感染力的、夸张渲染的语言和各种未经证实、耸人听闻的消息。新罕布什尔的一份报纸是这样写的:

> 多尔被禁闭在一个小房间里。墙壁潮湿,地板是阴冷的花岗岩。唯一能透光和空气的地方是房间顶部的一个小

---

① Treadwell, *The Conspiracy to Defeat the Liberation of Dorr*, p. 8, 10.

② "Liberation of the Prisoner——Thomas W. Dorr", in *Prisoner's Friend*, July 9, 1845.

③ "Speech of Mr. Treadwell to the Working Men of Providence", in *Workingman's Advocate*, Aug. 17, 1844.

洞。通过这个小洞，多尔能够在孤独而疲惫的夜里窥见天空的一角，运气好的话偶然能够看到一两颗星星。墙上有一个洞，刚好够监狱的看守把食物送进来。他被禁止和任何人进行口头或文字的交流。他的父母也很难见他一面。他请求每天一次在监狱走廊里散步，以及借阅图书等，也都被否决。

该报还谴责说，罗得岛政府的这种蓄意虐待的行为是"懦弱的""卑劣的""残忍的""毫无人性的""蔑视人权的"，其令人发指的程度在欧洲君主制的历史上都没有先例。[1] 为了激起广大劳工的同情和立即有效的行动，一份劳工报纸指责多尔正遭到罗得岛政府的"蓄意谋杀"：

> 如果要做什么来减轻多尔的痛苦的话，现在就必须着手了，因为据我的了解，在这种折磨之下他支撑不了很久。据说他从上周开始就已经无法躺倒在床上，无法把手举到头顶；过去 10 天内他无法劳动，无法自己脱衣服；要靠别人的帮助才能从自己的单人囚室走到劳动车间。[2]

显然，与诉诸激进原则相比，诉诸人道主义的策略更为成功。它迎合了当时整个社会追求"道德改善"的氛围，争取到很多社会改革人士的支持。[3] 一份致力于改善监狱条件的杂志发文表示："虽然我们不能完全赞同多尔等人的目标，以及他们用以实现目标

---

[1] "The Oppression of Dorr", in *New Hampshire Patriot and State Gazette*, Aug. 15, 1844.
[2] "Probable Murder of Governor Dorr", in *Workingman's Advocate*, Mar. 15, 1845.
[3] 关于 19 世纪三四十年代美国追求"道德改善"以及进行各种社会改革运动的概况，可参考：Ronald G. Walters, *American Reformers*, 1815–1860, New York：Hill and Wang, 1978。

的手段，但是我们对于他摆脱监牢还是报以最衷心的欣慰。我们满怀喜悦地希望，革命者将由此而领悟到：'真理和爱的柔弱双臂因上帝的永在而变得强健。'"布朗森一直以来猛烈批判多尔的激进路线，但同时他也是一位积极投身于社会改革的宗教人士，尤其以关注改善新英格兰地区城市穷人的生活状况，以及改革严厉的刑罚制度而闻名。这时，他也表示支持释放多尔，以此"希望表达对多尔的同情，以及希望他重获自由和社会、民事权利"。①

在有政治眼光的罗得岛反对派看来，民众对多尔境遇的广泛同情首先是一种压力，迫使他们去衡量继续关押多尔可能付出的代价。在这种压力下，他们中的一些人改变了态度。一位署名为"Quidam"的辉格党人对于自己支持释放多尔是这样解释的："我知道辉格党内的大多数成员都会谴责我是一个彻底的异端……但是，我相信，还是有一些辉格党人会同意我的主张。"他还详细解释了自己转变态度的原因：首先是因为"如果不这样做的话，会激起更多的愤怒"，"一旦在其他地方，尤其是在宾夕法尼亚、纽约这样的大州发生了类似的动乱，会造成更大的伤害"。其次，他认为，对多尔这样的人不能施以严厉刑罚，因为终身监禁反而会把他塑造为"悲壮的英雄"，而释放他才能让其成为"失败的反叛者"。刑法，适用到这类人身上，"应该像稻草人一样，远看很有威慑力，但近距离接触就会发现无害；或者应该像一支假枪，虽然枪口指向目标，但永远不会开火"。②

同时，民众的同情也是一种资源，可以被政客们用来进行政治博弈。"多尔战争"之后的罗得岛政治充分说明了这一点。在1845年春季罗得岛一年一度的选举中，以普罗维登斯议员查尔斯·杰克逊、国会参议员詹姆斯·西蒙斯（James Simmons）为首的一些原

---

① "Liberation of the Prisoner——Thomas W. Dorr", in *Prisoner's Friend*, July 9, 1845; *Brownson's Quarterly Review*, Oct. 1, 1844.

② "Rhode Island and Governor Dorr", in *Niles' National Register*, Aug. 10, 1844.

第四章 民主与"革命"的权利

法律—秩序党成员看到了这种政治资源。他们马上打出了"释放多尔"的旗帜,既取得了大量民众的支持,也整合了因"多尔战争"而分崩离析、声名日下的罗得岛民主党力量。这些被法律—秩序党斥责为"叛徒"的人成为这场政治博弈的大赢家:杰克逊取代了反对释放多尔的詹姆斯·芬纳,成为新一任州长,西蒙斯连任了国会参议员,莱缪尔·阿诺德(Lemuel H. Arnold)被选为国会众议员(见图 4-2)。杰克逊上任之后兑现了承诺,于当年 6 月释放了多尔。1854 年,罗得岛议会又通过一份法案,宣布罗得岛最高法院对多尔"叛州罪"的裁决无效,理由与当年多尔的抗议完全一样——陪审团的不公正以及错误的审理地点。

图 4-2 "四个叛徒"(图中四人原先为法律—秩序党成员,但因为在 1845 年罗得岛选举中支持释放多尔,而被其他党员斥为"叛徒")

资料来源:American Broadsides and Ephemera, Series I: 1760-1900 数据库。

小　结

考察多尔的命运，我们可以看到：他因致力于改革而受到普遍的尊敬和支持，因身陷囹圄、经历苦难而受到广泛的同情，但却因为发动革命、诉诸暴力而陷入孤立、备受谴责。这一切的根源在于，后革命时代的美国人虽然用激进的话语在理论上表述"革命权"，但他们普遍相信，在现实政治生活中，"革命权"并不需要以"革命"的方式来行使。美国民主政体的一系列制度安排为纠正政治弊端提供了和平的、制度内的途径，从而使得以暴力手段为特征的传统意义上的"革命"变得没有必要，也没有正当性了。美国人称颂的所谓"和平革命"，实际上不是"革命"，而是依托制度和法律而进行的政治改革；不是蔑视政府、推翻政府，而是尊重和服从合法政府的权威。这正是美国政治制度确立之后，所有试图用暴力方式来实现政治目标的运动，包括"多尔战争"，都遭到谴责的原因。当时力主协助罗得岛政府镇压激进派的一位马萨诸塞将领亨利·迪尔伯恩（Henry Dearborn）事后是这样总结的："多尔反叛不仅给这一代和未来的罗得岛人，而且给全体美国人上了无价的一课，它证明了，除了合法授权的手段以外，试图用任何其他方式推翻或变更既定政府体制是多么无效。"①

当代政治学者萨托利在谈到这一点时说：不民主的制度是僵死的制度，只能用革命去推翻，而民主是以灵活性见长的制度，它设计出一套自我改善或对改善的要求做出反应的内在机制。② 在罗得岛事件中，罗得岛政府先后制定的两部宪法是这个机制正在发挥作用的最好证明，也是反对派用来反驳多尔的最有力的证据。当年，

---

① Erik J. Chaput, "'Let the People Remember!': Rhode Island's Dorr Rebellion and Bay State Politics, 1842 – 1843", *Historical Journal of Massachusetts*, Vol. 39, Summer 2011, p. 134.

② ［美］乔万尼·萨托利：《民主新论》，冯克利、阎克文译，上海人民出版社2009年版，第90页。

麦迪逊在论证联邦制优越性时曾说，"共和政体能够医治共和政府最易发生的弊病"①，如今，罗得岛的反对派也说出了同样的话：美国民主制的弊病，只能通过其自我更新的内在机制以民主的手段来纠正。

---

① Federalist No. 10, in *The Federalist Papers*，译文参考：《联邦党人文集》，第51页。

第五章
"多尔战争"与美国后革命时代的政治变革

罗得岛的立宪运动从改革发展为"战争",并进而引发一系列的政治论争,这其中固然有很多偶然的、个人的因素,但从这整个事件中,我们还是可以看到后革命时代美国政治变革的一些典型特征。罗得岛立宪运动本身是19世纪三四十年代美国政治民主化浪潮的产物。和与此同时其他各州如火如荼的州宪法改革,以及当时发生在联邦政治中的诸多变化一样,它体现了这一时期民众政治权力普遍增强的特征。而"多尔战争"的出现、其他州宪法改革中屡见不鲜的"法外行为",以及日常政治生活中的各种混乱和骚动,也让我们看到,伴随着19世纪三四十年代政治民主化而来的,是民众权力与法律和政府权威之间的紧张关系。正是从这个意义上,"多尔战争"背后两种民主理念的竞争和交锋,可以被视为美国政治变革过程中的一种常态,而"多尔战争"的结局——"多尔赢得了改革,输掉了革命思想"——也可以被视为美国人在两种竞争性民主理念之间寻求互动和均衡、进而推进政治变革的一种经验。

一、罗得岛立宪运动与杰克逊时期的政治民主化

"多尔战争"的出现不是偶然的,也不是孤立的。它在19世纪三四十年代的美国政治中是一种普遍存在的问题,体现了当时美国

的政治民主化对传统精英统治的政治秩序带来的强烈冲击。大多数学者把它同以杰克逊为代表的民主党的意识形态联系起来,称其为"杰克逊民主",认为其实质是一种激进的平等主义或者说拉平主义。① 他们指出,建国初期建立的精英统治的政治秩序在杰克逊主义者这里遭到了有史以来最严厉的攻击,普通人的智慧与美德、普通人的政治权利与影响力得到了前所未有的弘扬,激进的平等主义或者说拉平主义这一在殖民地时期就存在的思想,到了19世纪三四十年代因而也被推崇到一个史无前例的高度。它被杰克逊时期的民主党人视为理所当然的一种社会状态,也是共和国追求的终极目标。

纽约民主党人乔治·坎普在当时流行一时的《民主》一书中说:

> 共和政府的最重要的目标之一就是,把控制国家的权力平等地、无差别地既授予那些根据自己思维习惯能够做出正确判断的人,也授予那些彻底无知的人。……就事情本质来说,在城市街道上辛勤工作的穷苦劳工,和在法庭上的法官或者参议院中的政治家一样,有同等的资格来裁决政治决策和政治人物。②

---

① 在《美国政治传统及其缔造者》一书中,霍夫斯塔特曾试图否认杰克逊民主的激进性,提出杰克逊主义者主张的平等是法律面前的平等,是机会的平等,而非结果的平等,所以他们绝非拉平主义者。这一论断随后被很多学者的研究所推翻。相关论著可参考:Richard Hofstadter, *The American Political Tradition: And the Men Who Made It*, New York: Random House USA Inc, 1948, p. 60; Mervin Meyers, *The Jacksonian Persuasion: Politics and Belief*, Stanford: Stanford University Press, 1957; John Ashworth, "*Agrarians*" *and* "*Aristocrats*": *Party Political Ideology in the United States*, 1837–1846, New York: Cambridge University Press, 1987。

② George Sidney Camp, *Democracy*, p. 130, 133.

1840年总统大选之际，民主党人在《华盛顿环球报》(Washington Globe) 上撰写文章，极力阐述自己与辉格党人的区别正是在于这种拉平主义精神，并措辞激烈地反问对手说："是什么让一个人比另一个人优秀？……难道所有人不是由同样的物质构成的吗？难道所有人不是呼吸着同样的空气，吃着同样的食物，喝着同样的水吗？难道所有人不是被赋予同样不朽的思想吗？……难道所有人不是在生理上和精神上都可以进步的吗？"① 来自纽约州的联邦众议员伊利·摩尔（Ely Moore）也用同样的语气反问说：

> 既然人人生而平等，既然自然没有在人类中间划定差别，既然所有人有同样的权利获得恩惠，既然所有人拥有同样的感知、同样的器官，既然自然在创造人类时并没有区分主人和奴隶、显贵和平民、富人和穷人，那么，作为自然法的一种延伸，政治领域的法律怎么能够在社会成员之间建立起醒目的、专断的区别呢？②

当然，民主党人对平等主义的信仰不仅停留在口头上，更体现在实实在在的政策中。在19世纪三四十年代掌权的10多年时间里，民主党政府推出了诸多旨在打击权贵、推动政治和经济平等、保护和扩大普通民众权利的民主化政策。

摧毁第二合众国银行是民主党至关重要的一个举措，其目的就在于反垄断、反特权，保护占人口大多数但在经济竞争中处于弱势地位的普通民众的利益。对该银行特许状的续期投下否决票的杰克

---

① John Ashworth, "The Jacksonian as Leveller", *Journal of American Studies*, vol. 14, no. 3 (Dec., 1980), p. 419.

② Ely Moore, *Address on Civil Government, Delivered before the New York Typographical Society, February 25th, 1847, at the Society Library Lecture Room, N.Y.*, 1847, p. 23, 15.

逊总统解释说，美国制度的最大弊端是"权力集中于一群对人民不负责任的少数人手中"，而第二合众国银行正是这样一个垄断组织。它控制了全国1/5的纸币和1/3的银行储蓄和硬币，且其股票的大部分为少数美国和欧洲的金融家、大商人所持有，所以，它是为那些外国股东和"我们本国最富有阶级的几百个人"谋利益的，其牺牲的必然"是美国普通民众的收入"。在美国，每个公民都有权享有法律的平等保护。法律不能通过授予某些人头衔或排他性的特权，在社会中制造人为的差别，而第二合众国银行却恰恰违背了"平等"的原则，会让富者愈富、穷者愈穷。杰克逊在参议院中的主要支持者——密苏里参议员托马斯·本顿也说："我反对续期，是因为我看到它是一个权力过分强大的、不能为一个自由政府和平等法律所容忍的机构。……第二，是因为它倾向于加重财产的不平等，会使富者愈富、穷者愈穷。……第三，是因为它给予股份持有者以独占的特权和反共和的垄断。"①

官制改革是杰克逊总统推进民主化和平等化的另外一项重要举措。联邦政府成立之初，联邦的行政官员一般由总统提名，经国会批准后长期任职。从1789年4月30日到1829年3月4日，联邦政府总共只撤换了74名官员。这种实际存在的官员任职的终身制不仅导致了官场腐败现象的屡屡发生和官员队伍的老化，更严重的是，它使得一小群人长期垄断政治权力，成为民主制下的一个特权阶层。杰克逊总统当政之后，提出了官职轮换制，仅仅在上任后的一年半时间里就撤换了919名政府官员，约占当时所有政府官员的1/10。他大力提拔有才干但出身卑微的人、忠于民主党事业的人，以及受过高等教育和具备专门知识技能的人。小施莱辛格对官制改

---

① Wilentz, *The Rise of American Democracy*, p. 361; Harry L. Watson, *Liberty and Power: The Politics of Jacksonian America*, New York: Hill and Wang, 1990, p. 146; Schlesinger, Jr., *The Age of Jackson*, p. 81.

革的评价可谓相当公允:

> 官职轮流制作为一个改革措施,无论它后来给美国的社会生活带来什么罪恶,在当时,它都和平地摧毁了一个不称职的阶层对官职的垄断,把权力交给了一个新生的、有能力满足时代需要的群体。……(它)缩小了人民和政府之间的距离,扩大了公众对民主的参与。对杰克逊来说,这是建立民主政府进程中的关键一步。[1]

政党制度的发展成熟既是民主发展的结果,也是推进民主化的有力工具。19世纪30年代初,杰斐逊时期建立的国会核心会议制度寿终正寝,党的全国代表大会逐渐取而代之,成为提名总统和副总统候选人的机构,从而使普通党员在提名时有了发言权。与此同时,总统竞选方式也发生了显著变化。1800年总统选举人在大部分州是由议会选择的,到1832年,除了南卡罗来纳以外,其余所有州都放弃了原先的程序,把总统选举人改为了民选。这就使得以赢得大选为己任的政党不得不把工作焦点从国会转移到民众身上。为了最大限度地争取民众的支持,两党(尤其是民主党)不断地深入地方基层。他们不仅在各州、各县、各村镇建立委员会或俱乐部,并最终建立了党的全国委员会,还在多个村镇办起了廉价的报纸,作为党的宣传阵地。此外,各种集会游行,各种节日、野餐、狂欢等群体性活动也都成为政党动员民众的渠道。正是因为普通民众参与性的大大增强,因此这一时期被学者们视为现代美国政党政

---

[1] Schlesinger, Jr., *The Age of Jackson*, p. 47.

治的开端。①

除此以外,民主党人厌恶并攻击联邦立法机构和司法机构,是因为在他们看来,这两个机构本质上都具有贵族倾向,都不对普通民众负责——前者很容易形成腐败的小团体,从而威胁到人民的权利,后者规定的法官任命制和终身制则"无论是在原则上还是实践上都是反共和的"。民主党人支持联邦行政机构的权力,尤其是坚决捍卫总统否决国会法令的权力,是因为他们认为,总统最能够表达民众的意愿,最能够"体现共和政府的最伟大的原则:对国家的最高统治者——人民负责"。民主党人支持大陆领土扩张,宣扬"天定命运说",以及主张西部土地的先占权和低价出售原则,都是为了扩大独立的、有美德的自耕农阶层,以对抗权贵资本。民主党人反对在国内改进货币、关税等方面的偏向性立法,是因为他们认为这样会人为制造出既得利益集团,会人为地加剧地区之间的不平等。②

民主党 10 多年的掌权,在联邦层面大大推动了政治民主化、平等化的改革进程。然而,对于 19 世纪上半叶的美国普通民众来

---

① 学者们普遍认为,现代意义上政党的标志是组织的完善和公众参与的加强。威廉·钱伯斯(William Nisbet Chambers)对美国早期政党与原有的政治集团和派别进行了比较,提出了现代政党的四个特征:第一,现代政党有一个起积极作用的骨干领导集团;第二,现代政党通过各种政治实践,如争取选票、提名候选人、谈判妥协等,来促进党本身的发展;第三,现代政党的构成基础更为广泛,其提出的纲领也更具连贯性;第四,现代政党完全依赖于公众的支持,而原有的政治集团和派别则是高度独立自主的团体,难得会涉及或需要公众的广泛支持。从这个意义上说,现代政党的形成必定伴随着民主化的进程。在美国,虽然 1800 年总统大选之前的党派活动也很活跃,但是,现代意义上的政党则是在 19 世纪 30 年代美国政治民主化的大潮中才完全形成。可参考:William Nisbet Chambers, *Political Parties in a New Nation*: *The American Experience* 1776-1809, New York: Oxford University Press, 1963, p. 45-49; Sigmund Neumann, *Modern Political Parties*: *Approaches to Comparative Politics*, Chicago: University of Chicago Press, 1956.

② John Ashworth, *"Agrarians" and "Aristocrats"*: *Party Political Ideology in the United States*, 1837-1846, p. 34-47.

说,能够让他们感受得更为深刻和真切的民主化,发生在与他们距离更近的地方——州。正如前文所述,罗得岛居民的政治权利的扩大和政治影响力的增强是通过一场长达几十年的州立宪运动来实现的。实际上,这一运动不仅发生在罗得岛。它是一股民主化的浪潮,席卷了全国,覆盖了几乎所有的州。

19世纪之前,联邦13个州中,除了宾夕法尼亚、新罕布什尔和佐治亚以外,其他州(包括罗得岛在内)都不同程度地把财产,尤其是自由持有土地作为选举权的资格。① 这种做法有着深厚的思想渊源和法律渊源,它不仅沿袭了殖民地时期的惯例,更可以追溯到英国几个世纪以来的传统。② 究其原因,主要是因为当时人们普遍相信,只有拥有财产的人,才是有自由意志的人,才具备独立和美德;只有拥有财产的人,尤其是拥有如土地和房产之类的不动产的人,才会把个人幸福和共同体的福祉紧密联系起来,才会对共同体充满责任感和奉献精神。当然也与当时美国地广人稀、土地易得有关。

和罗得岛一样,这些州在进入19世纪以后也都经历了经济、社会和人口的巨大变迁。城市中工匠、工人、商人、制造业主和其他专业人士的数量越来越多,他们没有土地,因此没有选举权。土

---

① 宾夕法尼亚、新罕布什尔、佐治亚三个州规定,所有在选举前一年或两年纳税的人都拥有选举权。康涅狄格和罗得岛在革命时期没有制定宪法,而是沿用了殖民地特许状,用财产作为选举权的资格。在其他州中,特拉华、北卡罗来纳、南卡罗来纳、马里兰都是要求自由持有50英亩土地,或者价值30—50英镑不等的财产;新泽西没有规定土地的面积,统一要求拥有土地和财产必须价值50英镑以上;马萨诸塞的规定是自由持有年收入在3英镑以上的土地,或者拥有价值60英镑的地产;弗吉尼亚的规定更加详细,只有自由持有至少50英亩无人居住的土地,或者25英亩土地加上至少12平方英尺的种植园和房屋的人,才有资格选举;纽约则对下院议员和参议员的选举设置了不同的财产要求,分别是自由持有价值20英镑和100英镑的土地。见:Keyssar, *The Right to Vote*, Appendix: Table A.1, A.2, A.3。

② 关于英国和殖民地法律中对选举权的规定,参见:Chilton Williamson, *American Suffrage: From Property to Democracy*, 1760-1860, Princeton University Press, 1960, Chapter 1, 2。

第五章 "多尔战争"与美国后革命时代的政治变革

地渐渐地不再像 18 世纪那么容易得到，越来越多的农民或是因为租种他人土地，或是因为土地面积无法达到选举权的资格要求，也没有选举权。以土地为基础界定政治权力，似乎非但没能成为自由的保障，反而使权力逐渐掌握在了少数人手中。在改革派的推动下，这些州相继进行了宪法改革。除了罗得岛、弗吉尼亚和北卡罗来纳一直坚持到 19 世纪中期以外，其余各州在 19 世纪 30 年代就都废除了选举权的财产资格，取而代之以纳税、服兵役、参加公共建设等要求。18 世纪 90 年代之后加入联邦的所有新州中，除了田纳西以外，也都没有用财产来限制选举权。

罗得岛立宪的另一核心目标——以人口为基础重新分配议会席位，同样也是其他州宪法改革的重要任务。

革命时期的很多州是以村镇或县为单位来分配议会下院席位的，要么是各县无论实力强弱一律平等，新泽西、特拉华、马里兰、弗吉尼亚用的都是这种方法①；要么是以当时人口和财产的分布情况为依据来确定各县的名额，如南卡罗来纳、佐治亚、纽约等州。② 这两种方法都存在一个共同的问题：把议会席位的名额固定化了。结果就是，进入 19 世纪以后，随着这些州内部不同地区之间经济的不平衡发展，以及人口格局的不断变动，在议会下院这个

---

① 新泽西、特拉华、马里兰和弗吉尼亚的每个县在议会下院分别拥有 3 名、7 名、4 名和 2 名代表。See The Constitution of New Jersey, 1776; The Constitution of Delaware, 1776; The Constitution of Maryland, 1776; The Constitution of Virginia, 1776, in Thorpe, ed., *The Federal and State Constitutions*.

② 例如，南卡罗来纳实力最强的 Charleston 县在议会下院有 30 个席位，而其他县分别只有 2—10 个不等的席位。佐治亚人口最多的 Liberty 县有 14 个席位，其他每个县只有 10 个席位，而人口较少的 Savannah 和 Sunbury 两个市分别只有 4 个和 2 个席位，另外两个更小的城市只有 1 个席位。Albany 和 New York 两个市在纽约州议会下院中分别有 10 名和 9 名代表，其他各县只有 2—7 名，等等。见：The Constitution of South Carolina, 1776, 1778, 1790; The Constitution of Georgia, 1777; The Constitution of New York, 1777; The Constitution of New Hampshire, 1776; The Constitution of North Carolina, 1776, in Thorpe, ed., *The Federal and State Constitutions*。

与"人民"距离最近、关系最密切的机构中,"人民"往往无法得到公正的代表,"人民"的力量往往无法得到公正的体现。① 按照改革派的说法,北卡罗来纳总人口是 386676 人,其中的 37 个县有 152586 人,在议会下院有 111 名代表,剩下的 25 个县人口是 234090 人,只有 75 名代表,也就是说,北卡罗来纳下院的多数席位实际上掌握在 1/3 的少数人手中。在马里兰,巴尔的摩市人口是 65000 人,占据了全州所有财富的 1/4,却只有 2 个代表,而其他 6 个县总人口只有 59755 人,但却有 32 名代表。弗吉尼亚的不平等现象甚至更为严重:在拥有同等席位的两个县中,其中一个的人口竟然是另一个的 22 倍。②

因此,对这些州来说,民主化进程的迫切任务就是:废除定额分配制度,以人口为基础重新分配议会席位,而且在宪法中加入定期进行人口普查的条款,从而在制度上确保议会能够始终真正地体现多数人的力量。改革之后,马里兰议会下院的席位将在联邦人口的基础上每 10 年都将重新分配一次,不足 15000 联邦人口的县选 3 名代表,每增加 10000 人就多选 1 名代表。北卡罗来纳议会下院在联邦人口的基础上每 20 年重新分配一次。在弗吉尼亚,由于生产方式的差异和经济、人口的不平衡发展而导致的内部冲突最明显,因此代表制问题引起的争论是最激烈的。1829—1830 年宪法会议为

---

① 也有的州没有采取这种定额分配的方法。如 1776 年宾州宪法规定,1778 年征税之后将按照纳税人口来重新分配议会席位,并且以后每 7 年就要重新分配一次。1780 年马萨诸塞宪法首次尝试建立"比例代表"这种相对灵活的机制,在人民和议会之间建立起一种动态的平衡。它具体规定了纳税人口和代表名额的比例关系:每个村镇有 150 名纳税人口选举 1 名代表,以后每增加 225 名纳税人口就增加一个代表名额。所以,在这两个州,议会下院席位的分配通常不再是日后州宪法改革的主要内容。见:The Constitution of Pennsylvania, 1776; The Constitution of Massachusetts, 1780, in Thorpe, ed., *The Federal and State Constitutions*。

② Fletcher M. Green, *Constitutional Development in the South Atlantic States, 1776-1860: A Study in the Evolution of Development*, New York: W. W. Norton & Company, Inc., 1966, p.176-177, 197.

此专门设立了一个委员会,而该委员会屡次陷入僵局而差点休会,最终的解决方案是以潮汐带(Tide-water)、蓝岭山脉(Blue Ridge)、阿列甘尼山脉(Alleghany Mountains)为界把全州分为四个地区,用取人口平均值的方法来分配议会下院席位,同时规定每10年重新分配一次。①

除了扩大选举权和重新分配议会席位以外,其他州的宪法改革中还提出了一个在罗得岛没有出现的新议题:如何限制州议会的权力?

革命时期的州宪法并没有建立成熟的分权制衡机制。议会在政府中占据核心地位,它不仅独享立法权,而且可以通过多种方式对政府其他机构,尤其是行政机构施加决定性影响。由于殖民地的经验,让革命时期的美国人最害怕的是行政权力的膨胀和滥用,因此他们在州宪法中极大地削减行政机构的权力,从而使议会失去了最有效的制衡力量。主要表现为以下几点:第一,宾夕法尼亚、马里兰、新泽西、特拉华、弗吉尼亚、南卡罗来纳、北卡罗来纳等州的最高行政长官都是由议会选举产生;第二,除了马萨诸塞以外,其他所有州的最高行政长官都丧失了制约立法机关的最有力武器——对议会法令的否决权;第三,各州普遍设立了参事会,州长所做出的几乎每一个决定,都必须以参事会的建议乃至同意为前提,而除了南卡罗来纳和宾夕法尼亚之外,其余各州的参事会成员无一例外全部都是由议会选举产生;② 第四,各州在制宪时将任命权更多地交到了议会手中。议会除了选举州长和行政参事会以外,还有权选举州务卿(the secretary of state)、财务总长(the state of treasurer)、总检察长(the attorney general)等行政机构高级官员,州最高法院

---

① Green, *Constitutional Development in the South Atlantic States*, 1776-1860, p. 218-219, 226, 247; Merrill D. Peterson, *Democracy, Liberty, and Property: The State Constitutional Conventions of the 1820's*, University of Virginia, 1966, p. 275-279.

② 纽约没有设立行政参事会。南卡罗来纳的参事会是由副州长担任主席,再在参议院和下院中分别选举3人。宾州的参事会是唯一由人民选举而产生的。

和次级法院法官、法院书记官（court clerk）、地方治安官（justices of peace）等司法机构官员，以及几乎所有的军队将领和官员。①

"议会权力至上"的建立，固然有反抗代表英国权威的殖民地行政当局的原因，但从更深层次来说，是因为当时美国人普遍相信只有议会，尤其是议会下院才代表"人民"，普遍地把行政机构，尤其是州长放到"人民"的对立面。要想限制议会的权力，前提是要改变对"人民"与行政机构之间关系的这种认识。这一时期的州宪法改革正是从这一点着手，通过把州长和其他行政官员改为民选，让行政机构和议会一样成了"人民"的代表，进而从根本上把行政机构和立法机构放到了平等的位置。宾州和特拉华早在革命结束后不久就改为了民选州长，佐治亚、北卡、马里兰、新泽西、弗吉尼亚等州也分别在19世纪20—50年代实现了改革。

同时，在州宪法改革中，州长重新获得了否决权，大大增强了对立法机构的制衡力量。到19世纪50年代之前，最初13州中有几乎一半授予州长以否决权，而且新加入联邦的州也都确认了州长的否决权。在宾夕法尼亚、纽约、佐治亚、马里兰和弗吉尼亚的宪法改革中，原先由议会任命的法官改为人民选举，从而使议会在很大程度上也失去了在司法领域的权力。② 1819年的经济恐慌和1837年更加严重的经济衰退使议会管理经济的能力受到越来越多的质疑，以限制议会权力为目的的州宪法改革因此又增加了新的内容：限制和规范议会管理经济的权力，如禁止或严格限制向银行和私人公司颁发特许状、限定政府贷款总额和期限、禁止议会为了增加国内改进投资而加税、增设州审计员监督财政开支、增设公共工程委员会管理国内改进事务，等等。1837年宾州、1846年纽约以及19世纪50年代弗吉尼亚和马萨诸塞的宪法会议突出体现了宪法改革

---

① 纽约州设立了"任命委员会"，由州长和4名参议员组成，共同行使任命权。

② Arthur N. Holcombe, *State Government in the United States*, New York：The Macmillan Company, 1916, p. 89-92, 110-114.

在新时代中的新内容。

无论是扩大选举权、重新分配议会席位,还是限制议会的权力,其最终目的都是要调整美国代表制民主的传统格局,让更多的人参与到政治生活中去,提高普通人对政府的影响力。1837 年宾夕法尼亚宪法会议上一位代表呼吁说:"我们要求政府必须在各方面都是共和的、有责任感的、对人民负责的。政府的所有工作人员都是人民的仆人。让人民控制政府吧! 让人民的仆人对人民负责吧! 唯有如此,才能实现政府的伟大目标——保障国内安宁,提供共同防务,促进公共福利。"① 这句话很好地概括了这一时期州宪法改革,乃至美国整个民主化进程的实质。

19 世纪上半叶,除了以联邦和州政府为主导的政治改革之外,原先处于边缘地位的各种弱势群体也争相登上了政治舞台。他们通过请愿、抗议、游行示威、组织集会甚至成立政党等方式,要求获得平等的权利和政治参与的机会。他们的登场,严重挑战了以白人男性精英为主导的传统政治秩序,大大活跃和丰富了"权利话语"的内涵,也奏出了一个民主化时代的最强音。

劳工群体是 18 世纪末到 19 世纪上半叶美国工业化进程的产物,也是各州宪法改革运动中的主力。除了通过推动州宪法改革来争取平等政治权利、扩大政治参与以外,19 世纪上半叶的劳工群体还提出了更多、更为广泛的政治诉求。在对当时美国社会发展进行了深入剖析之后,劳工们发觉自己处于"一种微妙的、间接的、很少被承认但处处都能感受到"的"工资奴隶制"(wage slavery)的压迫之下。② 他们看到,19 世纪上半叶资本主义经济和雇佣关系

---

① Proceedings and Debates on the Convention of the Commonwealth of Pennsylvania, to Propose amendments to the Constitution, Commenced and Held at Harrisburg, on the Second Day of May, 1837, V.Ⅰ, p.303.

② "Voice of Industry", July 17, 1845, in Bernard Mandel, Labor: Free and Slave: Workingmen and the Anti-Slavery Movement in the United States, New York: The Haddon Craftsmen, 1955, p.77.

在美国北部的蓬勃发展，正在逐渐扭曲劳动和财富之间原先的对应关系：从事生产活动的人所获得的报酬同其付出的劳动完全不相符，而不从事劳动的人却能够靠攫取他人劳动果实获取财富，进而在生产者阶层和非生产者阶层之间制造出一种深刻的社会对立。而这种社会对立，在他们看来，同南方的奴隶制并无二致——两者都是以剥夺他人人身及劳动成果为基础的。因此，他们给"奴役"一词下了一个极为宽泛的定义："在一个人被迫让自己的劳动力听命于他人的意愿，被迫将其大部分劳动成果给予他人的地方，奴隶制就存在"；"任何人，无论其是直接还是间接，是迫于武力还是迫于对饥饿的恐惧，只要他将自己的劳动成果让与他人、听命于他人的意愿，他就是奴隶。"① 实际上，当劳工们宣称有权利拥有自身以及自己劳动成果的时候，他们已经向整个美国资本主义经济体系的根基发出了挑战。

而对于劳工中的一些激进派来说，光有挑战是不够的。这些人又被称为土地改革派。他们痛恨美国资本主义经济体系中劳工的不平等地位，认为要彻底改造这个不平等的社会，"没有其他的途径，只有重新开始（commencing anew）"，回到社会成立之前的自然状态中去，恢复"自然的简单秩序"。而他们所说的"自然的简单秩序"指的就是：土地是上帝赠予整个人类的共有财产，每个人对于土地都拥有"最初的""平等"的一份。② 所以，他们提出的大多是带有强烈乌托邦色彩的改革目标。土地改革派最主要的领导人认为，不仅要废除美国现有的土地所有制，按照自然平等的原则重新分配土地，而且，为了让土地的平等所有权一直维系下去，还必

---

① Bernard Mandel, *Labor: Free and Slave: Workingmen and the Anti-Slavery Movement in the United States*, New York: The Haddon Craftsmen, 1955, p. 79.

② Thomas Skidmore, *The Rights of Man to Property!* New York, 1829, p. 33, 127, 116; John Pickering, *The Working Man's Political Economy, Founded upon the Principle of Immutable Justice, and the Inalienable Rights of Man; Designed for the Promotion of National Reform*, 1847, New York: Arno Press, 1971, p. 105.

第五章 "多尔战争"与美国后革命时代的政治变革

须取消土地的买卖和转让。① 另一位代表人物刘易斯·马斯克里耶（Lewis Masquerier）对此深表同意，认为"土地就像是人的身体，不能定价"。他提出了更加乌托邦式的改革目标——废除土地所有制、租金制度和整个工资体制，还拟定出了具体的实施步骤——将全国土地收归国有，再分为小块分配给每个家庭，每块面积不超过10英亩。② 土地改革派在19世纪上半叶美国劳工运动中是一支非常活跃的力量。他们于1829年、1836年和1845年相继建立了纽约劳工党（Working Men's Party of New York）、平权党（Equal Rights Party）和工业党（Industrial Congress）等多个小党，一定程度上修改了当时美国两党政治的版图。

美国最早的女性运动也在19世纪上半叶的政治民主化大潮中拉开了序幕。原先在公共领域中保持沉默的妇女群体开始在政治舞台上发声。她们要求被承认作为一个"人"的平等地位，要求拥有同男性同等的权利。婚姻制度——这一捆绑女性的最沉重的枷锁，成为美国女性主义者首当其冲的攻击目标。她们把婚姻制度比作美国南部的人身奴隶制，③ 因为根据美国的婚姻法传统，妇女一旦结婚，她就成为丈夫的附属品——她必须随夫姓；所有的财产包括她结婚时带来的财产或者在婚姻期间挣来的工资，都属于她的丈夫；她不能拥有独立的政治意愿；她不能以自己的名字签署契约；不能

---

① George Henry Evens, "History of the Origin and Progress of the Working Men's Party in New York", *The Radical in Continuation of the Working Man's Advocate* 1, Jan. 1841; *Working Man's Advocate*, Oct. 5, 1844.

② Frank Carlton, "An American Utopia", *Quarterly Journal of Economics*, XXIV, 1909–1910, p. 428–433.

③ 关于美国女性主义者将婚姻制度和人身奴隶制的类比，可参考：Elizabeth B. Clark, "Matrimonial Bonds: Slavery and Divorce in Nineteenth-Century America", *Law and History Review*, Vol. 8 (Spring 1990), 25–54; Blance Hersh, *The Slavery of Sex: Feminist-Abolitionists in America*, Urbana: University of Illinois Press, 1978; John C. Spurlock, *Free Love: Marriage and Middle-Class Radicalism in America, 1825–1860*, New York: New York University Press, 1989.

在离婚时对孩子提出监护权的要求；不能立遗嘱；等等。女性主义者们认为，美国的整个婚姻法体系，其目的和结果就是剥夺妇女作为一个"人"的基本存在，让她"在法律上成为一个死人"，"成为一个物品"，这同南方的人身奴隶制有什么区别呢？[1] 1828 年，弗朗西斯·赖特（Francis Wright）发表文章，大胆地宣布美国当下的婚姻法律全部是无效的，因为"没有任何一个妇女能够抛弃……她独立的存在"。1846 年，纽约州的 6 名妇女起草了一份请愿书递交到正在进行的修宪会议上，要求获得同男性平等的政治和民事权利。为了表示自己的独立，以及对现存婚姻制度的反抗，其中 5 名已婚妇女在签名时坚持使用自己的本姓，而不是夫姓。这些激烈的言行在当时的美国无异于重磅炸弹。[2]

在州宪法改革运动的激励下，女性主义者也提出了政治权利的要求。1848 年的塞尼卡福尔斯大会（Seneca Falls Convention）是美国妇女争取选举权运动的开端。会议通过的《情感宣言》(*Declaration of Sentiments and Resolutions*) 从内容到形式都是《独立宣言》的翻版。它将人类历史说成是一部男性屡屡伤害和掠夺妇女权利的历史，在它列举的男性侵犯妇女权利的若干"罪状"中，

---

[1] "Declaration of Sentiments and Resolutions, by the Woman's Rights Convention, July, 1848", in Philip S. Foner, ed., *We, the Other People: Alternative Declarations of Independence by Labor Groups, Farmers, Woman's Rights Advocates, Socialists, and Blacks*, 1829-1975, Urbana: University of Illinois Press, 1976, p. 79-80; Elizabeth Cady Stanton to Gerrit Smith, in Amy Dru Stanley, *From Bondage to Contract: Wage Labor, Marriage, and the Market in the Age of Slave Emancipation*, New York: Cambridge University Press, 1998, p. 177; Lucy Stone to Antoinette Brown, in Sally G. McMillen, *Seneca Falls and the Origins of the Women's Rights Movement*, New York: Oxford University Press, 2008, p. 21.

[2] Alice S. Rossi, ed., *The Feminist Papers: From Adams to de Beauvoir*, Boston: Northeastern University Press, 1988, p. 93; Lori D. Ginzberg, *Untidy Origins: A Story of Woman's Rights in Antebellum New York*, Chapel Hill: The University of North Carolina Press, 2005, p. 147-154.

第 1 条便是"他从不允许她行使其不可剥夺的权利——选举权"。①1851 年第二届全国妇女权利大会通过了一份声明,宣布:"自然和政治正义……决定了权利和负担,即选举权和纳税,应当是相互依存的",因此,承担了纳税负担的妇女,理应同男性一样拥有"不言自明的、毋庸置疑的"选举权。② 在女性主义者的呼吁之下,妇女选举权的问题进入了一些州的宪法改革的议程。在 1851 年俄亥俄修宪会议中,有代表提议删除选举权条款中的"男性"一词,在 1853 年马萨诸塞的修宪会议上也有代表提出了支持妇女选举权的提案。他们的理由是:妇女应当同男性一样,平等地享有属于"全体人类"或"共同的人性"的所有权利。③

19 世纪上半叶美国早期女性主义者的权利诉求还首次触及人们生活中最为隐私的一个领域——性和生育。一直以来,这个话题对于美国人,尤其是对于妇女来说是一种禁忌。内战前,大多数女性运动者绝少在公众场合提及它。一向言行激烈的露西·斯通成为最早向禁忌发出挑战的人之一。她之所以敢于这样做,是因为她坚持认为,妇女在性和生育上的自主权,是其"拥有自身""能够完全控制自己的身体及其使用"的表现,是一种"绝对的""首要的"基本人权。因此,她对于内战前女性运动对此问题避而不谈的

---

① "Declaration of Sentiments and Resolutions, by the Woman's Rights Convention, July, 1848", in Philip S. Foner, ed. , *We, the Other People: Alternative Declarations of Independence by Labor Groups, Farmers, Woman's Rights Advocates, Socialists, and Blacks, 1829-1975*, Urbana: University of Illinois Press, 1976, p. 79.

② Ellen Carol DuBois, "Outgoing the Compact of the Fathers: Equal Rights, Woman Suffrage, and the United States Constitution, 1820-1878", *The Journal of American History*, Vol. 74, No. 3, p. 841.

③ *Report of the Debates and Proceedings of the Convention for the Revision of the Constitution of the State of Ohio*, 1850-1851, Columbus, 1851, Vol. 2, p. 555; *Official Report of the Debates and Proceedings in the State Convention, Assembled May 4th, 1853, to Revise and Amend the Constitution of Commonwealth of Massachusetts*, Boston, 1853, Vol. 2, p. 726.

现状很失望,感叹说,争取这个权利,是整个女性运动的基础;缺少了这个基础,其他所有的斗争,包括为妇女争取选举权、财产权和平等法律地位等,终究是徒劳的;即使所有其他的权利都得到了,妇女也无法获得真正的作为一个"人"的平等地位。① 虽然19世纪上半叶像露西·斯通这样敢于挑战禁忌的人并不多,但是"权利话语"的穿透性和扩散性已然显露无遗。到了19世纪末20世纪初,这种在生活最隐私的领域提出的权利诉求,最终激发起了一场群众运动,改变了美国女性运动的面貌。

这一时期,在种族主义情绪肆虐的北部处于绝对弱势地位的自由黑人群体及其支持者们,也勇敢地在政治舞台上提出了自己的权利诉求。1821年纽约修宪会议中,当大多数代表以"无能力"为理由试图对自由黑人选举权设置更多障碍时,皮特·杰伊(Peter Jay)站出来表示,黑人无能力是因为奴隶制剥夺了他们自我提升的机会,如果自由黑人能够拥有和白人一样的教育资源的话,他们的能力也能够提升到同白人平等的水平。② 另一位代表罗伯特·克拉克(Robert Clarke)也随即起身奋力捍卫黑人的平等政治权利:

> 有人说黑人无能力行使选举权。他们会成为贵族制的工具;他们会在市场上出售自己,把选票投给那些出价最高的人;他们没有独立自主的判断或意愿,只会默认那些居心巨测的人的花言巧语,因为他们必须依赖这些人为生。这些话或许在某些方面是正确的。但是,可能会滥用选举权的并不仅仅是黑人而已。如果我们以此为理由剥夺黑人的平等权利的话,那么,接下来也应当剥夺白人中成

---

① Lucy Stone to Susan B. Anthony, in Alice Stone Blackwell, *Lucy Stone, Pioneer of Woman's Right*, Boston: Little, Brown, and Company, 1930, p. xviii.

② *Reports of the Proceedings and Debates of the Convention of 1821, Assembled for the Purpose of Amending the Consittution of the State of New York*, Albany: E. & E. Hosford, 1821, p. 184.

千上万阿谀奉承、曲意逢迎之徒,因为这些人同样由于生
计所迫而不得不听命于有野心的、有钱的白人。①

　　自从被1838年新宪法否定了"公民"身份之后,宾夕法尼亚
的自由黑人群体从未停止自己的抗争和诉求。在接下来的十几年时
间里,他们一次又一次地向州议会和全体宾州民众呼吁,废除1838
年州宪法中的不公正条款。他们花了大量精力去统计宾州自由黑人
在宗教、慈善、教育、经济等各方面取得的成就;在请愿书中用大
量篇幅来列举黑人建立了多少学校、图书馆和禁酒组织,黑人拥有
价值多少美元的地产、缴纳了多少美元的税收和租金,以及黑人的
识字率、贫苦率、犯罪率等详细数据;还追溯了黑人在美国革命和
1812年战争中与白人共同浴血奋战的事迹,以及黑人在和平时期
为城市公共服务和社会发展进步所做的贡献。所有这些的目的都是
在于证明,无论是论道德、论智商还是论贡献,宾夕法尼亚的黑人
同白人都是平等的,所以理应获得同白人平等的政治地位和政治
权利。②
　　而在19世纪中叶以加里森等人为代表的新一代废奴主义者看
来,费尽心思搜集资料来证明黑人的平等是根本没有必要的,因为
这"太显而易见了",是一个"不证自明的真理",③ 只需一个简单
的理由足矣——因为黑人同白人一样,是"人"。他们以自然权利
观念为依据,用最强烈的语言谴责奴隶制侵犯了人类"不可剥夺的

---

　　① *Reports of the Proceedings and Debates of the Convention of* 1821, *Assembled for the Purpose of Amending the Consittution of the State of New York*, p. 187–188.
　　② "Appeal of Forty Thousand Citizens, Threatened with Disfranchisement, to the People of Pennsylvania", *Liberator*, April 13, 1838; *To the Honorable Senate and House of Representatives of the Commonwealth of Pennsylvania, in General Assembly Met, this Memorial of the "Colored Citizens" of this State, residents of the City of Philadelphia*, Philadelphia: Printed for Memorialists, At 22 South Third Street, 1855, p. 6–7, 13–18.
　　③ William E. Channing, "Slavery", in C. Bradley Thompson, ed., *Antislavery Political Writings*, 1833–1860, New York: M. E. Sharpe, 2004, p. 32.

权利",是一种"原罪",因而必须抛弃原先废奴运动奉行的渐进策略,改为立即、无条件地废除奴隶制。他们的目标在于,让黑人奴隶"作为人的权利获得承认和保证"。①按照加里森的概括,这些权利包括"拥有自己身体的权利、拥有自己劳动成果的权利、享有法律平等保护的权利,以及分享社会共同福祉的权利"②。因此,这些废奴主义者不仅反对奴隶制度,还反对一切形式的种族偏见和歧视,包括美国殖民协会把自由黑人移居非洲的计划,以及北部各州对于自由黑人政治和民事权利的各种限制和剥夺。他们认为,当时美国的政治和社会秩序已经完全背离了共和制的原则,坠入了贵族制的深渊,而自己的使命就是要真正实现独立宣言所描述的那个"人人生而平等"的社会。在1843年5月31日的演说中,加里森用独立宣言的语言鼓励奴隶们为自己的权利抗争。他说:"你们是人,你们被赋予和其他人同等神圣的面貌,你们生来和你们的主人一样优秀、高贵,你们和那些残忍奴役你们的人一样,有能力享有生命、自由和追求幸福的权利。"③ 1833年成立的全国性的废奴组织——美国废奴协会(American Anti-Slavery Society)和1839年成立的美国第一个废奴主义政党——自由党(Liberty Party),也都把独立宣言的序言写入了自己的章程或纲领,将废奴运动视为美国革命事业的延续,将自己视为1776年原则的继承者。④

---

① Aileen S. Kraditor, *Means and Ends in American Abolitionism*: *Garrison and His Critics on Strategy and Tactics*, 1834 – 1850, Chicago: Ivan R. Dee, Inc., Publisher, 1967, p. 27.

② 加里森在美国废奴协会成立大会上起草的宣言,参见:"Declaration of Sentiments of the National Anti - Slavery Convention" (1833), in C. Bradley Thompson, ed., *Antislavery Political Writings*, 1833–1860, p. 43。

③ Stanley Harrold, *The Rise of Aggressive Abolitionism*: *Addresses to the Slaves*, The University Press of Kentucky, 2004, p. 169.

④ "Declaration of the Anti-Slavery Convention", "Constitution of the American Anti-Slavery Society", in Julius Rubens Ames, "*Liberty*", p. 101 – 105; Liberty Platform of 1843, http://alexpeak.com/twr/libertyparty/1843/, 2013年8月17日访问。

总之，19世纪三四十年代在美国政治舞台上紧锣密鼓发生的一系列重大事件——民主党政府在联邦层面进行了很多旨在摧毁少数人特权、推动政治平等化的改革；各州政府通过修订宪法调整了政治权力的不公正分配、增强了民众对政府的控制；劳工、妇女、黑人等原先处于边缘地位的群体登上了政治舞台并提出了平等主义的诉求——都严重动摇了美国以白人男性精英为主导的传统政治秩序，并营造出一种平等主义甚至拉平主义的时代氛围。而罗得岛激进派在立宪问题上表现出的对普通人美德的推崇、对多数人权力的称颂以及对现有政治权威的挑战，则正是这种时代氛围的产物。

二、"多尔战争"与19世纪三四十年代的激进主义

19世纪三四十年代不仅是一个政治民主化、平等化的年代，还是美国历史上最充满暴力和骚乱的年代之一。根据当时最有影响力的全国性报纸之一《奈尔斯每周纪事》的不完全统计，1812—1819年，美国总共发生了9起骚乱，1820—1829年只有2起，而这一数字到了19世纪30年代飙升到了115起，在19世纪40年代也有64起之多。[1] 东北部的大城市尤为严重。这一时期，仅在巴尔的摩、费城、纽约和波士顿四个城市就至少发生了35起大规模的骚乱，小规模的则更多。其中，巴尔的摩共发生了12起，为其赢得了"暴民之城"的恶名。骚乱还扩展到中西部和密西西比河谷地区正在发展中的新兴城市。这一时期，所有人口超过2万人的美国城市中至少有75%的城市经历了不同程度的骚乱。[2] 有学者总结

---

[1] Leonard L. Richards, *"Gentlemen of Property and Standing"：Anti-Abolition Mobs in Jacksonian America*, New York：Oxford University Press, 1970, p. 12.

[2] Richard Maxwell Brown, *Strain of Violence：Historical Studies of American Violence and Vigilantism*, New York：Oxford University Press, 1975, p. 29-30；Richard Maxwell Brown, "Historical Patterns of Violence in America", in Hugh Davis Graham and Ted Robert Gurr, eds., *The History of Violence in America：Historical and Comparative Perspectives*, New York：Bantam Books, 1969, p. 53-54；David Grimsted, "Rioting in Its Jacksonian Setting", *American Historical Review*, Vol. 77, Apr., 1972, p. 362.

说，在 19 世纪三四十年代，"骚乱重新获得了其在 18 世纪中的地位。即使不是一种普遍赞同的行为模式，至少也是经常使用的和被默认的"①。

当时，南卡罗来纳的一份报纸忧心忡忡地说："我们整个社会似乎处于一种不正常的激情之中。暴民、罢工、废奴运动、反叛、私刑似乎成了如今最受关注的话题。"《奈尔斯每周纪事》的主编赫齐卡亚·奈尔斯（Hezekiah Niles）哀叹道，"曾经每个公民……都拥护法律的标准，团结起来为了公共福祉而共同奋斗"，而现在，一些人"正在每一个角落里散布骚乱的精神"。②《纽约晚邮报》则用异常愤慨的语言控诉说："似乎魔鬼的狂暴已经在我们那些误入歧途的民众的心中生根。像那些一旦尝了血的味道就永远无法满足嗜血欲望的凶残猛兽一样，他们的胃口被唤醒了。……个人权利和公共财产、法律义务和统治者的权威，都被发动骚乱的这些胆大妄之徒抛弃了。"③

具体来说，19 世纪三四十年代美国的骚乱活动主要有以下几种类型。

第一类是族裔骚乱。这是 19 世纪三四十年代最为普遍的一种骚乱形式，被称为"本土主义运动"（Nativism）。它主要发生在美国本土的清教徒与来自爱尔兰的天主教移民之间。规模最大的当属 1834 年 8 月发生在马萨诸塞州查理斯敦，以及 1844 年 5 月和 7 月分别发生在费城两个爱尔兰移民聚居区——北部肯辛顿地区和南部萨瑟克地区的骚乱。波士顿的骚乱是因为本土清教徒痛恨在他们的聚居地存在一座天主教的修道院，将之洗劫并焚之一炬。费城肯辛顿地区的骚乱是因为本土清教徒不能容忍在公立学校中使用天主教

---

① David Grimsted, "Rioting in Its Jacksonian Setting", *American Historical Review*, Vol. 77, Apr., 1972, p. 364.

② *Niles' Weekly Register*, Vol. 48, August 8, 1835.

③ Paul A. Gilje, *The Road to Mobocracy: Popular Disorder in New York City, 1763-1834*, Chapel Hill: University of North Carolina Press, 1987, p. 143.

第五章 "多尔战争"与美国后革命时代的政治变革

版圣经，与当地爱尔兰裔居民发生暴力冲突，酿成两座天主教堂被彻底焚毁、6 人死亡、50 人重伤的惨剧。① 肯辛顿骚乱之后不久，恰逢美国独立日庆典，得知萨瑟克地区的本土清教徒要举行大规模游行，心有余悸的当地爱尔兰移民提前组织起一支志愿者队伍来保护天主教堂，并得到了当地巡防队的支持。此预防性举措被本土清教徒认定是主动攻击的信号。在教堂前对持了 3 天后，双方力量发生了交火。本土清教徒这方趁着夜幕从港口偷来了两门火炮，巡防队这方也调来了骑兵队支援，伤亡自然惨重，共计造成 12 人死亡，40 余人重伤。除了波士顿、费城等东北部大城市以外，族裔骚乱还随着铁路网的扩张而向中西部地区蔓延。由于这一时期美国的铁路工程雇用了大量外国移民作为劳工，所以辛辛那提、克利夫兰、底特律等依托铁路网络而崛起的中西部新兴城市也成了族裔骚乱的多发地。

　　第二类是由种族问题引发的骚乱，主要体现为白人种族主义者对自由黑人和废奴主义者的暴力袭击，手段主要是殴打、屠杀，以及捣毁或焚烧他们的报社、房屋、学校、教堂等。有代表性的是 1829 年、1836 年、1842 年在辛辛那提连续发生的多起针对黑人社区的洗劫，造成了上百栋房屋被焚毁、数千名自由黑人被迫迁移，以及 1836—1837 年伊利诺伊州奥尔顿市的白人种族主义者对废奴期刊《观察者报》总部的 3 次暴力攻击，最终导致其主编、著名的废奴主义宣传家伊莱贾·洛夫乔伊（Elijah P. Lovejoy）被杀害；1838 年，宾夕法尼亚州废奴协会在费城市中心筹资兴建的会议大厅遭到当地 3000 多名白人种族主义者的围攻，并被焚毁（见表 5-1）。

---

① 关于本土主义者制造的骚乱，可参考：Ray Allen Billington, *The Protestant Crusade*, 1800-1860: *A Study of the Origins of American Nativism*, Chicago: Quadrangle Books, 1964, p. 68-76, 220-234。

表 5-1　19 世纪三四十年代针对废奴报刊的主要暴力活动

时间	地点	报刊	后果
1833.7.20	密苏里州杰克逊县	《晚晨星报》(Evening and Morning Star)	报社被捣毁，被迫搬离
1835.10.21	马萨诸塞州波士顿市	《解放者报》(Liberator)	办公室被洗劫，总编遭到攻击
1835.10.21	纽约州尤蒂卡市	《奥奈达标准与民主党报》(Oneida Standard and Democrat)	印刷机被扔到大街上
1836.7.12	俄亥俄州辛辛那提市	《慈善家报》(Philanthropist)	报社被捣毁
1836.7.21	密苏里州圣路易斯市	《观察者报》(Observer)	报社受损
1836.7.24	伊利诺伊州奥尔顿市	《观察者报》	印刷机被扔到河里
1836.7.30	俄亥俄州辛辛那提市	《慈善家报》	报社受损，印刷机被扔到河里
1837.8.21	伊利诺伊州奥尔顿市	《观察者报》	报社受损
1837.9.21	伊利诺伊州奥尔顿市	《观察者报》	报社受损
1837.11.7	伊利诺伊州奥尔顿市	《观察者报》	报社被捣毁，主编被杀
1838.5.17	宾夕法尼亚州费城	《宾州自由人报》(Pennsylvania Freeman)	报社受损
1841.9.3	伊利诺伊州奥尔顿市	《慈善家报》	报社受损
1845.8.18	肯塔基州莱克星敦	《真正美国人报》(True American)	印刷设备被拆除
1847.9	俄亥俄州坎布里奇	《自由号角报》(Clarion of Freedom)	报社被迫搬离
1848.4.18—20	华盛顿特区	《国民时代报》(National Era)	总编受到威胁

资料来源：Richard B. Kielbowicz, "The Law and Mob Law in Attacks on Antislavery Newspapers, 1833–1860", *Law and History Review*, Fall 2006, Vol. 24, No. 3, p. 570。

第三类是由经济问题引发的骚乱。如 1834 年 3 月由于马里兰

第五章 "多尔战争"与美国后革命时代的政治变革

银行被废止而导致存款无法兑现的民众围攻了当地的银行家；1837年2月无力承受面粉价格一再飙高的纽约民众洗劫了当地面粉商的货仓；以及1839—1845年纽约州哈得孙河地区的农民因为不满租税体系而发起的骚乱等。这一时期，随着纺织业、蒸汽机制造业、钢铁制造业和铁路网的初步发展，东北部的一些工业区还出现了最早的罢工运动和以铁路公司为目标的民众暴力活动，例如宾州肯辛顿地区1840年3—7月多次发生的铁路骚乱和1842—1843年多次发生的纺织工人罢工等。前者是因为当地居民担心新修建的、穿街而过的铁路会带来安全隐患，会导致当地马车生意破产，其噪声还会影响自己的房产价值，于是多次用暴力赶走施工人员，并与当地巡防队发生冲突。后者的罢工是由当地纺织工会领导的，要求雇主恢复到1837年经济危机之前的工资水平。

第四类是选举骚乱。这一时期，政治对立很容易就转化为选举骚乱。支持不同党派的选民常常不惜用各种暴力行为互相阻挠对方投票，或者互相撕扯旗帜、捣毁对方的选票箱。政党活动越活跃、斗争越激烈的地方，选举中的暴力现象就越严重。以当时美国最大的城市之一费城为例。据当时人的描述，在1834年10月的选举中，"暴民们把选票箱紧紧围住，以至于要投票的选民不得不从人群的头顶上被运进去。在运送的过程中，对立政党的人会剪开他衣服的侧缝，拼命地撕扯。很多人的衣服已经完全被撕毁了，还有人受伤严重"，"有的人不得不以匕首护身，才能够清出一条路靠近选票箱"。最后，这次选举骚乱从肢体冲突发展为了一场枪战。① 同年的纽约市政选举也是类似情况。选举前几天，纽约的好几个街区就不断传来民主党人和辉格党人发生肢体冲突的消息，以至于选举日当天，一份辉格党报纸甚至号召支持者们带着生死一战的心情前

---

① David Grimsted, *American Mobbing*, 1828-1861: *Toward Civil War*, New York: Oxford University Press, 1998, p. 199, 201, 207-209; Hofstadter and Wallace, eds., *American Violence: A Documentary History*, p. 82-84.

往投票站。①

还有一种形式是极具美国特色的——民众自发组织的维持治安和私自执法（vigilantism）。此类活动早在殖民地时期就出现了。为了应对社会管理的缺失和治安的混乱，一些殖民地居民自发组织起来，用"以暴制暴"的方法来惩处不法分子，捆绑、鞭打、驱逐甚至用私刑处死他们。② 建国之后，这类活动尤其是在新建立的、社会秩序较为混乱、各项法律和制度多不健全，且政府的执法能力薄弱的边疆地区格外活跃。19 世纪 30 年代初期和 19 世纪 40 年代初期分别出现了两次高潮，前一次主要发生在阿拉巴马、密西西比等下南部州，后一次主要发生在伊利诺伊、艾奥瓦、密苏里等中北部地区。但是，19 世纪三四十年代的民众私自执法现象并不局限于边疆地区，在传统的南部乡村甚至东北部的城市中也时有发生。根据学者理查德·布朗的统计，这一时期仅私刑处死这一项就发生了 88 起。③

霍夫斯塔特在谈到 19 世纪三四十年代美国的政治文化时说，这一时期的美国社会在繁荣发展的表象之下存在着一种"病态"，即一方面"因内部的异质化而痛苦不堪"，另一方面却"蔑视控制、领导不得力、对权威感到不耐烦"。④ 这句话精辟地概括了这一时期社会动荡、骚乱频发的原因。

研究杰克逊时代的学者们普遍认为，在 19 世纪三四十年代这个大变革的时代，由于经济、政治、社会关系的复杂性大大增加，

---

① David Grimsted, *American Mobbing*, 1828-1861: *Toward Civil War*, New York: Oxford University Press, 1998, p. 199, 201.

② 相关内容可参考：Richard Maxwell Brown, *Strain of Violence*, p. 71-75。

③ Richard Maxwell Brown, "The American Vigilante Tradition", in Graham and Gurr, eds., *The History of Violence in America*: *Historical and Comparative Perspectives*, p. 154, 156, 160-161.

④ Hofstadter and Wallace, eds., *American Violence*: *A Documentary History*, p. 477-478.

尤其是在城市里,各个群体之间的对立和敌意也大大增加,人们普遍存在一种焦虑感和不安全感。这种焦虑感和不安全感一方面来自人们感受到自己的经济利益、权力和社会地位受到威胁,另一方面来自他们担心自己传统文化和价值观的统治地位受到挑战。以族裔骚乱为例,从殖民地时期开始,天主教徒在美国历史中就一直是一个被歧视和排斥的族裔群体。在美国占统治地位的清教徒眼中,宗教已经融入了他们对于共和主义的信仰中。清教精神被认为是美国人能够享有自由和繁荣的原因,反之,天主教被视为专制主义、等级制度的代名词。这一时期大量天主教徒的涌入使得很多清教徒越来越担忧美国共和政体的前途,所以,向天主教徒发动攻击起到了"解药"的作用,缓解了他们的焦虑感和紧张情绪。

  以爱尔兰移民为主要对象的暴力骚乱不仅源于美国本土清教徒的"文化焦虑",还体现了这两大族裔群体之间极为现实的经济利益之争。19世纪三四十年代的爱尔兰移民中,有超过6成没有技术、没有受过什么教育且一贫如洗的人。来到美国之后,他们大多聚居在城市里谋生,成为城市劳工阶级的下层。而根据学者的统计,这一时期族裔骚乱的主要发动者为本土出生的"制砖工人、海员、消防员、学徒工、年轻的街头混混等人",或者说,大多是那些"出自最穷困、最底层"的本土劳工。① 因为对于同样处于社会底层的他们来说,这些人数庞大、吃苦耐劳、工资极低的爱尔兰移民严重威胁到了自己的就业机会。尤其是在1837年经济危机之后,随着就业市场竞争的不断加剧,本土劳工对爱尔兰裔移民的敌视情绪也急剧上升。费城的劳工就警告同胞说:"外国人的大量涌入最终将毁灭美国劳工,因为他们拉低了美国劳工的工资,把他们赶出

---

① Theodore M. Hammett, "Two Mobs in Jacksonian Boston: Ideology and Interest", *The Journal of American History*, p. 846.

了农场和工厂，使他们的生活状况比黑人奴隶更恶劣。"① 本土主义报纸《本土美国人》上也刊登了一篇充满愤慨之情的文章，其中说道："我们的劳工在每一份工作中都遇到了从旧世界低工资国家移民而来的新劳工的威胁。我们的公共改进的事业、铁路和运河的建设工程中挤满了外国人。他们涌入我们的大城市里，拉低了劳工的工资，加剧了老定居者的困难。"②

废奴主义者之所以在很多北部城市成为暴力袭击的目标，很大程度上也是源于当地白人居民的恐慌情绪。与袭击爱尔兰移民的本土清教徒不同，大多数参与袭击废奴主义者的白人并非来自底层，而是来自"有财产、有地位"的精英阶层，包括律师、政客、商人、店主、银行家等。

这些人的恐慌主要是源于废奴运动的激进主张。19世纪30年代以后，以加里森为代表的新一代废奴主义者谴责奴隶制度践踏了黑人作为一个"人"的平等权利，是一种与生俱来的、不可宽恕的罪恶。因此，他们反对前辈提出的渐进废奴的主张，提出奴隶制必须立即、无条件地废除，还反对美国殖民协会（American Colonization Society）将获得解放的奴隶和自由黑人移居海外的计划，主张应当将他们作为平等的公民纳入共和国中来。这种种族平等和混合的主张是多数北部白人居民，尤其是白人精英阶层所不能接受的。因为他们是北部"白人共和国"的最大受益者和维护者，而在他们看来，种族混合意味着白人社会分层的模糊和内部差别的崩溃，将严重威胁到北部白人社会的既定秩序和自己的精英统治地位，最终会导致"白人共和国"的堕落。詹姆斯·沃特森·韦伯是1834年7月纽约反废奴主义骚乱的领导者之一。在骚乱发生的几天时间里，

---

① Tyler Anbinder, *Nativism and Slavery: The Northern Know Nothings and the Politics of the 1850s*, p. 109.

② Ray Allen Billington, *The Protestant Crusade, 1800-1860: A Study of the Origins of American Nativism*, p. 200.

他多次在当地报纸上发文表示,自己反对包括黑人在内的所有低等种族的血液混入美国社会的肌体当中,他认为,废奴主义者的主张等同于叛国罪,从根本上威胁到了北部社会的结构。1841 年 9 月辛辛那提反废奴主义骚乱之后,参与骚乱的白人居民举行了公开集会,宣布自己唯一的敌人就是那些"赞成种族混合的白人叛徒"。①

骚乱频发的另一个原因在于当时政治制度和法律的不完善。政府没有能力解决,或者没有充分解决各个种族、族裔,以及不同利益群体之间的矛盾,没能用有效措施缓解人们的焦虑感和不安全感。

民众自发维持治安和私自执法之所以在边疆地区格外活跃,也是因为与东部最初 13 州相比,这些新定居地的各项法律和制度更不健全,政府的执法能力更弱。这一点,从当时印第安纳州的一个民众"治安自卫队"的宣言中可见一斑。宣言中说,之所以成立该组织,是因为"被委以权力的那些人制定的法律不能够充分地保护人民","人民必须自己行动起来保护财产,根据自己对于正义的理解来处置这些坏人"。②

选举骚乱在很大程度上也可以归为当时选举制度的种种缺陷。到 19 世纪三四十年代,马里兰、弗吉尼亚、肯塔基、密苏里等州仍在坚持使用口头投票的方法。选民们不是把选票投入选票箱,而是在选举官员面前公开宣布投票给谁。选民们完全暴露了自己的政治取向,非常容易遭到对立党派的暴力攻击。③ 即使在使用了选票箱的地方,也没有一个得到法律授权的机构来维持选举现场的秩

---

① Leonard L. Richards, "*Gentlemen of Property and Standing*": *Anti-Abolition Mobs in Jacksonian America*, p. 32, 43.

② Hugh Davis Graham and Ted Robert Gurr, eds., *The History of Violence in America*: *Historical and Comparative Perspectives*, New York: Bantam Books, 1969, p. 182.

③ Roy G. Saltman, *The History and Politics of Voting Technology*: *In Quest of Integrity and Public Confidence*, New York: Palgrave MacMillan, p. 43.

序。各个党派会在现场免费地、无限量地提供威士忌,贿赂或者奖励给支持自己的选民,整个选举常常最后沦为一场狂欢,很多人还没投票就已经酩酊大醉。酒精成了暴力和骚乱的催化剂。① 一位费城的律师在目睹了1840年总统大选的"乱象"之后,深恶痛绝地说:"诉诸残忍的暴力如今变得越来越常见。……为了维持公众热情,各方可谓无所不用其极——全国每时每刻都有数不清的集会、演说、游行。数量众多、定期举行的选举成为一种越来越严重的罪恶,导致党派倾轧、激情泛滥、煽动家当道,以及愚昧、酗酒、骚乱和暴力的横行。民众始终处于骚动的状态。"②

城市维持治安体制的不完善也是不可忽视的因素。19世纪三四十年代,绝大多数美国城市并没有我们今天所熟知的现代警察制度,而是仍然沿袭英国的古老惯例,依靠本地公民志愿者组成的巡防队(constables)来维持日常治安。这种体制最大的弊病在于其非专业性和效率低下。巡防队维持治安是没有报酬的,完全依赖于本地公民的主动意愿,且行动具有很大的随意性和偶然性。在人口迅速增长、人口构成日益复杂、不同政治派别、宗教和族裔团体之间矛盾日趋尖锐的时期,这种体制完全不能满足城市维持治安的需求。而且,巡防队员都是由当地公民选举产生的,当骚乱者是当地占人口多数的公民群体,而受害者是少数群体时,巡防队员自然不愿意为了保护少数人而得罪自己的选民。所以难怪在1844年5月6日费城肯辛顿骚乱中,本土清教徒和爱尔兰移民持枪械战两个小时后,巡防队才姗姗来迟。第二天,本土清教徒纵火焚烧爱尔兰移民的房屋,巡防队也是好几个小时之后才赶来。即使某些时候巡防队员表现出了制止骚乱的意愿,他们往往也缺乏这种能力。在1834

---

① Richard Franklin Bensel, *The American Ballot Box in the Mid-Nineteenth Century*, New York: Cambridge University Press, 2004, p. 9, 12-13, 20-21, 57-59.

② Michael Feldberg, *The Turbulent Era: Riot and Disorder in Jacksonian America*, New York: Oxford University Press, 1980, p. 57.

年纽约市政选举中,市长带领一支巡防队前来制止骚乱,但因为人数和装备的严重不足而遭到骚乱者围攻,几十名巡防员重伤,连市长也没有幸免。①

然而,无论是焦虑感的驱使、经济竞争的压力还是制度、法律的缺失,更多的是用来解释骚乱者的动机。19世纪三四十年代骚乱频发更深层的原因在于,这一时期弥漫于整个社会的激进主义的意识形态氛围让民众们认为,自行其是、置法律于不顾甚至用暴力来表达诉求是一种正当的方式。19世纪三四十年代的民主化冲击了美国传统精英统治的制度安排和政治秩序。民主激情的释放和拉平主义思潮的普遍流行,在人民的权力与政府和法律权威之间制造了一种紧张关系。普通人的权力被抬高到至高无上的地位,而这带来的一个必然结果就是对制度、法律和一切政治权威和秩序的蔑视。

1846年参加纽约修宪会议的一名代表敏锐地察觉出"民主兴起"时代的思想氛围,总结说,"当人们想要达到自己特定的目的,或者攻击对手的时候,他们总会把'亲爱的人民的喜好'挂在嘴边",在人们心中,"人民的喜好"已然成为衡量政治合法性的唯一依据。② 激进的民主党期刊《合众国期刊与民主评论》在其发刊词中就宣告说,"我们相信最强烈、最纯粹意义上的民主共和主义的原则,我们对于我国民众的美德、智慧和自治的能力怀有坚定的信心",因此,"我们反对所有自称对人民的观点或意愿做出'有益限制'的行为"。③ 该刊把"民主"理解为"公众意见不受制约

---

① 关于费城肯辛顿骚乱和纽约市政选举的相关情况,可参考:Michael Feldberg, *The Turbulent Era: Riot and Disorder in Jacksonian America*, p. 26 – 32; David Grimsted, *American Mobbing*, 1828-1861: *Toward Civil War*, p. 202。

② W. G. Bishop and W. H. Attree, *Report of the Debates and Proceedings of the Convention for the Revision of the Constitution of the State of New York*, Albany: Printed at the Office of the Evening Atlas, 1846, p. 179.

③ *United States Magazine and Democratic Review*, Vol. I, Jan. 1838, p. 2, 10.

地、直接地、积极地影响政府",认为"法律是人民的创造物",议会制度"只不过是一种权宜之计,来解决民众自己大规模集会的不便",所有被选举出的官员只不过是"人民的雇员",他们的职责就是"拥护人民的意愿"而已,字里行间充满了对政府和精英人物的鄙夷。①

当时旅居美国的一位普鲁士人惊叹道:"每次观察美国的政治生活都会增强我的一个信念:革命的目标完全在于给民意让路——换句话来说,就是尽可能地打破国家生活中的每一种权威,推翻对个人自由的所有障碍……在美国,你每一天都能看到人们是多么不希望被统治。实际上,欧洲人提到就会胆战心惊的一件事——无政府状态,如今正在美国盛行。"② 很多美国人也同意这种说法。一些亲历了1834年查理斯敦骚乱的波士顿人感叹说,"公众心中对旧有秩序的热爱已经从根基上松动了。对那些永久性的、值得尊敬的价值的共同尊重已经退化到令人担心的地步",而且他们明确指出,导致这种现象的根源在于弥漫于这个时代的"拉平主义精神"。一位马里兰小册子作家在回忆1836年修宪风波时也满怀悲哀地说:"整个联邦,从炽热的佛罗里达海岸,到寒冷的美加边境,混乱、无序的拉平主义的精神正在这片土地横行。在这种狂暴的精神面前,我们制度的框架、契约的神圣性、公共的信仰和荣誉,等等,通通退缩和枯萎了。"③

---

① *United States Magazine and Democratic Review*, Vol. IX, Nov. 1841, p. 435; Vol. XXIX, Dec., 1851, p. 520.

② Letter of Carl Schurz to Malwida Von Meysenbug and Frederic Bancroft, in George M. Frederickson, *The Inner Civil War: Northern Intellectuals and the Crisis of the Union*, New York: Harper & Row, Publishers, 1965, p. 8.

③ Theodore M. Hammett, "Two Mobs of Jacksonian Boston: Ideology and Interest", *The Journal of American History*, Vol. 62, No. 4 (March 1976), p. 854 – 856; *A Brief Outline of the Rise, Progress, and Failure of the Revolutionary Scheme of the Nineteen Van Buren Electors of the Senate of Maryland, in the months of September, October, and November, 1836*, Baltimore: Printed By Sands & Neilson, 1837, p. 6.

第五章 "多尔战争"与美国后革命时代的政治变革

在激进主义的社会氛围中，骚乱的参与者们相信，自己代表了"人民"，所以有权用包括暴力活动在内的任何方式来表达诉求和抗议，在"人民"至高无上的权力面前，政府和法律的权威是不值一提的。一个马里兰人为参加 1834 年巴尔的摩银行骚乱的民众辩解说："人民根据共和原则反抗暴政是符合上帝旨意的。"1845 年，肯塔基州莱克星敦的一名律师把围攻《真正美国人报》的当地民众说成是"人民的自发集合"，并解释道："在突发情况或者发生叛乱的情况下，人民立即拥有独立于地方政府之外的自卫权，所以，当巨大的、不可弥补的伤害真实存在时，在该地区使用武力是合法的、安全的。"①

骚乱者们还自比美国革命时期的爱国者，认为自己的暴力活动同当年殖民地人的反英斗争是一码事——虽然非法，但却正义。1837 年，洛夫乔伊在伊利诺伊州奥尔顿市被害之后，马萨诸塞总检察长詹姆斯·奥斯丁（James T. Austin）公开站在骚乱者一边。他告诉在波士顿法尼尔厅（Faneuil hall）前聚集的大批民众说，这些人遵循的是"塞缪尔·亚当斯、詹姆斯·奥蒂斯（James Otis）和其他 1776 年英雄们的光荣传统"②。1836 年 7 月，准备围攻《慈善家报》的辛辛那提民众在一份决议中提前为自己的行为做好了辩护：

> 我们对于 60 年前波士顿港口的爱国者们怀有最崇高的敬意。他们没有得到法律的授权，但出于自己的正义感

---

① David Grimsted, "Rioting in Its Jacksonian Setting", *American Historical Review*, Vol. 77, Apr., 1972, p. 380; Richard B. Kielbowicz, "The Law and Mob Law in Attacks on Antislavery Newspapers, 1833–1860", *Law and History Review*, Fall, 2006, Vol. 24, No. 3, p. 566–567.

② Leonard L. Richards, *"Gentlemen of Property and Standing": Anti-Abolition Mobs in Jacksonian America*, p. 69. 詹姆斯·奥蒂斯是殖民地时期著名的政论家、小册子作家，在 18 世纪 60 年代他写了很多文章来谴责英国的殖民政策，阐述殖民地人的权利。

而做出了倾茶的壮举。他们的行为虽然非法，但却得到了每一个爱好秩序和爱国同胞的最衷心的感激。我们效仿这些高贵、无畏的榜样，宣布：当我们发现了施政过程中存在的弊端——这些弊端意图险恶，是野心家蛊惑和推动的结果，且与我国人民的利益和福祉相悖——但根据我国法律的常规实践，该施政属于合法授权的范畴，在这种情况下，我们只剩下唯一的渠道来清除弊政。①

在1834年巴尔的摩银行骚乱期间广为流传的一份传单上，骚乱者也表达出了一种强烈的正义感和拉平主义精神：

> 共和国和巴尔的摩的公民们：你们的钱包是否正遭到劫掠？你们的妻儿是否正在街头乞讨？……律师和法官们沆瀣一气，剥夺了人民的正义权利，决意骗取和抢夺这个社会中勤劳、贫穷者的辛苦所得，……这些笑容可掬的恶棍们正在用从贫苦大众那里剥削得来的钱过着纸醉金迷的生活。……难道这就是我们的巴尔的摩吗？我们的城市应当如此吗？……
>
> 同胞们，我们有办法纠正这些弊端。让我们行动起来，团结在自由、公正的"私刑法官"（Judge Lynch）的周围，他将匡扶正义！……他的纠正方法很简单，涂柏油、插羽毛、把恶棍们的雕像吊在绞刑架上，直至清除这个城市的所有弊端。……要让这些律师和法官们知道：人

---

① *Narrative of the Late Riotous Proceedings Against the Liberty of the Press*, in Cincinnati（Cincinnati，1836），p. 25，http：//utc. iath. virginia. edu/abolitn/abesoasat. html，2015年3月23日访问。

民将本着自己的尊严站出来,为自己的苦难寻求救济。①

如果说,这一时期"民主的兴起"所带来的激进主义,在常规政治生活中表现为各种骚乱和暴力活动的盛行,那么,这种激进主义体现在州宪法改革中,就是各地频繁出现民众威胁要绕过议会、自行立宪的现象。

同罗得岛的情况类似,当时大部分州的宪法中没有规定修宪程序,更没有规定重新制定宪法的程序。② 而且,由于选举权和代表制的弊端,议会不能代表多数人的意愿也是各州普遍存在的情况。在这些州的改革派中都出现了和多尔等人类似的激进分子。他们相信变更宪法是"人民"的"最初权利",体现了"人民"在共和国中的至高地位。他们急迫地想要把宪法改革掌握在自己手中,对政府的权威则充满了蔑视。通常他们会自发召开民众大会,首先向全体人民发布宣言,或者向政府递交请愿书或备忘录来申诉宪法的弊端,提出改革的目标;还会呼吁选民们向自己的代表发出训令,要求他们在议会中支持修宪的法案;有时还会自己组织民意测验或投票表决,来给政府施加压力;如果政府此时反应迟缓、态度被动的话,接下来他们会在各地任命分委员会、建立地方组织机构,威胁要行使"人民"的"最初权利",绕过议会、自行修宪。同多尔等人一样,他们也诉诸一种激进主义话语来论证"人民"变更政府,甚至暴力推翻政府的权利。

在佐治亚,议会长期以来一直由东部大种植园主主导。他们一

---

① David Grimsted, "Rioting in Its Jacksonian Setting", *The American Historical Review*, Vol. 77, No. 2 (Apr., 1972), p. 380-382. 涂柏油、插羽毛等是美国革命时期的爱国者们惩罚效忠派和亲英人士的常用手段。

② 在革命时期制定了宪法的 11 州中,弗吉尼亚、南卡、北卡、新罕布什尔、新泽西和纽约没有任何有关宪法变更的条款。用宪法条款的形式明确规定修宪程序,以及召开制宪会议的程序,这些都是在 19 世纪州宪法改革才普遍出现的。见 Dodd, *Revision and Amendment of State Constitutions*, p. 39-43。

再拒绝西部代表提出的召开宪法会议的提案。1832年5月10日，来自西部诸县的35名代表召开了一次民众大会，会上号召全州人民于次年2月自行召开一个宪法会议，理由是："人民有毋庸置疑的权利来修订或变更他们政府的形式，只要他们认为这个政府变得令人讨厌和具有压迫性的。如今，这个危机已经来到，人民应当确认自己的权利，并且勇敢地、无畏地维护它们。"①

在北卡罗来纳，早在19世纪20年代初改革派就表示，需要采取"一些特别措施"迫使议会召开宪法会议。他们不承认议会是变更宪法的唯一途径。如果议会拒绝宪法改革的话，西部应当自行组织一个宪法会议。即使没有议会的授权，即使没有得到东部的赞同，西部也要修订宪法。整个二三十年代，北卡的改革派举行了多次民众大会，议会中拥护宪法改革的议员也多次自发集会。虽然他们呼吁选民给自己的议员发出训令，希望以此来促使议会就召开宪法会议的问题进行全民表决，但这并不表示改革派愿意尊重和服从政府的权威。还没有等到政府的答复，他们就早已把组织全民投票和在各个县建立通信委员会的事宜筹划好了，还定下了自行召开宪法会议的日期，并已经开始呼吁选民选举会议代表。他们"威胁"政府说："这是最后一次向议会呼吁了，接下来人民将被迫自己来解决问题。"②

在宾夕法尼亚，1833年改革派在第一次民众大会中就充分利用了所有可能的途径向政府施压：呼吁所有支持宪法改革的民众"行动起来，把广泛签名的呼吁召开宪法会议的请愿书递交给议会下院；向自己所属政党的所有县会议、村镇会议和区会议表达支持

---

① Green, *Constitutional Development in the South Atlantic States*, 1776 – 1860, p. 176-177, 209.

② *Proceedings of the Friends of a Convention at a Meeting Held in Raleigh*, December, 1822; *Proceedings of a Meeting of Members of the Legislature Held in Raleigh*, January 11, 1834, *with an Address to the People of North Carolina, on the Subject of Amending the Constitution of the State*.

宪法修订的意愿；在选举中不要投票给那些没有宣誓支持我们目标的候选人；向自己的议员发出训令，要求他们支持召开宪法会议，并支持把这个问题提交人民表决"。与会者认为，所有这些手段都是必须的，因为"保守派长期以来以各种借口和诡计来阻止人民审查宪法的缺陷"，更因为《权利法案》规定"在任何时候，人民有毋庸置疑的权利以他们认为合适的任何方式，来变更、改革或者废除政府"。所以，他们威胁说，如果议会胆敢加以阻挠的话，"人民只能奋起行使自己的神圣权力"。①

与这些州相比，1836年马里兰的修宪更加不平静。马里兰改革派和反对派之间的对立、斗争和辩论，简直就是几年后"罗得岛问题"的预演。②

根据1776年马里兰宪法，参议员由选举团选举产生。每个县选两名代表，安纳波利斯和巴尔的摩两个市各选一名代表，共同组成选举团，再由选举团来选举15名参议员。而选举团代表的名额分配和议会一样，没有考虑到人口变动的因素。改革派主要来自人口稠密的北方地区，他们长期以来呼吁进行宪法改革，但一再遭到政府的拒绝。在1836年9月选出的40名参议员选举团中，改革派只占据了19席，处于劣势，但是他们抓住"只有达到24人的法定人数，选举团才能展开工作"这个条款来威胁政府说，除非其他选举人保证将选举8名改革派为参议员，否则他们将拒绝出席选举团的所有会议。这一招相当致命。由于19名改革派成员的缺席，选

---

① "Proceedings of the Harrisburg Convention", *Hazard's Register of Pennsylvania*, XII, No. 11, September 14, 1833, p. 169 – 170; Roy H. Akagi, "The Pennsylvania Constitution of 1838", *The Pennsylvania Magazine of History and Biography*, Vol. 48, 1924, p. 301–333.

② 关于1836年马里兰的修宪，参见 A. Clarke Hagensick, "Revolution or Reform in 1836: Maryland's Preface to the Dorr Rebellion", *Maryland Historical Magazine*, Vol. 57, 1962, p. 346–366; *A Brief Outline of the Rise, Progress, and Failure of the Revolutionary Scheme of the Nineteen Van Buren Electors of the Senate of Maryland, in the Months of September, October, and November*, 1836, Baltimore: Printed by Sands & Neilson, 1837。

举团无法达到 24 人的法定人数而被迫休会。而现任参议院即将届满,选不出新的参议院就成立不了议会,没有议会就选不出行政机构和司法机构,整个马里兰政府就将陷入瘫痪。这正是改革派希望的结果,因为到时候就不得不召开宪法会议来重新组成政府。他们对自己的策略相当有信心,已经筹划将于 11 月召开宪法会议,并号召民众开始选举会议代表。

为了呼应改革派在选举团中的斗争,在接下来的 3 个月里,弗里德里克(Frederick)、塞西尔(Cecil)、巴尔的摩、哈特福德(Hartford)、蒙哥马利(Montgomery)、华盛顿(Washington)等马里兰各县市的改革派组织了多次民众大会。他们完全支持 19 名选举人提出的要求,表示除非得到承诺,否则将要求本县的选举人拒绝参加参议院的选举,并且纷纷响应号召,各自拟定了选举宪法会议代表的具体时间和方式。但是,另外 21 名选举人拒绝给予承诺。他们的支持者也在各地召开了民众大会,宣布"不惜付出生命和财产的代价来粉碎改革派的革命阴谋",还组织起"警戒委员会"和骑兵队,以应对革命的爆发。① 双方在各自的会议上发表决议、声明和宣言,在报纸杂志上积极撰文,在各地进行演说并散发小册子,在短短几个月中形成了一场小范围的思想辩论。

观察这场思想辩论,我们可以看到,马里兰改革派用来证明自己激进行动的理由,和后来罗得岛激进派是一样的。他们用"多数人统治"来控诉马里兰政治制度的弊端。在他们看来,马里兰政府是"一个不负责任的、由少数人控制的专制政府",因为"1/4 的少数人有权选举议会的多数席位";马里兰宪法"在精神上和形式上都是贵族制的",因为"(它)把财产放得比自由人的珍贵权利还要高,只有财产的拥有者才能在议会中拥有一席之地,才能担任

---

① "Reform or Revolution in Maryland, To the People of Maryland", *Niles Weekly Register*, Vol. 15, October 1, 1836, p. 69-74; *Niles Weekly Register*, Vol. 15, November 12, 1836, p. 165; November 19, 1836, p. 177.

州长，或者被选为治安官，甚至才有选举权"。他们相信，根据"多数人统治"的原则，自己才是正当的，因为"19 名改革派选举人代表 205922 名白人居民，而另外 21 名选举人仅代表 85179 名白人居民"。①

他们用"人民主权"和《权利法案》来论证自己"革命"的权利，宣称"修订、变更或者废除宪法的权力是人民与生俱来的；人民授予议会权威，不等于他们放弃了在自己认为合适的任何时间，以自己认为合适的任何方式修订、变更和废除宪法的主权"。他们还用马里兰民众争取宪法改革的历史来解释"革命"的必要，认为"在将近半个世纪的时间里，占统治地位的少数人对多数被统治者的公正要求一直置之不理"，所以"一场彻底的、激进的革命是纠正政治弊端的唯一途径"。②

马里兰反对派的话语与后来的罗得岛反对派话语也惊人地相似，核心都是强调变更宪法必须要尊重政府和法律的权威。他们认为，即使在一个"人民主权"的政体中，"人民"的权力也要受到制约。"'人民'或'人民'中的大多数有权利推翻政府，不等于他们有权力这样做"，"这个权力得到了马里兰宪法的确认，但同时也受到了明确的限定——它掌握在'人民'代表的手中，只服从于'人民'在选举中表达出的最高权力。"③ 他们驳斥说，以数字优势为基础的"多数人统治""违背了所有代表制共和政府的理论和实

---

① "To the People of Maryland", in *Niles Weekly Register*, Vol. 15, Sep. 24, 1836, p. 52; "Reform or Revolution in Maryland!!!" in *Niles Weekly Register*, Vol. 15, Oct. 1, 1836, p. 121; "Reform or Revolution in Maryland!!!" in *Niles Weekly Register*, Vol. 15, Sep. 24, 1836, p. 50.

② "Reform or Revolution in Maryland", in *Niles Weekly Register*, Vol. 15, Oct. 8, 1836, p. 95; "To the People of Maryland", in *Niles Weekly Register*, Vol. 15, Sep. 24, 1836, p. 53; *Niles Weekly Register*, Vol. 15, Oct. 1, 1836, p. 121.

③ *A Brief Outline of the Rise, Progress, and Failure of the Revolutionary Scheme of the Nineteen Van Buren Electors of the Senate of Maryland, in the months of September, October, and November*, 1836, p. 8, 10.

践","损害了宪政自由",因为"数字多数"不等于"宪政多数",它缺乏对少数人权利的保护。①

马里兰反对派也多次澄清自己的立场是反对革命、反对暴力,但不反改革。他们表示"愿意看到宪法的重大变更",甚至表示自己"始终是改革事业最坚定、最热情的支持者",但他们"从来不认为,实现这个伟大的事业要通过革命的手段,以内战、无政府主义、混乱、血腥等难以想象的恐怖灾难为代价"。他们希望看到这些变更"以宪法规定的模式为依据","通过和平的、宪政的手段来实现"。在他们看来,"革命"的手段不仅是不正当的,更是没有必要的,马里兰的改革派是"试图在政府尚未违背自己建立的目的,公共自由尚未明显受到威胁,以及所有其他纠正手段尚未失效之时,用革命来变更旧政府、建立新政府"。②

这一时期,在新州加入联邦的过程中,也常常出现当地民众急切地从政府手中夺回立宪主导权,用自己的"最高权力"取代政府权威的情况。

以密歇根为例。密歇根分别于1836年9月和12月举行了两次制宪会议。第一次是经过领地政府和联邦国会授权的,但是因为不同意国会对其与俄亥俄争议领土的处理办法而拒绝加入联邦。第二次是民众自己组织召开的,没有得到任何授权,但是批准了国会的条件。当时的领地总督默认了后一个制宪会议的合法性,并说:"国会是授权给密歇根人民,让人民行使他们的最初权利,而不是

---

① "Reform or Revolution in Maryland", in *Niles Weekly Register*, Vol. 15, Oct. 1, 1836, p. 70.

② "Reform or Revolution in Maryland, To the People of Maryland", in *Niles Weekly Register*, Vol. 15, Oct. 1, 1836, p. 70; *A Brief Outline of the Rise, Progress, and Failure of the Revolutionary Scheme of the Nineteen Van Buren Electors of the Senate of Maryland, in the months of September, October, and November*, 1836, p. 7, 54.

授权给任何政府部门。"①

当参议院讨论该问题时,来自宾夕法尼亚的参议员詹姆斯·布坎南(James Buchanan)是这样为密歇根民众辩护的:

> 假设一个州的宪法最初是好的,但是随着时间的流逝,以及领土内不同地区的人口的变化,宪法变得不平等和不公正了。假设这种不平等和不公正已经到了摧毁代表制共和国的根本原则的严重程度,……这时,我会努力劝说掌权的少数人,我会诉诸他们的正义感,力图让他们在宪法的形式下召开一个制宪会议,从而纠正这些不公。但是,如果最终我发现他们执意对我所有的努力视而不见,我将诉诸人民,利用人民的最高权力来纠正这些不公。人民是所有权力的来源,他们是所有宪法的制定者。他们不能永远被自己的仆人所束缚,不能永远屈从于邪恶。无论是谁,不承认这个原则就是不承认独立宣言和美国革命的原则。

康涅狄格参议员约翰·奈尔斯(John M. Niles)也赞同布坎南的观点。他说:"以议会的法律为指导召开宪法会议,这只是一个权宜之计。它并不违背,更没有废除人民以自己的能力来变更政府的权利与权力。"②

可见,在19世纪三四十年代的州宪法改革中,很多州都遇到了民众自行立宪的威胁,都不得不回答这样的问题:"人民"的权力是否是无限的?"人民"变更宪法是否必须依托现有的制度和法

---

① Harold M. Dorr, "Introduction," in Harold M. Dorr, ed., *The Michigan Constitutional Convention of* 1835 – 36: *Debates and Proceedings*, Ann Arbor: The University of Michigan Press, 1940, p. 48.

② Speeches of James Buchanan and John M. Niles on the Admission of Michigan into the Union, *Congressional Globe*, 24th Cong., 2nd sess. 1837, Appendix, p. 75, 82.

律?它之所以后来被称为"罗得岛问题",是因为改革派与政府的矛盾在罗得岛激化为了一场"战争",围绕该问题的政治论证也借"战争"之机被推向了一个更广泛、更深入的层次。该问题在当时州宪法改革中的频繁出现,体现了当时在"人民"的权力与政府和法律权威之间普遍存在的一种紧张关系,也体现了当时弥漫于整个美国社会的一种激进主义的意识形态氛围。正如马里兰一位知名的政论作家对于当时社会骚乱所做的分析:

> 民主道德中的一种极端主义错误正在得到发展。人民太常听到这样的话:所有权力、政府和权利的威严都属于他们,他们实际上是这个国家唯一的主权所在。所以,难怪人民不时地会搞错主权的真正限制,会实施专断。谁敢控制人民——自由的人民呢?难道他们不是政府的创造者吗?难道他们不能够任由自己的喜好来统治吗?这很大程度上就是当今的政治教育。①

三、"罗得岛问题"与美国的民主政治

针对当时美国的激进主义氛围和日益严重的暴力,1838 年 1 月 27 日,时任伊利诺伊州众议员的亚伯拉罕·林肯在斯普林菲尔德的"青年会堂"(Young Men's Lyceum)发表了一次演说。在演说中,他忧心忡忡地指出:

> 我们中有一些不祥的征兆——对法律的蔑视正弥漫这个国家、狂热而强烈的激情正逐渐取代法庭的理智裁决。……每天的报纸上充斥着关于暴民各种暴行的报道。

---

① *Niles' Register*, Vol. 66 (July 27, 1844), p. 344-345.

第五章 "多尔战争"与美国后革命时代的政治变革

这些暴行遍布在从新英格兰到路易斯安那的广阔领土上,……不局限于蓄奴州或非蓄奴州,……它们在我们整个国家是普遍存在的。①

在列举出密苏里、密西西比等州发生的一些暴行之后,紧接着,林肯用他一贯的华丽辞藻表达了自己对法律的无上尊崇:

让每一个美国人、每一个热爱自由的人用革命的鲜血起誓:绝不违背美利坚合众国的法律,并且对于他人违背法律的行为绝不姑息,像1776年的爱国者支持独立宣言那样支持宪法和法律。……让每一个人牢记:违背法律就是在践踏父辈的鲜血,就是在撕毁自己的品格和子孙后代的自由。让尊崇法律成为每一个美国母亲对怀中婴儿诉说的喃喃细语,成为小学、中学和大学的必修课程,成为启蒙读物、拼写读本和历史书的必备内容。让尊崇法律的声音响彻教会讲坛和立法大厅,并在法庭中得到落实。简言之,让尊重宪法和法律成为这个国家的政治宗教。②

有意思的是,10年后,时任联邦众议员的林肯在国会同样发表了一篇以"革命"与"法律"为主题的演说。此次演说针对的是得克萨斯反对墨西哥统治并发动独立的战争。对象不同,林肯的态度也迥异。他说:

任何一个地方的人民都倾向于且都有力量、有权利发

---

① Roy P. Basler, ed., *Collected Works of Lincoln*, Vol. I, New Jersey: Rutgers University Press, 1953, p. 109–111.

② Roy P. Basler, ed., *Collected Works of Lincoln*, Vol. I, New Jersey: Rutgers University Press, 1953, p. 112.

动起义、推翻现任政府并成立一个能够更好满足自己需求的新政府。这是最珍贵——最神圣的权利——我们希望并且相信，这个权利会使整个世界获得自由，这个权利不是只能由一个现任政府下的全体人民才能行使。人民中的任何一部分都能够发动革命，在自己生活的领土上重新建立一个政府。不仅如此，人民中的大多数能够发动革命，并且镇压反对革命的少数派。这些少数派，准确地说就像美国革命中的托利派。这种革命不是按照旧原则、旧法律来进行的，而是要打破旧原则、旧法律，制定出新原则、新法律。①

通过两次演说，林肯实际上回答了一个重要问题，那就是：暴力抗法在什么条件下是可取的、正当的？显然，林肯认为，只有像得克萨斯民众那样为了争取"自由"而发动的暴力，才是正当的；而在美国这样已经建立起共和政体的国家，自然要以维护法律为尊，任何暴力抗法的行为都没有正当性。而通过第四章对"革命权"的分析可以看出，这并非林肯一个人的想法，而是长期以来美国精英群体在对国家历史发展和制度特性的认知基础之上形成的一种基本共识。

在这样一种政治文化的语境当中，"多尔战争"的结局是不难理解的。有学者说："多尔赢得了改革，却输掉了革命思想"，② 这个概括可谓恰如其分。

正如前文所述，就政治改革而言，多尔等人虽然失去了政权，但其政治改革的目标——废除选举权的土地资格限制，和以人口为

---

① Roy P. Basler, ed., *Collected Works of Lincoln*, Vol. Ⅰ, New Jersey: Rutgers University Press, 1953, p. 438-439.

② Paul M. Thompson "Is There Anything 'Legal' About Extralegal Action? The Debate over Dorr's Rebellion", *New England Law Review*, Vol. 36, 2002, p. 430-431.

第五章 "多尔战争"与美国后革命时代的政治变革

基础重新分配议会席位,在罗得岛政府先后制定的两部宪法中基本得到了实现。很多改革派成员正是因为看到了这一点而放弃了继续斗争。在其他州,民众的逼迫和威胁也都起到了很好的效果——佐治亚议会立即同意召开修宪会议;北卡罗来纳和宾夕法尼亚议会终于同意就召开宪法会议的问题举行全民表决;在马里兰,改革派最后因为内部的"倒戈"而未能如愿选出以自己为主导的参议院,但是新议会成立之后做的第一件事就是召开修宪会议。联邦国会最终批准了密歇根加入联邦。接下来,阿肯色、佛罗里达、艾奥瓦、威斯康星和加利福尼亚等领地的民众也纷纷效仿密歇根,在没有得到国会授权的情况下自己制定了宪法,加入了联邦。①

1842 年 11 月之后,多尔主动回罗得岛受审,全力把"路德诉博登案"推向最高法院,以及在国会众议院发起调查等行为,其目的已经不再是纠正罗得岛的政治弊端,而是为了确立其激进思想的正当性。然而,事实证明,这些努力显然是不成功的。

一些学者倾向于把对"多尔战争"的回答与 19 世纪三四十年代美国的两党政治对应起来,认为站在以多尔为首的激进派一边,强调"人民"权力的至高无上,为暴力推翻政府做辩护的是民主党人,而辉格党人则站在对立面上,谴责暴力和"法外"行为,强调要尊重和服从政府的权威,要用制度和法律来规范"人民"的权力。研究这一时期的政党意识形态的学者,也常常把"罗得岛问题"作为区别两党的界标。②

相对来说,辉格党在"多尔战争"上的态度确实比较清楚。辉格党并不反对宪法改革,这一点无论是就全国范围来说,还是就罗得岛一地来说都是成立的。多尔起初是辉格党人。宪法党的其他骨

---

① John Alexander Jameson, *The Constitutional Convention: Its History, Powers, and Modes of Proceeding*, New York: Charles Scribner and Company, 1867, p. 182.

② Ashworth, *"Agrarians" and "Aristocrats"*, p. 226-227, 229; Wilentz, *The Rise of American Democracy*, p. 539-546; Daniel Walker, *The Political Culture of the American Whigs*, Chicago: The University of Chicago Press, 1979, p. 85-86.

干，如威登、史密斯等也都是辉格党人。但是，对于多尔用暴力和"法外行为"来实现宪法改革的这种方式，及其背后一整套激进的意识形态，辉格党几乎是团结一致地予以谴责。原因很简单，因为辉格党一直把自己视为"一个由所有热爱法律、秩序、和平与繁荣的人组成的党"。辉格党意识形态的两大要素——"道德"和"进步"，归根结底都是以"秩序"为根基的。"道德"的一个重要内容就是强调克制和规训、责任和义务，"进步"则必须坚持变革和秩序并举，"必须随着公正观念的增加和扩散而逐渐进行，而不能通过突然或暴力的骚动"。所以，辉格党人非常看重制度和法律的作用，认为这是维系秩序的根本所在。①

然而，仔细分析会发现，民主党在这一问题上的态度却并不是像很多学者认为的那样简单直白。

大约在1837年，多尔退出辉格党，加入了民主党。多尔从来没有明确解释原因，学者们的分析主要有以下两点：首先是因为多尔不愿意支持辉格党，而坚持以宪法党候选人的身份独立参加联邦国会选举。多尔的竞选搭档丹·金（Dan King）说，他所认识的辉格党人都"憎恶我们，并严厉谴责我们的政策将会毁了他们候选人的选举。他们说，所有在这次选举中支持我们的人都是堕落的辉格党人，他们宣布他们将再也不会和我们站在一起"。② 其次，还可能是因为多尔憎恶辉格党内部腐败的权力斗争，尤其是当他的良师和密友特里斯坦·伯吉斯（Tristam Burges）因为受到其他辉格党人的阴谋算计而在竞选州参议员时屡遭排挤、郁郁不得志时，他曾

---

① Walker, *The Political Culture of the American Whigs*, p. 21, 33 - 34, 74, 75, 128.

② Conley, *Democracy in Decline: Rhode Island's Constitutional Development*, 1776-1841, p. 283.

第五章 "多尔战争"与美国后革命时代的政治变革

经愤愤不平地连发两篇文章，宣称"要揭露辉格党的政治阴谋"。①

无论原因如何，回顾"多尔战争"的起因和经过可以看出，以多尔为首的激进派对民主党是寄予厚望的。发动武力进攻之前，他们曾希望国会中的民主党议员能够给总统施加压力，让其不要站在罗得岛政府一边；曾指望其他州的民主党人能够给予道义、舆论，甚至物质和军事支持；武力进攻失败之后，他们希望国会中的民主党议员能够发起对总统"越权行为"的调查，能够公开讨论并确认激进派的原则；还有人曾提议向1844年民主党全国代表大会申诉，寄希望于自己的支持者可能被选为代表，从而促使大会通过一个决议来承认"人民宪法"，进而把激进派的原则写入民主党竞选纲领。

但事实证明，这些希望全都落了空。激进派把最后的希望寄托在联邦最高法院，很大程度上也是因为从当时"路德诉博登案"的6名法官的政治倾向来看，只有来自俄亥俄州的约翰·麦克莱恩（John McLean）一人是辉格党人，其他5人包括首席大法官坦尼都是坚定的民主党人。但正是这个民主党人占绝对主导的法庭，给多尔的激进主义判了"死刑"。新罕布什尔的民主党人伍德伯里是唯一持不同意见的法官。他的不同意见"仅仅在于关于《战时法》的问题"，而在于当时罗得岛政府是否是合法政府这个关键问题上，他完全赞同其他法官的意见，表示："这个问题不属于司法机构的管辖范围。……我不想在这个问题上发表意见，这仅仅是一个政治问题，作为法官，我没有权利发表意见。"②

理解民主党态度的关键还是在于，要把宪法改革问题与"多尔战争"区别开来。即使民主党人如很多学者们所说，比辉格党更积极地致力于宪法改革，更热衷于抬高"人民"的权力和地位，但他

---

① *Political Frauds Exposed: or a Narrative of the Proceedings of the "Junto in Providence" Concerning the Senatorial Question From 1833 – 1838*, Providence: 1838; *Explanation of an Old Affair*, Providence: 1838.

② *Luther v. Borden*, 48 *U. S.* 7 *Howard*, 1849, p. 32.

们中的绝大多数对美国代表制民主的制度和法律仍然保持敬意和信心，不愿意看到用暴力来推翻政府。

在多尔发动武力进攻之前，密苏里的本顿和纽约的赖特是参议院中最支持多尔的两位民主党人。本顿试图宽慰多尔对于总统军事干涉的担忧，说："这不是一个用武力来解决政治问题的时代，我国也不是一个用武力来解决政治问题的国家。"赖特回信给多尔道："我认为目前你最大的责任是谨慎、谨慎、再谨慎，忍耐、忍耐、再忍耐。忍受错误但自己不要犯错，……你的谨慎程度决定了外界朋友对你的援助。他们支持你做正确的事，但不会支持你做错事。"① 当多尔没有选择谨慎和忍耐，而是做了"用暴力推翻政府"这件"错事"之后，他也自然失去了赖特和本顿这两位举足轻重的参议员的支持。

以约翰·卡尔霍恩（John C. Calhoun）为首的南部民主党人更加不愿意站在多尔一边。南方民主党人最关心的问题是如何在一个奴隶人口占多数的领土内维系少数白人的统治地位，以及如何在一个非蓄奴州占多数的联邦内维护作为少数派的南方的利益。因此，他们对于宣扬要抬高"人民"地位、恢复"多数统治"和行使"革命权"之类可能威胁到南方"特殊制度"的激进言论异常敏感。

自19世纪30年代以来，以卡尔霍恩为首的南方民主党人逐渐形成了自己的一套应对激进主义的意识形态。这种意识形态与后来罗得岛反对派的思想是不谋而合的：主权存在于作为一个政治整体的"人民"手中。变更或废弃宪法只能由一个能够在整体上代表"人民"的权力机构做出，这个机构就是在现存制度和法律框架内而召开的宪法会议。一群零散的、无组织的个体自己召开的会议，

---

① Thomas H. Benton to Dorr, April 16, 1842; Silas Wright, Jr. to Dorr, April 16, 1842, in John B. Rae："Democrats and the Dorr Rebellion"，*The New England Quarterly*，Vol. 9, No. 3（Sep., 1936），p. 480-481.

不能以"人民"的代表自居,即使他们是民众中的大多数,也不能自称为"大多数人民"。"无论何时,只要改革可行,就应该避免革命,因为革命虽然能够加速变迁,但却是不可取的。""只有在政府腐败到无法容忍,并且渐进的改革被证明完全不可能的时候,才能尝试用革命的手段。"①

南方民主党人意识形态的核心是"一致多数"（concurrent majority）原则。这是卡尔霍恩为了在联邦中抗衡北方的"多数统治"而提出的。他坚持认为,一个纯粹以"数字上的多数"为基础的政府不是真正的"人民"的政府,而只是"强者的政府"。这样的政府中,强者的权力得不到有效制约,弱者,也就是南方各州的利益得不到有效保护,将会成为最专制的、最腐败的政府。要保护南方的利益不受到强者的侵犯,唯一的办法就是以"一致多数"原则为基础重新组织政府,让南方每一个州都有权力否决北方多数州的立法。② 而"数字多数"正是多尔最坚持的原则。南部民主党人非常清楚"罗得岛问题"对自己的潜在影响:"如果激进派的原则在罗得岛得到了确立的话,南方各州也将'罗得岛化'","如果没有选举权的多数罗得岛人能够在没有得到其主人许可的条件下

---

① Senate Speech, April 9, 1834; Jan. 5, 1837, in Richard K. Cralle, ed., *The Works of John Calhoun*, New York: D. Appleton and Company, 1864, Vol. II, p. 379 - 381, 596-615; To William Smith, July 3, 1843; To James L. Orr, et al., November, 1846, in *The Works of John Calhoun*,, Vol. VI, p. 227-238, 269.

② "一致多数"原则散见于卡尔霍恩的各处演说和文章中,有代表性的是:"Disquisition on Government", in Richard K. Cralle, ed., *The Works of John Calhoun*, vol. I; Senate Speech, February16, 1833, February 28, 1842, February 20, 1847, in *The Works of John Calhoun*, vol. II, p. 251; vol. IV, p. 82, 358; Calhoun To William Smith, July 3, 1843, in *The Works of John Calhoun*, vol. VI, p. 229-230。另外可参考: Mary Meade Walker, *Problems of Majority Rule in the Political Thought of James Madison and John C. Calhoun*, Ph. D. Dissertation, University of Indiana, 1971; Lacy K. Ford, Jr., "Inventing the Concurrent Majority: Madison, Calhoun, and the Problem of Majoritarianism in American Political Thought", *The Journal of Southern History*, Vol. 60, No. 1 (Feb., 1994), p. 19-58。

制定一部宪法的话，那么没有选举权的多数南卡罗来纳人也会做同样的事"，"黑人将会发动革命"，"特殊制度就会被推翻"。① 所以，对于南部民主党人来说，谴责多尔的激进主义是维护南方"特殊制度"所必须的，就像卡尔霍恩表态的那样：

> 我不反对扩大选举权。我曾经支持过扩大选举权。但是，"多尔主义"宣布数字上的多数人进行统治的权利是与生俱来的、绝对的，是一种神圣的权利。这种权利就像菲尔默宣称的国王的权利一样，是没有基础的，不符合宪政政府的观念。……一个仅仅数字上的多数统治……对我来说是不够民主的，它在本质上是专制的，而非宪政政府。我赞同的是一个建立在"一致同意"基础上的政府，这才是全体人的政府，才是真正的民治的共和政府。②

对于南部民主党人如此旗帜鲜明、绝不含糊的反对立场，罗得岛激进派是心知肚明的。他们在四处争取援助的时候，从未考虑过和南部民主党人合作的可能性。多尔曾写信向好友介绍自己在华盛顿同联邦国会议员们面谈的结果。一向自信的他在谈到南部民主党人时也不得不面对现实，坦言说，这些人并不赞同自己所宣扬的原则，因为这个原则很可能被用于南部黑人身上，或者被废奴主义者所用。

而南部民主党人的这种立场，也给担忧联邦国会态度的罗得岛反对派们吃了一颗定心丸。伊莱沙·波特在刚刚拿到《人民宪法》的投票结果时就料定，国会不会支持多尔，因为"对于国会中的南

---

① Goodell, *The Rights and Wrongs of Rhode Island*, 1842, p. 51; William M. Wiecek, "Popular Sovereignty in the Dorr War——Conservative Counterblaster", *Rhode Island History* Vol. 32, No. 2（May, 1973）, p. 47.

② "Calhoun's Letter Relative to the Right of Suffrage the Right of the Majority and Dorrism", in *Niles' National Register*, May 8, 1847.

部议员来说，接受和宣扬多尔的原则——一群非合法选民的人，仅凭数字上的多数就有权利组织起来颠覆政府，是极其危险的"。此后，当多尔来到华盛顿游说时，反对派们也多次表示，一想到有南部团结一致地反对，就不必过于担忧国会的态度。①

除了南部民主党人以外，就连很多罗得岛本地的民主党人，在多尔的改革运动逐渐走向激进的过程中也站到了多尔的对立面。法律—秩序党的成立是最好的证据。它是反对多尔激进路线的罗得岛辉格党人和民主党人组成的一个暂时的政治联盟，大约形成于1842年春《自由民宪法》被否决之后，罗得岛局势逐渐趋于紧张的时候。也就是说，此时，原先的两党暂时放下了在其他问题上的对立，以"是否赞同多尔的激进路线"为标准进行了重新整合。直到1845年初，多尔的威胁"基本解除"了之后，法律—秩序党才解散，罗得岛才恢复了原先的两党政治。

在1842年5月17日的暴力行为发生之后，罗得岛的民主党人更是花了很大力气来划清与多尔等人的界限，澄清自己拥护的是"和平革命"，而非多尔的"暴力革命"。1842年11月7日，普罗维登斯的民主党人在一次集会中宣称："我们坚持效忠于这样一条共和原则：重大的政治变革应该通过民意来实现，无论何时必要，我们都将尽最大努力，通过选票箱这个合法渠道来促进政治变革。"1843年2月的罗得岛的民主党全体大会发表了一份声明，宣称：

> 通过登记名字，让我们自己成为宪法之下有资格的选民，我们慷慨地放弃了对宪法权威的所有反抗，除了合法行使选举权来选择能够在新议会中忠实地代表我们、贯彻

---

① May 12th, 1842, Thomas Wilson Dorr to Walter Snow Burges; Jan. 1, 1842, Elisha R. Potter to John Brown Francis, http://library.providence.edu/dps/projects/dorr/, 2015年4月17日访问。

我们的政治原则的官员之外。……我们认为,这是保护我们的权利、维护我们的社会和谐与和平的最实际、最有效的方法。①

与此同时,罗得岛民主党领导人之一德克斯特·兰德尔也说:

> 我们民主党人相信,人民……有不受控制的权利来组成和批准一个共和政府,这是一种民主的原则。但是,我们敦促多尔放弃所有强制手段,诉诸美利坚合众国宪法之下的法庭来解决争端。我们虽然坚持并珍视人民的这个权利,但是我们否认多尔有权用武力手段来建立自己的政府。②

民主党的《共和先驱报》的编辑也撰文表明了该报的态度:

> 我们支持选举权党的运动。我们从一开始就相信,并且现在仍然相信——我们支持的是民主的事业。但是,我们从来不认为,民主原则的实施要以我们同胞的生命和鲜血为代价。因为,法庭的大门始终是敞开的,如果我们愿意把苦难交给法庭来解决的话。③

不难看出,多尔的暴力行为,及其背后激进的意识形态不仅被辉格党人所拒绝,而且在自己的民主党内部得到的支持也很有限。

作为一个在19世纪三四十年代具有普遍性的问题,"多尔战争"这样的结局具有深远的意味。它既体现了两种对立的民主理念

---

① Randell, *Democracy Vindicated and Dorrism Unveiled*, p. 49.
② Randell, *Democracy Vindicated and Dorrism Unveiled*, p. 7.
③ Randell, *Democracy Vindicated and Dorrism Unveiled*, p. 34.

是如何在美国政治生活中发生竞争和交锋的,也体现了两者之间是如何互动,共同推进美国政治变革的。

以多尔为首的激进派代表的是一种激进主义的民主理念。它从"民主"的本义中汲取养料,以扩大普通民众的政治权力和政治参与、增强普通民众对政府的影响力为行动准则,并为此不惜蔑视政府和法律的权威。它的存在始终提醒着美国人——自己的政治制度存在"民主性不足"的缺陷,并激励他们为推动政治的不断民主化而斗争。正是因为激进派的宣传和组织,民众对于政治改革的热情才被点燃起来,罗得岛"民主化"运动才被推向了高潮;正是因为激进派一次次的呼吁、请愿、威胁以及最后的武力行动,才迫使现存政治秩序的得益者和维护者不得不做出让步,或者至少可以说,才加快了他们走向政治变革的步伐。从这个意义上说,连谴责激进派的人也不得不承认:约翰·弗里斯、丹尼尔·谢斯、参加"威士忌酒反叛"的人,以及多尔等被列入美国"激进分子"名单、被他们称为"反叛者"或"暴民领袖"的这些人,"在人们记忆力始终或多或少地带有些许荣耀"。①

反对多尔的人代表的是另一种民主理念。它来源于美国革命和立宪时期的精英们对激进主义的反思。他们虽然在政治权力的来源和正当性方面坚持"人民主权"的原则,但并不相信普通民众的政治素质和能力,对于民众掌权可能导致的社会混乱和动荡心怀恐惧。于是,他们强调要用一个严密的分权制衡机制来防止"人民"滥用权力,用一个精英主导的代表制来稀释普通民众对政府的影响力,用一套复杂的机制来防止宪法的频繁更迭,用多种制度内的途径来安抚和疏导社会不满。这是一种相对"保守主义"的力量,但它不是反对进步、固步自封,而是主张用一种和平的、稳健的、宪政的道路来推进政治变革。用当时人的话说,在 19 世纪三四十年

---

① "Rhode Island and Governor Dorr", in *Niles' National Register*, Aug. 10, 1844.

代民主的激情汹涌澎湃之时,它是一种"节制和谨慎的精神",能够化解激进主义的破坏力;也是"一种平衡的力量",能够防止社会因为过于迅速、猛烈的变化而陷入混乱和动荡。①

---

① "The Rhode Island Government", in *The Works of Daniel Webster*, Vol. 6, p. 220-221; Jordon A. Pugh, *Political Conservatism*, Address delivered at the Sixth Anniversary Celebration of the Miami Chapter of the Alpha Delta Phi Society, August 10th, 1841, Oxford, 1841, p. 3-4; An American Gentleman [Calvin Colton], *A Voice from America to England*, London: Henry Colburn, Publisher, 1839, p. 21.

结　语

"罗得岛问题"这个由弹丸小州一次"不成气候"的反叛行为而引发的一场政治争论，对于考察美国后革命时代的政治变革究竟有何意义？

"罗得岛问题"的提出揭示了"民主"在从一种政治理想走向政治实践过程中所面临的一个必然困局。把民主定义为"人民的统治或权力"，虽然确立了民主政体的权力来源和权力正当性的原则，但是，对于关注民主政体实际运作的人来说，这"仅仅是个省略句，只说出了一个过程的起点便戛然而止"。① 要在实践中构建民主政治，还必须继续追问下去：谁是"人民"？"人民"的权力在民主政体中如何体现？"人民"的意愿在民主政体中如何表达？"人民"，与代替"人民"行使权力的政府，以及表达"人民"意愿的宪法和法律之间，应该维持什么样的关系？围绕着这些问题，"民主主义"和"制度主义"分别站在对立的两端做出了回答。

作为探索现代民主政治的先驱，建国初期的美国在处理这两者之间的紧张关系过程中逐渐确立了一种"制度民主"基本模式，其特征就是用制度来节制民主、用民主来规范制度。一方面，"人民"

---

① ［美］乔万尼·萨托利：《民主新论》，冯克利、阎克文译，上海人民出版社2009年版，第42页。

的主权地位被"虚置"了,"人民"的权力被建构于美国宪政结构之中,受到了一系列法律、制度和程序的有效规制,"人民"的自然权利也经历了一个制度化、法治化的过程,变成了一种法律权利。另一方面,作为一种价值规范和正当性基石的"民主主义",不仅是制衡政府权力、维护公民自由的强大力量,也是补救宪政制度的"民主性缺失"、持续为其输入合法性的动力资源。这种模式是两种民主理念在交锋、互动、妥协中达成的一种均衡。它使建国初期的美国行进在民主化道路上时,对于现代民主政治的两大威胁——民主激情的过度膨胀和民主性的持续衰减,都能保持警惕的头脑和纠错的能力。这种均衡的达成,得益于大多数公民较高程度的规则共识和程序理性,也得益于持不同理念的对手之间始终存有对话和谈判的自觉意识。

以多尔为首的罗得岛激进派的结局——"赢得了改革,输掉了革命思想",正是这个模式起作用的结果。在后来的美国历史中,两种民主理念之间的紧张关系一次次地重复出现,美国人也一次又一次地从"制度民主"的模式中汲取经验,从而和平度过了政治变革道路中的每一次震荡。

19世纪末20世纪初是美国政治民主化的又一次高潮。工人罢工、农民反抗、妇女争取政治权利、知识分子揭露黑幕等各种旨在反腐败、反垄断、反特权、反不平等、反民主风气退化的改革运动此起彼伏、不断高涨,其中不乏激进的言论,也不乏暴力行动。然而,这一时期的美国并没有发生大规模的政治动荡和社会混乱。政治变革仍然是依托美国既有的宪政框架而实现的。铁路管理、反托拉斯、公民创制权、复决权、直接预选、民选参议员、无记名投票、劳工保护、妇女选举权等经济和政治领域的各项改革要求,先是在州的立法和修宪中得以体现,接着又得到了联邦宪法和法律的保障。最初以体制外改革力量的身份而出现的第三党,最终也都融入了两党制的政治框架:曾经轰轰烈烈的人民党在1896年大选中并入民主党;罗斯福的进步党虽然在总统大选中失败了,但其"新国家主义"纲领却为后来的民主党政府所采纳。在"多尔战争"提出的半个多世纪之后，我们在美国政治变革的进程中再一次看到了民主对制度的规范作用，也看到了制度对民主的节制力量。

在当今时代，两种民主理念的交锋仍然是包括美国在内的许多国家构建民主政治的一个难题。有很多人不相信普通民众的智慧和能力，对于一个庞大复杂的现代国家机器中民众参与政治的可能性抱有悲观情绪，进而倾向于把"民主"化约为一种以选举为核心的制度和程序。也有相当一部分人认为，正是因为当今社会的国家机器已变得异常强大，所以才更有必要高扬民主的规范价值，而且，当代大众传媒和通信技术的革命，大大拓展了普通民众了解政治问题的渠道和直接参与政治的途径。① 与"多尔战争"所在的19世纪中叶，或者民主浪潮再次高涨的19世纪末20世纪初相比，在复杂性和多样性都急剧增加的当代社会中，处理两种民主理念之间的紧张关系显然是一项更为艰辛的挑战，但是，应对挑战的方法是一样的，都是要把扩大普通民众对政治的参与和维持政府的有效治理、社会的稳定和秩序结合起来，在两种民主理念之间实现一种均衡。因此，从对"多尔战争"的处理中考察"制度民主"模式的作用，对于其他正在进行民主政治探索的国家也有借鉴意义。

此外，作为罗得岛立宪运动走向高潮的产物，"多尔战争"也揭示了政治变革的动力机制。

---

① 两种民主理念在当代的交锋从当代民主理论的争论中可见一斑。持前一种看法的人是"精英民主论者"，其代表人物是熊彼特。熊彼特把"民主"定义为"为做出政治决策而实行的制度安排，在这种安排中，一些人通过竞争人民的选票而取得决策的权力"，从而减损了"民主"作为一种规范的价值。在他看来，"民主"仅仅是一套制度性的程序，是一种选择政治领导人的方法，"民主政治"仅仅意味着"人民有接受或拒绝将来要统治他们的人的机会"。见［美］约瑟夫·熊彼特：《资本主义、社会主义与民主》，吴良健译，商务印书馆2002年版，第395—396、415页。持后一种看法的人有"参与民主论者""协商民主论者"等，代表人物有卡罗尔·佩特曼、本杰明·巴伯等，其代表作分别为：《参与和民主理论》，陈尧译，上海人民出版社2006年版；《强势民主》，彭斌、吴润洲译，吉林人民出版社2006年版。

民主是一种脆弱的政体，也是一项艰难而未知的事业。它不是注定的更不是自动向前进的，而是有停滞、有倒退、前途未卜的。它始终需要有一种力量去维护和推动。对美国民主的整体演进持这种看法的学者，无不把政治斗争作为推动和主导民主化进程的力量。他们认为，既然"民主"可以为各种群体的人们所界定和解释，以此来表达政治诉求、争取政治利益，那么，民主化的结果则取决于政治斗争的结果，相应地，政治斗争的复杂性、不确定性也增加了民主进程的未知性和不稳定性。所以，导言中提到的《美国自由的故事》和《美国民主的兴起》之类的著作，实际上都是以"概念"的界定之争而表现出来的社会运动和政治斗争的历史。

查尔斯·蒂利从政治社会学的路径来研究民主问题，对于抗争在推进民主化中的作用也给予了特别强调。他对全世界范围内几百年里曾出现过或现存的各种政权进行了详尽的描述、分析和比较，认为这些研究"有力地反驳了任何把民主化解释成渐进的、深思熟悉的、不可逆的过程或解释成一套权益的政治发明，当它准备好了，一个民族只要按部就班行事就够了"。他提出，民主进程是不稳定的、可逆的，是一个进步和逆转、民主化和去民主化的动态过程，而"几乎所有促进民主的关键的因果机制都包含作为相关因素、原因和结果的群众斗争，即在政治上组织起来的参与者对其他包括政府代理人在内的参与者提出公开的、集体的要求"。①

从罗得岛整个民主进程来看，民主化与去民主化的动态过程是非常明显的。民主化每一次启动的背后，都是政治斗争力量的推动。早期的罗得岛之所以能够维持特许状的完整和相对自治的地位，是它坚持不懈地与英国政府抗争、一次次地抵挡来自邻州的各

---

① ［美］查尔斯·蒂利：《民主》，魏洪钟译，上海世纪出版集团 2009 年版，第 32、76 页。关于抗争推动民主化的机制的讨论，见：［美］查尔斯·蒂利：《社会运动，1768—2004》，胡位钧译，上海世纪出版集团 2009 年版，第六章；［美］查尔斯·蒂利、西德尼·塔罗：《抗争政治》，李义中译，译林出版社 2010 年版，第 77—85 页。

种吞并和瓜分的企图,以及在革命前夕与自己内部效忠派斗争的结果。① 19 世纪 40 年代罗得岛之所以能够重启政治民主化,更是源于半个多世纪以来各派力量围绕立宪而进行的政治斗争的长期推动。"多尔战争"是这种政治斗争和博弈最为激烈的时期,也最终使得政治民主化迈出了实质性的步伐。

实际上,历史上任何时代、任何国家民主政治的建立、维系和发展,都是在政治斗争之中取得的。若是没有妇女、黑人、劳工、移民和少数族裔等群体几十年甚至上百年的抗争,美国的政治民主化是不可想象的。英国的政治民主化是通过持续了一百多年的议会改革而实现的,而每一次议会改革都是在民众斗争的压力之下做出的。若是没有像宪章运动这样大规模政治反抗运动的强烈冲击,英国议会改革的步伐要缓慢得多。与美英渐进道路不同,法国的政治民主化是在革命与复辟、共和与专制、战争与内乱的强烈震荡中进行的,这其中的政治斗争更是一部波澜壮阔、惊心动魄的故事。

---

① 罗得岛的效忠派主要是纽波特的托利派(Newport Tory Junto)。斗争的情况可参考:Walter F. Mullen, "*Rhode Island and the Imperial Reorganization of* 1763-1766", Ph. D. Dissertation, Fordham University, 1965, p. 175 - 185; Lovejoy, *Rhode Island Politics and the American Revolution*, 1760-1776, p. 48-51。

附录:罗得岛立宪运动大事年表

1774年4月	锡楚埃特向罗得岛议会提议修订1663年特许状,改革议会席位分配制度
1782年4月	东北部6个村镇向议会提出抗议,要求改革议会席位分配制度
1796年4月	东北部8个村镇在普罗维登斯集会,呼吁召开立宪会议
1797年7月4日	乔治·布里尔向普鲁维登斯居民发表独立日演说,呼吁立宪
1818年6月	罗得岛议会有议员提议扩大选举权
1819年2月	罗得岛议会有议员提议就扩大选举权问题进行民众表决
1821年2月	罗得岛议会通过决议,把是否召开宪法会议的问题提交民众表决
1821年4月	第一次民众表决结束,大多数民众反对召开宪法会议
1822年1月	议会举行了第二次民众表决,大多数民众仍然反对召开宪法会议

续表

1824 年 6 月	罗得岛召开宪法会议，制定出新宪法，但因在选举权问题上没有突破而在民众表决中遭到否决
1829 年 3 月	改革派在多个东北部村镇接连举行民众集会，呼吁扩大选举权
1829 年 6 月	本杰明·哈泽德向议会提交调查报告（即"哈泽德报告"），坚决反对废除选举权的财产资格
1833 年 4 月	赛斯·路德在普罗维登斯的民众集会上发表《关于自由选举权的致辞》
1834 年 2 月 22 日	东北部 10 个村镇的代表在普罗维登斯集会，成立宪法党
1834 年 5 月	多尔向罗得岛议会下院提交关于新宪法会议代表选举方法的提案，遭否决
1834 年 9 月	新宪法会议召开，但因参会代表离席而再三推迟，直至取消
1840 年初	改革派在普罗维登斯成立"罗得岛选举权协会"
1841 年初	改革派创办《新时代及宪法导报》，并在普罗维登斯组织大规模民众集会
1841 年 4 月	罗得岛议会特别委员会通过了召开宪法会议（即后来所称的"自由民宪法会议"）的决议
1841 年 5 月 6 日	罗得岛议会确定了各村镇在即将召开的宪法会议中的代表名额
1841 年 6—7 月	改革派在多次民众集会中表达对议会方案的不满，并表示要自己组织召开"人民宪法会议"
1841 年 7 月 20 日	改革派确定了"人民宪法会议"的日程表和代表的选举方法

续表

1841 年 10 月 4 日	"人民宪法会议"在普罗维登斯开幕
1841 年 10 月 9 日	"人民宪法会议"制定出宪法初稿
1841 年 11 月 1 日	"自由民宪法会议"在纽波特开幕
1841 年 11 月 16 日	"自由民宪法会议"休会
1841 年 11 月 18 日	经过修订之后的《人民宪法》被提交各村镇会议批准
1842 年 1 月 12 日	改革派宣布,《人民宪法》以绝对多数获得批准
1842 年 1 月 22 日	罗得岛议会宣布,不调查《人民宪法》投票的真实性,也不承认《人民宪法》的合法性
1842 年 2 月 19 日	重新开幕的"自由民宪法会议"制定出《自由民宪法》
1842 年 3 月	《自由民宪法》在村镇会议中被否决
1842 年 4 月 4 日	罗得岛议会颁布高压法案
1842 年 4 月初	罗得岛政府高层与联邦总统泰勒之间通信,争取后者的援助
1842 年 4 月 18 日	改革派选举"人民政府",多尔当选州长。俄亥俄参议员在国会提交决议,要求泰勒总统公开表明对罗得岛事件的态度,被否决。此后,类似决议也接连遭到否决
1842 年 4 月 19 日	罗得岛政府新一届议会在纽波特开幕,金连任州长
1842 年 5 月 12—13 日	多尔来到纽约争取支持
1842 年 5 月 17—18 日	多尔及其支持者武力攻击罗得岛政府设于普罗维登斯的军火库。失败后,多尔逃离罗得岛

续表

1842年6月25—27日	多尔在切帕奇特试图再次发动武力进攻，失败后再次逃离罗得岛
1842年6月底	罗得岛政府颁布《战时法》。根据《战时法》，罗得岛政府派民兵队来到马丁·路德家进行搜捕，未果。罗得岛议会通过决议，再次组织召开宪法会议
1842年11月	宪法会议制定出新宪法，并在各村镇会议中获得多数票批准
1843年4月	法律—秩序党候选人詹姆斯·芬那战胜民主党候选人托马斯·卡朋特，当选罗得岛新一任州长。马丁·路德回到罗得岛，并遭到逮捕和审判
1843年10月6日	马丁·路德向罗得岛地区联邦第一巡回法庭上诉，起诉民兵队"非法闯入和侵占民宅"（即"路德诉博登案"）
1843年10月31日	多尔返回普罗维登斯，并遭到逮捕
1843年11月	联邦巡回法庭驳回马丁·路德的上诉，维持原判
1844年1月	马丁·路德不服判决，向联邦最高法院提起上诉
1844年2月19日	联邦国会众议院成立以埃德蒙·伯克为首的特别委员会，调查罗得岛事件
1844年4月26日	罗得岛最高法院在纽波特开庭审理多尔叛州罪一案
1844年6月3日	国会特别委员会提交调查报告（《伯克报告》）
1844年6月24日	罗得岛最高法院裁决多尔"叛州罪"成立，判处终身监禁
1845年6月	多尔被释放
1848年1月底	联邦最高法院围绕"路德诉博登案"展开辩论

续表

1849年	联邦最高法院首席大法官坦尼对"路德诉博登案"作出终审裁决
1854年	罗得岛议会通过决议,宣布罗得岛最高法院对于多尔"叛州罪"的裁决无效

参考文献

一、原始材料

(一) 政府出版物

Congressional Globe, 24th Cong., 2nd Session. 1837.

Congressional Globe, 28th Cong., 2nd Session, 1844–1845.

Interference of Executive in Affairs of Rhode Island, Report No. 546, 28th Cong., 1st Session, 1844. (*Burke's Report*)

Journals of the Continental Congress, Washington, 1823, 4 Vols.

Luther v. Borden, 48 *U. S.* 7 *Howard*, 1849.

Minority Report of Congress Appointed to Inquire into the Interference of the President in the Affairs of Rhode Island in 1842, Washington D. C., 1844.

(二) 当时人的演说、布道词、小册子、论著和会议记录等

A Brief Outline of the Rise, Progress, and Failure of the Revolutionary Scheme of the Nineteen Van Buren Electors of the Senate of Maryland, in the Months of September, October, and November, 1836, Baltimore: Printed by Sands & Neilson, 1837.

"*A Horrible Plot Discovered*!!", Providence, May 14, 1842.

A Member of Boston Bar. "*The Affairs of Rhode Island*", *Being a Review of President Wayland's "Discourse", a Vindication of the Sovereignty of the People, and a Refutation of Doctrines and Doctors of Despotism*, Boston: Published by Benjamin B. Mussey, 1842.

Adams Family Papers, http://www.masshist.org/digitaladams/.

Adams, John Quincy. *The Social Compact, exemplified in the Constitution of the Commonwealth of Massachusetts; with remarks on the theories of Divine right of Hobbes and Flimer, and the Counter theories of Sidney, Locke, Montesquieu, and Rousseau, concerning the Origin and Nature of Government: a Lecture Delivered before the Franklin Lyceum at Providence*, R. I., November 25, 1842.

An Address to the People of Rhode Island, from the Convention assembled at Providence, on the 22d day of February, and again on the 12th day of March, 1834, *to promote the Establishment of a State Constitution*, Providence: Cranston & Hammond, Printers, 1834.

An American Gentleman [Calvin Colton]. *A Voice from America to England*, London: Henry Colburn, Publisher, 1839.

Annals of the Congress of the United States, 7th Cong., 1 Sess.

Bailey, N. *An Universal Etymological English Dictionary*, London, 1675.

Baldwin, Simeon. *An Oration Pronounced Before the Citizens of New Haven, July 4th*, 1788.

Camp, George Sidney. *Democracy*, New York: Harper and Brothers, Cliff-St., 1841.

Charge of the Hon. Chief Justice Durfee, Delivered to the Grand Jury at the March Term of the Supreme Judicial Court, at Bristol, Rhode Island, March 1842.

Congdon, Charles T. *Reminiscences of a Journalist*, Boston, 1880.

Dana, Joseph. *A Sermon, Delivered Feb.* 19, 1795: *Being a Day of General Thanksgiving, Throughout the United States of America*, Newburyport, Mass. , 1795.

DeSimone, Russell J. and Schofiled, Daniel C. compiled. *The Broadsides of the Dorr Rebellion*, Providence: The Rhode Island Supreme Court Historical Society, 1992.

Dyche, Thomas and Pardon, William. *A New General English Dictionary*, London, 1760.

Emerson, William. *An Oration Pronounced July* 5, 1802, *at the Request of the Inhabitants of the Town of Boston in the Commemoration of the Anniversary of the American Independence*, Boston, Mass. , 1802.

Explanation of an Old Affair, Providence: 1838.

Facts Involved in the Rhode Island Controversy with Some Views upon the Rights of Both Parties, Boston: Published by B. B. Mussey, No. 29 Cornhill, 1842.

Findley, William. *History of the Insurrection in the Four Western Counties of Pennsylvania: In the Year* 1794, Philadelphia: Printed by Samuel Harrison Smith, 1796.

Frieze, Jacob. *A Concise History of the Efforts to Obtain an Extension of Suffrage in Rhode Island, from the year* 1811 *to* 1842, *and the Dorr War*, Providence: Thomas S. Hammond Printer, 1842.

Goodell, William. *The Rights and Wrongs of Rhode Island: Comprising Views of Liberty and Law, of Religion and Rights, as Extended in the Recent and Existing Difficulties in that State*, Press of the Oneida Institute. 1842.

Goddard, William G. *Address to People of Rhode Island, Delivered in Newport, on Wednesday, May* 3, 1843, *in presence of the General Assembly, on the occasion of the change in the Civil Government of Rhode Island, by the adoption of the constitution*, which superseded the Charter of 1663, Providence: Knowles and Vose, Printers. 1843.

Green, Ashbel. *A Sermon, Delivered in the Second Presbyterian Church in the City of Philadelphia, On the 19th of February, 1795, Being the Day of General Thanksgiving Throughout the United States*, Philadelphia, 1795.

"Hamilton". *The Whig Party; Its Objects, Its Principles; Its Candidates, Its Duties, and Its Prospects, An Address to the People of Rhode Island, Published in the Providence Journal in a Series of Articles during the Months of September and October*, 1844, Providence: Knowles and Vose, Printers, 1844.

Hazard, Benjamin. *Report of the Committee on the Subject of an Extension of Suffrage to the General Assembly of Rhode Island*, Providence, 1829.

Hazen, Charles D. *Contemporary American Opinion of the French Revolution*, Baltimore: 1897.

Hitchcock, Enos. *An Oration, delivered July 4th*, 1788.

Husband, Herman. *Proposals to Amend and Perfect the Policy of the Government of the United States of America, or, The Fulfilling of the Prophecies in the Latter Days, Commenced by the Independence of America*, Philadelphia, 1782.

Johnson, Samuel. *A Dictionary of the English Language*, Dublin: Printed by W. G. Jones, 1768.

Journal of Debates and Proceedings in the Convention of Delegates, Chosen to Revise the Constitution of Massachusetts, Boston: Boston Daily Advertiser, 1853.

Kersey, John. *Dictionarium Anglo-Britannicum: or, A General English Dictionary*, London, 1708.

Lee, Elisha. *An Oration Delivered at Lenox, the 4th July, 1793, the Anniversary of American Independence*, Stockbridge, Mass., 1793.

Letters of the Hon. C. F. Cleveland, and Hon. Henry Hubbard, Governors of Connecticut and New Hampshire, to Samuel Ward King, the Charter Governor of Rhode Island, Refusing to Deliver Up Thomas Wilson Dorr, August 30, 1842, Printed and Published at the Wampanoag Office, Mass., Sept., 1842.

Lowell, John. *An Oration, Pronounced July 4, 1799, at the Request of the Inhabitants of the Town of Boston in Commemoration of the Anniversary of American Independence*, Boson, Mass., 1799.

Luther, Seth. *Address on the Right of Free Suffrage*, Providence, 1833.

"Massachusettensis" [Daniel Leonard]. *The Origin of the American Contest with Great-Britain*, New York, 1775.

Might and Right, Providence: A. H. Stillwell, 1844.

Official Report of the Debates and Proceedings in the State Convention, assembled May 4th, 1853, to Revise and Amend the Constitution of the Commonwealth of Massachusetts, Boston: White & Potter, Printers to the Convention, 1853.

Osgood, David. *A Discourse, Delivered February 19, 1795: The Day Set Apart by the President for a General Thanksgiving through the United States*, Boston, 1795.

Pierce, William. *An Oration, delivered at Christ Church, Savannah, on the 4th of July*, 1788.

Political Frauds Exposed: or a Narrative of the Proceedings of the "Junto in Providence" Concerning the Senatorial Question from 1833-1838, Providence: 1838.

Potter, Elisha R. *Considerations on the Questions of the Adoption of a Constitution and Extension of Suffrage in Rhode Island*, Boston:

Thomas H. Webb & Co, 1842.

Proceedings and Debates of the Convention of the Commonwealth of Pennsylvaniato Propose Amendments to the Constitution, Commenced and Held at Harrisburg, 1838.

Proceedings and Debates of the Virginia State Convention of 1829-30, Richmond, 1830.

Proceedings and Debates on the Convention of the Commonwealth of Pennsylvania, to Propose Amendments to the Constitution, Commenced and Held at Harrisburg, on the Second Day of May, 1837.

Proceedings of the Friends of a Convention at a Meeting Held in Raleigh, December, 1822; *Proceedings of a Meeting of Members of the Legislature Held in Raleigh, January* 11, 1834, *with an Address to the People of North Carolina, on the Subject of Amending the Constitution of the State.*

Pugh, Jordon. A. *Political Conservatism, Address delivered at the Sixth Anniversary Celebration of the Miami Chapter of the Alpha Delta Phi Society, August* 10th, 1841, Oxford: 1841.

Randell, Dexter. *Democracy Vindicated and Dorrism Unveiled*, Providence: H. H. Brown, 1846.

Report of the Debates and Proceedings of the Convention for the Revision of the Constitution of the State of Ohio, 1850 - 1851, Columbus, 1851.

Reports of the Proceedings and Debates of the Convention of 1821, *Assembled for the Purpose of Amending the Constitution of the State of New York*, Albany: E. & E. Hosford, 1821.

Skidmore, Thomas. *The Rights of Man to Property*! New York, 1829.

Sparhawk, Thomas S. *An Oration, Delivered at Buckston, in the County of Hancock before Capt. Curtis's, and Capt. Hancock's*

Companies of Militia, and a Number of Other Citizens, July 4th, A. D. 1798, Being the Twenty - Second Anniversary of American Independence, Boston, Mass. , 1798.

Speech of Mr. Potter, of Rhode Island, on the Memorial of the Democratic Members of the Legislature of Rhode Island. Delivered in the House of Representatives. March 7, 9, *and* 12, 1844, Washington: Printed at the Globe Office, 1844.

The Bill of Rights and Amendments to the Constitution of the United States, as Agreed to by the Convention of the State of Rhode Island and Providence Plantations, at South Kingstown, in the County of Washington, on the Fifth Monday of March, A. D. , 1790, Providence: 1790.

The Close of the Late Rebellion in Rhode Island, an Extract from a Letter by a Massachusetts Man Resident in Providence, Providence: B. Cranston & Co. 1842.

The Merits of Thomas W. Dorr and George Bancroft, as They are Politically Connected, By a Citizen of Massachusetts, Boston: 1844.

The Opinion of the Honorable John Fox against the Exercise of Negro Suffrage in Pennsylvania, Harrisburg: Packer, Barrett and Parke, 1838.

"*The Rhode Island Question*": *Mr. Webster's Argument in the Supreme Court of the United States, in the case of Luther V. Borden and others*, January 27th, 1848. Washington: Printed by J. and G. S. Gideon. 1848.

The Right of the People to Establish Forms of Government: *Mr. Hallett's Argument in the Rhode Island Causes, before the Supreme Court of the United States, January,* 1848, Boston: Printed By Beals & Greene, 1848.

The Virginia Report of 1799 - 1800, *Touching the Alien and*

Sedition Laws; Together with the Virginia Resolutions of December 21m 1798, The Debate and Proceedings Thereon in the House of Delegates of Virginia, and Several Other Documents Illustrative of the Report and Resolutions, Richmond: J. W. Randolph, 121 Main Street, 1850.

To the Honorable Senate and House of Representatives of the Commonwealth of Pennsylvania, in General Assembly Met, this Memorial of the "Colored Citizens" of this State, residents of the City of Philadelphia, Philadelphia: Printed for Memorialists, At 22 South Third Street, 1855.

Treadwell, Francis C. The Conspiracy to Defeat the Liberation of Dorr, New York: Printed and Published by John Windt, 1845.

Van Buren, Martin. Inquiry into the Origin and Course of Political Parties in the United States, New York: Published by Hurd and Houghton, 1867.

Wayland, Francis. The Affairs of Rhode Island: A Discourse Delivered in the Meeting-House of the First Baptist Church, Providence, May 22, 1842.

Wayland, Francis. A Discourse on the Day of Public Thanksgiving, July 21, 1842, Providence: H. H. Brown, 1842.

Webster, Noah. Ten Letters to Dr. Joseph Pristely in Answer to His Letters to the Inhabitants of Northumberland, New Haven: Printed by Read & Morse, 1800.

（三）当时的报纸和杂志

Aurora General Advertiser

Boston Gazette

Brownson's QuarterlyReview

Columbia Centinel

Gazette of the United States
Hazard's Register of Pennsylvania
Liberator
Manufacturers' and Farmers' Journal
Massachusetts Centinel
New Age
New York Journal
Newport Mercury
Niles' National Register
Niles' Weekly Register
North American Review
Philadelphia Gazette
Providence Express
Providence Journal
Providence Patriot
Rhode Island American
Rhode Island Republican
United States Magazine and Democratic Review
Working Man's Advocate
Young America

二、研究论著、论文

(一) 中文译著、论著、论文

［美］查尔斯·蒂利：《民主》，魏洪钟译，上海世纪出版集团 2009 年版。

［美］查尔斯·蒂利：《社会运动，1768—2004》，胡位均译，上海世纪出版集团 2009 年版。

［美］查尔斯·蒂利、西德尼·塔罗：《抗争政治》，李义中译，译林出版社 2010 年版。

黄伟合：《近代英国自由主义研究——从洛克、边沁到密尔》，北京大学出版社 2005 年版。

［美］卡尔·科恩：《论民主》，聂崇信、朱秀贤译，商务印书馆 1988 年版。

［英］彼得·卡尔佛特：《革命与反革命》，张长东等译，吉林人民出版社 2005 年版。

李剑鸣：《美国的奠基时代（1585—1775）》，人民出版社 2000 年版。

李剑鸣：《美国革命时期民主概念的演变》，载《历史研究》2007 年第 1 期。

李剑鸣：《"人民"的定义与美国早期的国家构建》，载《历史研究》2009 年第 1 期。

刘素民：《托马斯·阿奎那自然法思想研究》，人民出版社 2007 年版。

［美］罗纳德·德沃金：《自由的法：对美国宪法的道德解读》，刘丽君译，林燕平校，上海人民出版社 2001 年版。

［意］萨尔沃·马斯泰罗内：《欧洲民主史：从孟德斯鸠到凯尔森》，黄光华译，社会科学文献出版社 1998 年版。

［英］约翰·密尔：《密尔论民主与社会主义》，胡勇译，吉林出版集团 2008 年版。

［美］乔万尼·萨托利：《民主新论》，冯克利、阎克文译，上海人民出版社 2009 年版。

［美］列奥·施特劳斯：《自然权利与历史》，彭刚译，生活·读书·新知三联书店 2003 年版。

［美］列奥·施特劳斯、约瑟夫·克罗波西主编：《政治哲学史》，李天然等译，河北人民出版社 1993 年版。

［古希腊］索福克勒斯：《奥狄浦斯王》，罗念生译，人民文学

出版社 2002 年版。

(二) 英文专著、论文

Ackerman, Bruce. *We The People*: *Transformations*, Cambridge: Harvard University Press, 1998.

Adams, James Truslow. "Disfranchisement of Negroes in New England", *The American Historical Review*, Vol. 30, No. 3 (Apr., 1925).

Adams, Willi Paul. *The First American Constitutions*: *Republican Ideology and the Making of the State Constitutions in the Revolutionary Era*, Chapel Hill: University of North Carolina Press, 1980.

Ashworth, John. *"Agrarians" and "Aristocrats"*: *Party Political Ideology in the United States*, 1837 – 1846, New York: Cambridge University Press, 1987.

Bancroft, George. *History of the United States from the Discovery of the American Continent to the Declaration of Independence*, 7Vols., Boston: Little Brown and Company, 1834–1875.

Banning, Lance. *Jeffersonian Persuasion*: *Evolution of a Party Ideology*, Ithaca, N. Y.: Cornell University Press, 1978.

Basler, Roy P. ed. *Collected Works of Lincoln*, Vol. Ⅰ, New Jersey: Rutgers University Press, 1953.

Bensen, Lee. *The Concept of Jacksonian Democracy*: *New York as a Test Case*, Princeton, N. J.: Princeton University Press, 1961.

Billington, Ray Allen. *The Protestant Crusade*, 1800 – 1860: *A Study of the Origins of American Nativism*, Chicago, I. L.: Quadrangle Books, 1964.

Bishop, Hillman M. "Why Rhode Island Opposed the Federal Constitution", *Rhode Island History*, Vol. 8 (Jan., 1949).

Blackwell, Alice Stone. *Lucy Stone*, *Pioneer of Woman's Right*,

Boston: Little, Brown, and Company, 1930.

Bouton, Terry. *Taming Democracy: "The People", the Founders, and the Troubled Ending of the American Revolution*, New York: Oxford University Press, 2007.

Boyd, Steven R. "Antifederalists and the Acceptance of the Constitution", *Publius*, Vol. 9, No. 2 (Spring, 1979).

Boyd, Steven R. *The Politics of Opposition: The Antifederalists and the Acceptance of the Constitution*, Millwood, N.Y.: KTO Press, 1979.

Brown, Richard Maxwell. *Strain of Violence: Historical Studies of American Violence and Vigilantism*, New York: Oxford University Press, 1975.

Carlton, Frank. "An American Utopia", *Quarterly Journal of Economics*, Vol. XXIV (1909-1910).

Chambers, William Nesbit, eds. *The First Party System: Federalists and Republicans*, New York: Wiley, 1972.

Chambers, William Nesbit. *Political Parties in a New Nation: The American Experience*, 1776-1809, New York: Oxford University Press, 1993.

Clark, Elizabeth B. "Matrimonial Bonds: Slavery and Divorce in Nineteenth-Century America", *Law and History Review*, Vol. 8 (Spring 1990).

Cleves, Rachel Hope. *The Reign of Terror in America: Visions of Violence from Anti-Jacobinism to Antislavery*, New York: Cambridge University Press, 2009.

Chaput, Erik J. "'Let the People Remember!': Rhode Island's Dorr Rebellion and Bay State Politics, 1842-1843", *Historical Journal of Massachusetts*, Vol. 39, Summer 2011.

Churchill, Robert H. "Popular Nullification, Fries' Rebellion, and the Waning of Radical Republicanism, 1798 – 1801", *Pennsylvania History*, Vol. 67, No. 1, 2000.

Cobb, Sanford H. *The Rise of Religious Liberty in America: A History*, New York: The Macmillan Company, 1902.

Coleman, Peter J. *The Transformation of Rhode Island, 1790 – 1860*, Providence, R. I. : Brown University Press, 1969.

Conley, Patrick T. *Democracy in Decline: Rhode Island's Constitutional Development, 1776–1841*, Providence, R. I. : Rhode Island Historical Society, 1977.

Conron, Michael A. "Law, Politics, and Chief Justice Taney: A Reconsideration of the Luther v. Borden Decision", *The American Journal of Legal History*, Vol. 11, No. 4, (Oct. , 1967).

Cornell, Saul. "The Changing Historical Fortunes of the Anti-Federalists", *Northwestern University Law Review*, Vol. 84, No. 1.

Cornell, Saul. *The Other Founders: Anti – Federalism and the Dissenting Tradition in America, 1788 – 1828*, Chapel Hill, N. C. : The University of North Carolina Press, 1999.

Corwin, Edward S. *The Doctrine of Judicial Review: Its Legal and Historical Basis and Other Essays*, Princeton, N. J. : Princeton University Press, 1914.

Cott, Nancy F. *The Bonds of Womanhood: "Woman's Sphere" in New England, 1780–1835*, New Haven: Yale University Press, 1977.

Cralle, Richard K. , ed. *The Works of John Calhoun*, 6 Vols. , New York: D. Appleton and Company, 1864.

Cunningham, Noble. *The Jeffersonian Republicans: The Formation of Party Organization, 1789–1801*, Chapel Hill, N. C. : The University of North Carolina Press, 1957.

Cushing, Harry A. , ed. *The Writings of Samuel Adams*, New York: G. P. Putnam's Sons, 1904, 4Vols.

Dennison, George M. *The Dorr War: Republicanism on Trial*, 1831-1861, The University Press of Kentucky, 1976.

Dodd, Walter Fairleigh. The *Revision and Amendment of State Constitutions*, Baltimore: The Johns Hopkins Press, 1910.

Dorr, Harold M., ed. *The Michigan Constitutional Convention of 1835-36: Debates and Proceedings*, Ann Arbor: The University of Michigan Press, 1940.

Douglass, Frederick. *Life and Times of Frederick Douglass*, Hartford: Park Publishing Co., 1882.

DuBois, Ellen Carol. "Outgrowing the Compact of the Fathers: Equal Rights, Woman Suffrage, and the United States Constitution, 1820-1878", *The Journal of American History*, Vol. 74, No. 3.

Elliot, Jonathan, ed. *The Debates in the Several States Convention on the Adoption of the Federal Constitution*, Washington, 1836, 4 Vols.

Elliot, Jonathan ed. *The Virginia and Kentucky Resolutions of 1798 and 99*, Washington, 1832.

Feldberg, Michael. *The Turbulent Era: Riot and Disorder in Jacksonian America*, New York: Oxford University Press, 1980.

Fischer, David Hackett. *The Revolution of American Conservatism: The Federalist Party in the Era of Jeffersonian Democracy*, New York: Harper & Row, Publishers, 1965.

Foner, Philip Sheldon, ed. *The Democratic-Republican Societies, 1790-1800: A Documentary Sourcebook of Constitutions, Declarations, Addresses, Resolutions, and Toasts*, Westport, Conn., 1976.

Foner, Philip Sheldon, ed. *We, the Other People: Alternative Declarations of Independence by Labor Groups, Farmers, Woman's Rights Advocates, Socialists, and Blacks, 1829 - 1975*, Urbana: University of Illinois Press, 1976.

Ford, Lacy K. Jr. "Inventing the Concurrent Majority: Madison, Calhoun, and the Problem of Majoritarianism in American Political Thought", *The Journal of Southern History*, Vol. 60, No. 1 (Feb., 1994).

Ford, Paul Leicester, ed. *The Works of Thomas Jefferson*, New York: G. P. Putnam's Sons, 1904-1905, 12Vols.

Formisano, Donald P. *For the People: American Populist Movements from the Revolution to the 1850s*, Chapel Hill: The University of North Carolina Press, 2008.

Formisano, Ronald P. "The Role of Women in the Dorr Rebellion", *Rhode Island History*, Vol. 51, 1993.

Frederickson, George M. *The Inner Civil War: Northern Intellectuals and the Crisis of the Union*, New York: Harper & Row, Publishers, 1965.

Fritz, Christian G. "Alternative Visions of American Constitutionalism: Popular Sovereignty and the Early American Constitutional Debate", *Hastings Constitutional Law Quarterly*, Vol. 24 (Winter 1997).

Fritz, Christian G. *American Sovereigns: The People and America's Constitutional Tradition before the Civil War*, New York: Cambridge University Press, 2008.

Gentz, Friedrich Von. *The Origin and Principles of the American Revolution*, Philadelphia, P. A.: Maxwell for Dickins, 1800.

Gettleman, Marvin E. *The Dorr Rebellion: A Study in American Radicalism: 1833 - 1849*, New York: Robert E. Krieger Publishing Company, Inc., 1980.

Gierke, Otto F. *Political Theories of the Middle Age*, Cambridge, M. A.: Beacon Press, 1958.

Gilje, Paul A. *Rioting in America*, Indianapolis: Indiana University

Press, 1996.

Ginzberg, Lori D. *Untidy Origins: A Story of Woman's Rights in Antebellum New York*, Chapel Hill: The University of North Carolina Press, 2005.

Graham, Hugh Davis and Gurr, Ted Robert, eds. *The History of Violence in America: Historical and Comparative Perspectives*, New York: Bantam Books, 1969.

Green, Fletcher M. *Constitutional Development in the South Atlantic States, 1776-1860: A Study in the Evolution of Development*, New York: W. W. Norton & Company, Inc., 1966.

Grimsted, David. *American Mobbing, 1828-1861: Toward Civil War*, New York: Oxford University Press, 1998.

Grimsted, David. "Rioting in Its Jacksonian Setting", *American Historical Review*, Vol. 77 (Apr., 1972).

Gross, Robert. "A Yankee Rebellion? The Regulators, New England, and the New Nation", *New England Quarterly* Vol. 82, No. 1 (March 2009).

Hagensick, Clarke A. "Revolution or Reform in 1836: Maryland's Preface to the Dorr Rebellion", *Maryland Historical Magazine*, Vol. 57, Dec. 1962.

Hamilton, Alexander, Madison, James and Jay John. *The Federalist Papers*, Toronto, New York: Bantam Books, 1982.

Hammett, Theodore M. "Two Mobs of Jacksonian Boston: Ideology and Interest", *The Journal of American History*, Vol. 62, No. 4 (March 1976).

Harrold, Stanley. *The Rise of Aggressive Abolitionism: Addresses to the Slaves*, The University Press of Kentucky, 2004.

Hersh, Blance. *The Slavery of Sex: Feminist - Abolitionists in America*, Urbana: University of Illinois Press, 1978.

Hofstadter, Richard. *The Idea of a Party System: The Rise of Legitimate Opposition in the United States*, 1780-1840, University of California Press, 1969.

Hofstadter, Richard. *The American Political Tradition: And the Men Who Made It*, New York, 1948.

Hofstadter, Richard and Wallace, Michael eds. *American Violence: A Documentary History*, New York: Vintage Books, 1971.

Holton, Woody. "An Excess of Democracy, or Shortage: The Federalists' Earliest Adversaries", *Journal of Early Republic*, Vol. 25, No. 3 (Fall, 2005).

Holton, Woody. *Unruly Americans and the Origins of the Constitution*, New York: Hill and Wang, 2007.

Hunt, Gaillard, ed. *The Writings of James Madison*, New York: G. P. Putnam's Sons, 1900.

Huston, Reeve. "The Parties and 'The People': The New York Anti-Rent Wars and the Contours of Jacksonian Politics", *Journal of the Early Republic*, Vol. 20, No. 2 (Summer, 2000).

Hyneman, Charles S. and Lutz, Donald S. eds., *American Political Writing during the Founding Era: 1760 - 1805*, Vol. 1, Indianapolis: Liberty Fund, 1983.

Jameson, John Alexander. *The Constitutional Convention: Its History, Powers, and Modes of Proceeding*, New York: Charles Scribner and Company, 1867.

Jefferson, Thomas *Notes on the State of Virginia*, New York: Harper & Row, 1964.

Jones, Daniel P. *The Economic and Social Transformation of Rural Rhode Island*, 1780 - 1850, Boston: Northeastern University Press, 1992.

Kars, Marjoleine. *Breaking Loose Together: The Regulator Rebellion in Pre-Revolutionary North Carolina*, Chapel Hill: University of North Carolina Press, 2002.

Kelly, J. M. *A Short History of Western Legal Theory*, Oxford: Charendon Press, 1992.

Keyssar, Alexander. *The Right to Vote: The Contested History of Democracy in the United States*, Basic Books, 2000.

Kraditor, Aileen S. *Means and Ends in American Abolitionism: Garrison and His Critics on Strategy and Tactics*, 1834-1850, Chicago: Ivan R. Dee, Inc., Publisher, 1967.

Krammer, Larry D. *The People Themselves: Popular Constitutionalism and Judicial Review*, New York: Oxford University Press, 2004.

Lemons, J. Stanley and McKenna, Michael A. "Re-enfranchisement of Rhode Island Negroes", *Rhode Island History*, Vol. 30 (Feb., 1971).

Litwack, Leon F. *North of Slavery: The Negro in the Free States*, 1790-1860, Chicago: The University of Chicago Press, 1961.

Locke, John. *Two Treatises of Government: In the former, the false principles and foundation of Sir Robert Filmer and his followers are detected and overthrown; the latter, is an essay concerning the true original, extent, and end of civil government.* London, 1728.

Lovejoy, David S. *Rhode Island Politics and the American Revolution*, 1760-1776, Providence: Brown University Press, 1958.

Magrath, C. Peter. "Optimistic Democrat: Thomas W. Dorr and the Case of Luther vs. Borden", *Rhode Island History*, Vol. 29, Nov., 1970.

Maier, Pauline. "Coming to Terms with Samuel Adams", *American Historical Review*, Vol. 81, No. 1 (Feb., 1976).

Maier, Pauline. *From Resistance to Revolution: Colonial Radicals and the Development of American Opposition to Britain*, 1765-1776,

Vintage Books: A Division of Random House, 1972.

Maier, Pauline. *The Old Revolutionaries: Political Lives in the Age of Samuel Adams*, New York: Alfred A. Knopf, 1980.

Main, Jackson Turner. *The Antifederalists: Critics of the Constitution*, 1781-1788, Chapel Hill: The University of North Carolina Press, 1961.

Mandel, Bernard. *Labor: Free and Slave: Workingmen and the Anti-Slavery Movement in the United States*, New York: The Haddon Craftsmen, 1955.

Maxwell, Richard. *The South Carolina Regulators: The Story of the First American Vigilante Movement*, Cambridge, M.A.: Belknap Press of Harvard University, 1963.

McMillen, Sally G. *Seneca Falls and the Origins of the Women's Rights Movement*, New York: Oxford University Press, 2008.

McRee, Griffiith J. ed. *Life and Correspondence of James Iredell*, 2 Vols., New York: D. Appleton and Company, 1857.

Meyers, Mervin. *The Jacksonian Persuasion: Politics and Belief*, Stanford: Stanford University Press, 1957.

Mowry, Arthur May. "Tammany Hall and the Dorr Rebellion", *The American Historical Review*, Vol.3, No.2 (Jan., 1898).

Mowry, Arthur May. *The Dorr War: The Constitutional Struggle in Rhode Island*, Providence: Preston & Rounds Co., 1901.

Neumann, Sigmund. *Modern Political Parties: Approaches to Comparative Politics*, Chicago: University of Chicago Press, 1956.

O'Brien, Conor Cruise. *The Long Affair: Thomas Jefferson and the French Revolution*, 1785 - 1800, Chicago: The University of Chicago Press, 1996.

Olbrich, Emil. *The Development of Sentiment on Negro Suffrage to* 1860, Negro Universities Press, 1969.

O'Toole, James M. "The Historical Interpretations of Samuel Adams", *New England Quarterly*, Vol. 49 (March 1976).

Pencak, William. "Samuel Adams and Shays's Rebellion", *The New England Quarterly*, Vol. 62, No. 1 (Mar., 1989).

Peterson, Merrill D. *Democracy, Liberty, and Property: The State Constitutional Conventions of the 1820's*, University of Virginia, 1966.

Pickering, John. *The Working Man's Political Economy, Founded upon the Principle of Immutable Justice, and the Inalienable Rights of Man; Designed for the Promotion of National Reform*, 1847, New York: Arno Press, 1971.

Polishook, Irwin H. *Rhode Island and the Union*, 1774–1795, Evanston: Northwestern University Press, 1969.

Prince, Carl E. "The Great Riot Year: Jacksonian Democracy and Patterns of Violence in 1834", *Journal of the Early Republic*, Vol. 5, No. 1 (Spring, 1985).

Rae, John B. "Democrats and the Dorr Rebellion", *The New England Quarterly*, Vol. 9, No. 3 (Sep., 1936).

Rammelkamp, Julian. "The Providence Negro Community, 1820–1842", *Rhode Island History*, Vol. 7 (Jan., 1948).

Ramsay, David. *The History of American Revolution*, Philadelphia: Printed and sold by R. Aitken, 1789.

Richards, Leonard L. "*Gentlemen of Property and Standing*": *Anti-Abolition Mobs in Jacksonian America*, New York: Oxford University Press, 1970.

Rossi, Alice S. ed. *The Feminist Papers: From Adams to de Beauvoir*, Boston: Northeastern University Press, 1988.

Schlesinger, Arthur M. Jr. *A Pilgrim's Progress: Orestes A. Brownson*, Boston: Little Brown and Company, 1939.

Schlesinger, Arthur M. Jr. *The Age of Jackson*, New York: Little Brown and Company, 1945.

Schuchman, John S. "The Political Background of the Political-Question Doctrine: The Judges and the Dorr War", *The American Journal of Legal History*, Vol. 16, No. 2 (April, 1972), p. 111-125.

Sellers, Charles. "Andrew Jackson versus the Historians", *The Mississippi Valley Historical Review*, Vol. 44, No. 4 (Mar., 1958), p. 615-634.

Sellers, Charles. *The Market Revolution: Jackson American 1815-1846*, New York: Oxford University Press, 1991.

Sharp, James Roger. *American Politics in the Early Republic: The New Nation in Crisis*, New Haven: Yale University Press, 1993.

Sisson, Daniel. *The American Revolution of 1800*, New York: Alfred A. Knopf, 1974.

Snowiss, Sylvia. *Judicial Review and the Law of the Constitution*, New Haven: Yale University Press, 1990.

Sparks, Jared ed. , *The Writings of George Washington*, Boston: American Stationers' Company, 1837, Vol. XII.

Spurlock, John C. *Free Love: Marriage and Middle-Class Radicalism in America*, 1825-1860, New York: New York University Press, 1989.

Stanley, Amy Dru. *From Bondage to Contract: Wage Labor, Marriage, and the Market in the Age of Slave Emancipation*, New York: Cambridge University Press, 1998.

Storing, Herbert J. , ed. *The Complete Anti-Federalist*, Chicago: The University of Chicago Press, 1981, 7 Vols.

Storing, Herbert J. *What the Anti-Federalists Were For*, Chicago: University of Chicago Press, 1981.

Szatmary, David. *Shays' Rebellion: The Making of an Agrarian Insurrection*, Boston: University of Massachusetts Press, 1980.

Taylor, Robert J., ed. *Massachusetts, Colony to Commonwealth: Documents on the Formation of Its Constitution*, 1775-1780, Chapel Hill: University of North Carolina Press, 1961.

The Works of Daniel Webster, Boston: Little Brown and Company, 1858, 6 Vols.

Thompson, C. Bradley. ed., *Antislavery Political Writings*, 1833-1860, New York: M. E. Sharpe, 2004.

Thompson, Paul M. "Is There Anything 'Legal' about Extralegal Action? The Debate over Dorr's Rebellion", *New England Law Review*, Vol. 36, 2002.

Thorpe, Francis Newton ed. *The Federal and State Constitutions, Colonial Charters, and other Organic Laws of the States, Territories, and Colonies*, 7Vols., Washington D. C., 1909.

Tocqueville, Alexis De. *Democracy in America*, New York: Alfred A. Knopf, 1976.

Walker, Daniel. *The Political Culture of the American Whigs*, Chicago: The University of Chicago Press, 1979.

Walters, Ronald G. *American Reformers*, 1815 - 1860, New York: Hill and Wang, 1978.

Warren, Charles, ed. *The Supreme Court in United States History*, Boston: Little Brown and Company, 1937.

Watson, Harry L. *Liberty and Power: The Politics of Jacksonian America*, New York: Hill and Wang, 1990.

Wesley, Charles. "Negro Suffrage in the Period of Constitution-Making, 1787 - 1865", *Journal of Negro History*, Vol. 32, No. 2 (Apr., 1947).

Wiecek, William M. "'A Peculiar Conservatism' and the Dorr Rebellion: Constitutional Clash in Jacksonian America", *The American Journal of Legal History*, Vol. 22, No. 3 (July, 1978).

Wiecek, William M. "Popular Sovereignty in the Dorr War——Conservative Counterblaster", *Rhode Island History* Vol. 32, No. 2 (May, 1973).

Wiecek, William M. *The Guarantee Clause of the U. S. Constitution*, Ithaca, N. Y.: Cornell University Press, 1972.

Wilentz, Sean. *The Rise of American Democracy*, New York, London: W. W. Norton & Company, 2005.

Williamson, Chilton. *American Suffrage: From Property to Democracy*, 1760-1860, Princeton University Press, 1960.

Wood, Gordon. *Empire of Liberty: A History of the Early Republic*, 1789-1815, Oxford, N. Y.: Oxford University Press, 2009.

Wood, Gordon. *The Creation of the American Republic*, 1776-1787, Chapel Hill: University of North Carolina Press, 1969.

Yazawa, Melvined. *Representative Government and the Revolution: The Maryland Constitutional Crisis of* 1787, Baltimore: The John Hopkins University Press, 1975.

Young, Alfred F. Nash Gary B. and Raphael, Ray eds., *Revolutionary Founders: Rebels, Radicalism and Reformers in the Making of the Nation*, New York: Vintage Books, 2011.

(三) 英文博士论文

Coit, Kent A. "*Diffusion of Democracy: Politics and Constitutionalism in the States*", 1790-1840, Ph. D. Dissertation, Harvard University, 1981.

Cottrol, Robert James. "*Black Providence 1800-1860: A Community Formation*", Ph. D. Dissertation of Yale University, 1978.

Dennison, George M. "*The Constitutional Issues of the Dorr War: A Study in the Evolution of American Constitutionalism*, 1776-1849", Ph. D. Dissertation, University of Washington, 1967.

Graham, Susan H. "'*Call Me a Female Politician, I Glory in the Name*!': *Women Dorrites and Rhode Island's* 1842 *Suffrage Crisis*", Ph. D. dissertation, University of Minnesota, 2006.

Malone, Christopher. "*Between Freedom and Bandage: Racial Voting Restrictions in the Antebellum North*", Ph. D. Dissertation, The City University of New York, 2002.

Mirkin, Harris George. "*The Revolutionary Republic: The Right of Revolution and the American Constitutional System*", Ph. D. Dissertation, Princeton University, 1967.

Mullen, Walter F. "*Rhode Island and the Imperial Reorganization of* 1763-1766", Ph. D. Dissertation, Fordham University, 1965.

关 键 词
（以拼音字母为序）

1776 年宾州宪法（The Constitution of Pennsylvania, 1776）
1776 年宾州制宪会议（Constitutional Convention of Pennsylvania, 1776）
1824 年宪法会议（Constitutional Convention of Rhode Island, 1824）
1834 年宪法会议（Constitutional Convention of Rhode Island, 1834）
1842 年罗得岛宪法（The Constitution of Rhode Island, 1842）

A

阿诺德，本杰明（Arnold, Benjamin）
阿诺德，莱缪尔（Arnold, Lemuel H.）
《阿尔及尔法》（Algerine Law）
阿特维尔，塞缪尔（Atwell, Samuel Y.）
艾尔德尔，詹姆斯（Iredell, James）
爱尔兰裔移民（Irish Immigrants）
艾伦，威廉（Allen, William）
安东尼，伯灵顿（Anthony, Burrington）
安东尼，亨利（Anthony, Henry）

B

巴灵顿（Barrington）
《北美评论》（*North American Review*）
北普罗维登斯（North Providence）
本顿，托马斯（Benton, Thomas H.）
本土主义（Nativism）
博登，路德（Borden, Luther）
伯吉斯，沃尔特（Burges, Walter S.）
伯克，埃德蒙（Burke, Edmund）
《伯克报告》（Burke's Report）
伯里尔，乔治（Burrill, George）
博斯沃思，阿尔弗雷德（Bosworth, Alfred）
波塔基特河（Pawtucket River）
波特，伊莱沙（Potter, Elisha）
布赖恩，塞缪尔（Bryan, Samuel）
布赖恩，乔治（Bryan, George）
布拉克斯东河（Blackstone River）
布朗，詹姆斯（Brown, James A.）
布朗，约翰（Brown, John C.）
布朗森，奥雷斯蒂斯（Brownson, Orestes）
布里斯托尔（Bristol）
布坎南，詹姆斯（Buchanan, James）
布瑞尔维尔（Burrillville）

C

查理斯敦骚乱（Charleston Riot）
《慈善家报》（*Philanthropist*）

D

代表制民主（Representative Democracy）；代表制（Representation）
代理投票（Proxy-Voting）
道格拉斯，弗里德里克（Douglass, Frederick）
德非，乔布（Durfee, Job）
迪尔伯恩，亨利（Dearborn, Henry）
蒂弗顿（Tiverton）
迪林厄姆，伊莱沙（Dillingham, Elisha）
《独立宣言》（Declaration of Independence）
多尔，托马斯·威尔逊（Dorr, Thomas Wilson）
多数统治（Majority Rule）

F

法国革命（French Revolution）
法律—秩序党（Law and Order Party）
反联邦主义者（Anti-Federalist）
废奴主义者（Abolitionist）
芬德利，威廉（Findley, William）
芬纳，詹姆斯（Fenner, James）
"弗吉尼亚方案"（Virginia Plan）
《弗吉尼亚—肯塔基决议》（Virginia and Kentucky Resolutions）
弗莱斯反叛（Fries's Rebellion）
弗朗西斯，约翰（Francis, John B.）
弗里兹，雅各布（Frieze, Jacob）

G

《告别演说》（Farewell Address）
戈达德，威廉（Goddard, William）

格里，埃尔布里奇（Gerry, Elbridge）
格林，塞缪尔（Greene, Samuel）
革命（Revolution）
革命权（Right of Revolution）；反抗权（Right of Resistance）
《共和先驱报》（*Republican Herald*）
工资奴隶制（Wage Slavery）
古德尔，威廉（Goodell, William）
《关于自由选举权的致辞》（Address on the Right of Free Suffrage）

H

哈伯德，亨利（Hubbard, Henry）
哈里斯，约翰（Harris, John S.）
《哈泽德报告》（Hazard's Report）
哈泽德，本杰明（Hazard, Benjamin）
汉密尔顿，亚历山大（Hamilton, Alexander）
和平革命（Peaceable Revolution）
赫斯本德，赫尔曼（Husband, Herman）
《华盛顿环球报》（*Washington Globe*）
怀特，阿伦（White, Aaron）
辉格党（Whig Party）
惠普尔，约翰（Whipple, John）

J

加里森，威廉（Garrison, William L.）
贾维斯，查尔斯（Jarvis, Charles）
"监管者"（Regulators）
金，鲁弗斯（King, Rufus）
金，塞缪尔（King, Samuel W.）
《解放者》（*Liberator*）

杰斐逊，托马斯（Jefferson，Thomas）

杰克逊民主（Jacksonian Democracy）

K

卡尔霍恩，约翰（Calhoun，John C.）

卡朋特，托马斯（Carpenter，Thomas F.）

坎伯兰（Cumberland）

坎普，乔治（Camp，George S.）

克利福德，内森（Clifford，Nathan）

科森，约翰（Causin，John M. S.）

肯特（Kent）

肯辛顿骚乱（Kensington Riot）

库伯，托马斯（Cooper，Thomas）

库克，约翰（Cook，John R.）

昆西，约西亚（Quincy，Josiah）

L

拉什，本杰明（Rush，Benjamin）

拉思本，乔治（Rathbun，George O.）

拉思本，约书亚（Rathbun，Joshua B.）

赖特，弗朗西斯（Wright，Francis）

赖特，小塞拉斯（Wright，Silas Jr.）

兰德尔，德克斯特（Randell，Dexter）

路德，马丁（Luther，Martin）

路德，赛斯（Luther，Seth）

路德诉博登案（Luther vs. Borden）

罗得岛反奴隶制协会（Rhode Island Anti-Slavery Society）

罗得岛解放多尔协会（Dorr Liberation Society of Rhode Island）

罗得岛问题（Rhode Island Question）

罗得岛选举权协会（Rhode Island Suffrage Association）
罗得岛最高法院（Supreme Court of Rhode Island）
洛夫乔伊，阿瑟（Lovejoy, Arthur O.）
洛夫乔伊，伊莱贾（Lovejoy, Elijah P.）
洛克，约翰（Locke, John）
《联邦党人文集》(*The Federalist Papers*)
联邦国会（Congress of the United States）
《联邦宪法》(Federal Constitution)
《联邦宪法》第五条（Article 5 of the Federal Constitution）
联邦制宪会议（Federal Convention）
联邦最高法院（Supreme Court of the United States）
"两分领域"（Separate Spheres）
林肯，亚伯拉罕（Lincoln, Abraham）

M

马斯克里耶，刘易斯（Masquerier, Lewis）
马歇尔，约翰（Marshall, John）
麦克莱恩，约翰（McLean, John）
麦克南德，约翰（McClernand, John A.）
麦迪逊，詹姆斯（Madison, James）
美国废奴协会（American Anti-Slavery Society）
美国殖民协会（American Colonization Society）
梅肯，纳撒尼尔（Macon, Nathaniah）
梅森，乔治（Mason, George）
《民主》(*Democracy*)
民主党（Democratic Party）
民主共和团体（Democratic-Republican Societies）
《合众国期刊与民主评论》(*The United States Magazine and Democratic Review*)

民主制（Democracy）
摩尔，伊利（Moore, Ely）
莫里斯，古维诺尔（Morris, Gouverneur）

N

纳拉甘西特湾（Narragansett Bay）
《奈尔斯国民纪事》（*Niles' National Register*）
奈尔斯，齐卡亚（Niles, Hezekiah）
奈尔斯，约翰（Niles, John M.）
纽波特（Newport）
纽约劳工党（Working Men's Party of New York）
女性运动（Feminist Movement）

P

潘恩，托马斯（Paine, Thomas）
佩蒂特，查尔斯（Pettit, Charles）
佩卡姆，弗朗西斯（Peckham, Francis B.）
皮尔斯，杜特（Pearce, Dutee J.）
皮特曼，约翰（Pitman, John）
平等主义（Egalitarianism）
平权党（Equal Rights Party）
朴次茅斯（Portsmouth）
普雷斯顿，雅各布（Preston, Jacob A.）
普罗维登斯（Providence）
《普罗维登斯快报》（*Providence Express*）
《普罗维登斯日报》（*Providence Journal*）

Q

契约（Contract）

切帕奇特（Chepachet）
《情感宣言》（*Declaration of Sentiments and Resolutions*）
《权利法案》（Bill of Rights）

R

《人民宪法》（People's Constitution）
人民政府（People's Government）
人民主权（People's Sovereignty）

S

赛尔斯，韦尔科姆（Sayles, Welcome B.）
塞尼卡福尔斯大会（Seneca Falls Convention）
《少数派报告》（Minority Report）
审查委员会（Council of censors）
史密斯菲尔德（Smithfield）
司法审查（Judicial Review）
斯普拉格，威廉（Sprague, William）
斯托里，约瑟夫（Story, Joseph）

T

泰勒，罗伯特（Taylor, Robert B.）
泰勒，约翰（Tyler, John）
泰勒，约翰（Taylor, John）
坦穆尼厅（Tammany Hall）
坦尼，罗杰（Taney, Roger B.）
特纳，乔治（Turner, George）
特许状（Charter）

W

韦伯斯特，丹尼尔（Webster, Daniel）
韦伯斯特，诺亚（Webster, Noah）
威尔逊，詹姆斯（Wilson, James）
威尔士，塞缪尔（Wales, Samuel H.）
韦兰，弗朗西斯（Wayland, Francis）
威廉斯，罗杰（Williams, Roger）
威士忌反叛（Whiskey Rebellion）
温索科特（Woonsocket）
沃里克（Warwick）
沃伦（Warren）
伍德伯里，利瓦伊（Woodbury, Levi）

X

锡楚埃特（Scituate）
西蒙斯，詹姆斯（Simmons, James）
宪法党（Constitutional Party）
《宪法者报》(*Constitutionalist*)
乡村派（Country Party）
《详情委员会报告》（Report of the Committee of Detail）
谢斯（Shays）
《新时代及宪法导报》(*New Age and Constitutional Advocate*)
选举权（Suffrage）

Y

亚当斯，塞缪尔（Adams, Samuel）
亚当斯，约翰（Adams, John）
亚当斯，约翰·昆西（Adams, John Quincy）

雅各宾主义（Jacobinism）；雅各宾分子
伊文思，乔治·亨利（Evens, George Henry）
"一致多数"（Concurrent Majority）

Z

《战时法》（Martial Law）
《制造业者和农民期刊》（*Manufacturers' and Farmers' Journal*）
《自由民宪法》（Freemen's Constitution）
种族主义（Racism）
州宪法改革（State Constitutional Reform）
自然权利（Natural Rights）
自由党（Liberty Party）
自由民宪法会议（Freemen's Convention）